高等院校物流管理专业系列教材·物流企业岗位培训系列教材

物流包装与实务

张如云　胡红春◎主　编
王雅华　曾　荣◎副主编

清华大学出版社
北京

内 容 简 介

本书根据现代化物流产业和物流包装技术发展的新特点,结合物流包装操作规范系统介绍:物流包装器材与设备、物流包装标准规范、包装的合理化、包装管理、绿色物流包装与资源的综合利用、物流包装应用及包装环保问题等物流包装基本理论知识,并通过实践实训强化实操应用能力培养。

本书具有知识系统、案例丰富、注重创新、集理论和实践于一体的特点,因而既可以作为普通高等院校本科物流管理、工商管理、国际贸易、电子商务等专业的首选教材,同时兼顾高职高专、应用型大学的教学;还可以作为物流和外贸工商企业在职从业人员的物流包装培训教材。

本书封面贴有清华大学出版社防伪标签,无标签者不得销售。
版权所有,侵权必究。举报: 010-62782989,beiqinquan@tup.tsinghua.edu.cn。

图书在版编目(CIP)数据

  物流包装与实务/张如云,胡红春主编. —北京:清华大学出版社,2018(2025.1重印)
  (高等院校物流管理专业系列教材·物流企业岗位培训系列教材)
  ISBN 978-7-302-50376-7

  Ⅰ. ①物… Ⅱ. ①张… ②胡… Ⅲ. ①物流-包装-高等学校-教材 Ⅳ. ①F252 ②TB482

  中国版本图书馆 CIP 数据核字(2018)第 123030 号

责任编辑:贺 岩
封面设计:汉风唐韵
责任校对:宋玉莲
责任印制:宋 林

出版发行:清华大学出版社
    网 址:https://www.tup.com.cn,https://www.wqxuetang.com
    地 址:北京清华大学学研大厦 A 座   邮 编:100084
    社 总 机:010-83470000   邮 购:010-62786544
    投稿与读者服务:010-62776969,c-service@tup.tsinghua.edu.cn
    质量反馈:010-62772015,zhiliang@tup.tsinghua.edu.cn
印 装 者:三河市龙大印装有限公司
经 销:全国新华书店
开 本:185mm×230mm   印 张:18.75   字 数:380 千字
版 次:2018 年 7 月第 1 版   印 次:2025 年 1 月第 11 次印刷
定 价:46.00 元

产品编号:075811-01

高等院校物流管理专业系列教材·物流企业岗位培训系列教材

编审委员会

主　任

　　牟惟仲　中国物流技术协会理事长、教授级高级工程师

副主任

　　翁心刚　北京物资学院副院长、教授
　　冀俊杰　中国物资信息中心原副主任、总工程师
　　张昌连　中国商业信息中心原主任、总工程师
　　吴　明　中国物流技术协会副理事长兼秘书长、高级工程师
　　李大军　中国物流技术协会副秘书长、中国计算机协会市场
　　　　　　发展分会秘书长

委　员

　　吴江江　林　征　车亚军　张建国　孙　军　梁　露
　　刘徐方　田振中　张劲珊　李爱华　刘阳威　郑秀恋
　　王　艳　罗佩华　李　青　刘　华　林玲玲　梁　旭
　　王海文　刘丽艳　李耀华　卢亚丽　丁玉书　温卫娟
　　张淑谦　林南南　李秀华　刘文歌　朱凤仙　任　斐
　　崔　娜　李战国　雷　燕　耿　燕　罗松涛　于汶艳

总　编

　　李大军

副总编

　　刘徐方　王海文　李爱华　田振中　卢亚丽　孙　军

序言

Xuyan

物流是国民经济的重要组成部分,也是我国经济发展新的增长点,加快我国现代物流发展,对于调整经济结构、促进产业升级、优化资源配置、改善投资环境、增强综合国力和企业竞争能力、提高经济运行质量与效益、实现可持续发展战略、推进我国经济体制与经济增长方式的根本性转变,具有非常重要而深远的意义。

为推动我国现代物流业的健康快速发展,国务院陆续下发《国务院关于印发物流业调整和振兴规划的通知》(国发〔2009〕8号)、《国务院办公厅关于促进物流业健康发展政策措施的意见》(国办发〔2011〕38号)、《国务院办公厅关于促进内贸流通健康发展的若干意见》(国办发〔2014〕51号)等多个文件,制定和完善相关配套政策措施,以有序实施促进物流企业加大整合、改造、提升、转型的力度,并逐步实现转型发展、集约发展、联动发展、融合发展,通过物流的组织创新、技术创新、服务创新,在保证我国物流总量平稳较快增长的同时,加快供需结构、地区结构、行业结构、人力资源结构、企业组织结构的调整步伐,创新服务模式,提高服务能力,努力满足经济建设与社会发展的需要。

2015年3月,经国务院授权,国家发展和改革委员会、外交部、商务部联合发布《推动共建丝绸之路经济带和21世纪海上丝绸之路的愿景与行动》。随着我国改革开放和社会主义市场经济的加速推进,随着国家"一带一路、互联互通"总体发展倡议的制定和实施,我国迅速融入全球经济一体化的进程,中国市场国际化的特征越发凸显。

物流既涉及国际贸易、国际商务活动等外向型经济领域,也涉及交通运输、仓储配送、通关报检等多个业务环节。当前面对世界经济的迅猛发展和国际市场激烈竞争的压力,加强物流科技知识的推广应用、加速物流专业技能型应用人才的培养,已成为我国经济转型发展亟待解决的问题。

需求促进专业建设，市场驱动人才培养，针对我国高等职业教育院校已沿用多年的物流教材陈旧和知识老化而急需更新的问题，为了适应国家经济发展和社会就业急需，为了满足物流行业规模发展对操作技能型人才的需求，在中国物流技术协会的支持下，我们组织北京物资学院、大连工业大学、北京城市学院、吉林工程技术师范学院、北京财贸职业学院、郑州大学、哈尔滨理工大学、燕山大学、浙江工业大学、河北理工大学、华北水利水电大学、江西财经大学、山东外贸职业学院、吉林财经大学、广东理工大学、辽宁中医药大学、郑州升达经贸管理学院等全国20多个省市高职高专院校及应用类大学物流管理专业的主讲教师和物流企业经理，共同精心编撰了本套教材，旨在迅速提高高等院校物流管理专业学生和物流行业从业者的专业技术素质，更好地服务于我国物流产业和物流经济。

本套教材作为普通高等教育院校物流管理专业的特色教材，融入了物流运营管理的最新实践教学理念，坚持以科学发展观为统领，力求严谨，注重与时俱进，根据物流业发展的新形势和新特点，依照物流活动的基本过程和规律，全面贯彻国家"十三五"教育发展规划，按照物流企业对人才的需求模式，结合学生就业加强实践能力训练，注重校企结合、贴近物流企业业务实际，注重新设施设备操作技术的掌握，强化实践技能与岗位应用培养训练，并注重教学内容和教材结构的创新。

本套教材根据高等教育院校"物流管理"专业教学大纲和课程设置，各教材的出版对强化物流从业人员教育培训、提高经营管理能力，对帮助学生尽快熟悉物流操作规程与业务管理、毕业后能够顺利就业具有特殊意义，因而既可作为本科高职院校物流管理专业教学的首选教材，也可作为物流、商务贸易等企业在职员工的培训用书。

中国物流技术协会理事长　牟惟仲
2017年5月于北京

前言 Qianyan

物流是流通的命脉，也是国家经济建设的重要支撑，而物流包装则是物流链条里的关键节点，也是物流经济活动运营中的核心和基础支持。物流包装在促进经营、降低成本、减少损失、提高经济效益、提升物流品质、获取客户满意度、增强企业核心竞争力和加速物流产业化进程等方面具有举足轻重的作用。因而，越来越受到我国物流行业主管部门和物流企业的高度重视。

在物流系统中，运输、装卸、搬运、仓储、配送等环节都与包装紧密相连，包装功能与实现商品的使用价值密切相关，包装始终贯穿于物流的整个过程，没有完善的包装，就没有现代化的物流。同时，现代化的物流发展又对包装提出了更高的要求，也促进了包装设备与包装技法的进步和发展。

当前，随着国家"一带一路、互联互通"总体发展倡议的制定和实施，面对物流市场国际化的迅速发展与激烈竞争，加强现代物流产业化包装人才培养、强化物流包装作业管理、搞好物流包装业务各组成环节的有机结合与资源调配、提高我国物流包装管理水平，既是物流企业发展的战略选择，也是本书出版的目的和意义。

本书作为普通高等教育物流管理专业的特色教材，坚持科学发展观，以学习者应用能力培养为主线，严格按照国家教育部"加强职业教育、突出实践技能培养"的教育教学改革要求，根据国内外先进的包装工艺技法研究成果和实践经验，围绕物流包装运作中所涉及的领域和业务范围，循序渐进地进行知识讲解，力求使读者在做中学、在学中做，真正能够利用所学知识解决物流包装应用的实际问题。

物流包装与实务是普通高等院校本科物流管理专业重要的核心课程，也是国际贸易、电子商务等专业常设的一门课程，还是学生就业、从事相关工作必须掌握的关键知识技能。全书共九章，根据现代化物流产业和物流包装技术发展的新特点，结合物流包装操作规范，系统介绍：物流包装器材与设备、物流包装标准规范、合理化和管理、绿色物流包装与资源的综合利用、物流包装应用及包装环保问题等物流包装基本理论知识，并通过实证案例分析讲解、实践实训来强化读者的实操能力培养。

本书由李大军筹划并具体组织，张如云和胡红春主编并统稿，王雅华和曾荣为副主编，由物流包装专家刘华教授审定。作者编写分工：牟惟仲（序言），胡红春（第一章），杨丽华（第二章、第四章），李玉凤（第三章、第五章），张如云（第六章、第九章），王雅华（第七章），曾荣（第八章），华燕萍、李晓新（文字修改、版式调整），李晓新（制作教学课件）。

在本书编著过程中，我们参阅借鉴了大量国内外有关物流包装与实务的最新书刊资料和国家颁布实施的相关法规与管理规定，并得到编委会及有关专家教授的具体指导，在此一并致谢。为配合本书发行使用，我们提供了配套的电子教学课件，读者可以从清华大学出版社网站（www.tup.com.cn）免费下载。因作者水平有限，书中难免有疏漏和不足，恳请同行和读者批评指正。

编　者

2018 年 5 月

Mulu 目录

第一章　包装概述 ··· 1
引导案例　快递业绿色包装《实施方案》的影响 ····· 1
第一节　物流和包装的概念 ··· 3
第二节　物流包装的地位与作用 ··· 7
第三节　物流包装材料与容器 ··· 9
第四节　集合包装 ·· 14
第五节　物流包装发展中的问题及发展趋势 ························ 22
本章思考题 ·· 30
实践课堂 ··· 30
课后阅读 ··· 30

第二章　物流包装技术方法 ··· 32
引导案例　荔枝的包装保鲜技术 ····································· 32
第一节　防霉防腐包装技术 ··· 34
第二节　防潮包装技术 ·· 41
第三节　防氧包装技术 ·· 44
第四节　防虫害包装技术 ··· 48
第五节　防震包装技术 ·· 51
第六节　防锈包装技术 ·· 56
第七节　泡罩与贴体包装技术 ·· 59
第八节　热收缩包装与拉伸包装技术 ······························ 62
本章思考题 ·· 68
实践课堂 ··· 68
课后阅读 ··· 68

第三章　包装机械 71
引导案例　国外包装机械的发展现状 71
第一节　包装机械的概念和作用 73
第二节　常用包装机械 82
第三节　包装印刷机械 95
本章思考题 105
实践课堂 106
课后阅读 106

第四章　物流包装标志 110
引导案例　弹药外包装箱标志的设计 110
第一节　物流包装标志概述 112
第二节　运输包装收发货标志 115
第三节　包装储运图示标志 121
第四节　危险货物包装标志 127
本章思考题 141
实践课堂 142
课后阅读 142

第五章　包装标准与法规 145
引导案例　欧盟绿色贸易壁垒对中国茶叶出口的影响 145
第一节　包装标准和标准化 146
第二节　包装标准化的作用和意义 148
第三节　我国的包装标准化体系 152
第四节　包装法规 157
本章思考题 168
实践课堂 168
课后阅读 168

第六章　包装的合理化、现代化和规范化 171
引导案例　无死角牙膏包装 171
第一节　物流包装合理化 173
第二节　物流包装现代化 183

第三节　物流包装规范化 …………………………………………… 188
　　第四节　物流包装测试技术 …………………………………………… 192
　　本章思考题 …………………………………………………………… 203
　　实践课堂 ……………………………………………………………… 203
　　课后阅读 ……………………………………………………………… 203

第七章　包装管理 …………………………………………………… 206
　　引导案例　国外水泥工程项目货物包装管理及改进措施 ………… 206
　　第一节　包装管理概述 ……………………………………………… 209
　　第二节　包装设备与成本管理 ……………………………………… 214
　　第三节　包装企业业务运作流程 …………………………………… 221
　　第四节　包装工作中的信息处理 …………………………………… 225
　　本章思考题 …………………………………………………………… 230
　　实践课堂 ……………………………………………………………… 230
　　课后阅读 ……………………………………………………………… 231

第八章　绿色物流包装与资源的综合利用 ………………………… 236
　　引导案例　首个快递绿色包装方案出台　快递巨头谁更"绿" …… 236
　　第一节　绿色物流包装的理论基础及其内涵 ……………………… 239
　　第二节　包装废弃物物流 …………………………………………… 241
　　第三节　国内外包装废弃物物流的综合治理 ……………………… 245
　　第四节　物流包装资源的合理利用 ………………………………… 249
　　本章思考题 …………………………………………………………… 255
　　实践课堂 ……………………………………………………………… 255
　　课后阅读 ……………………………………………………………… 256

第九章　物流包装应用 ……………………………………………… 265
　　第一节　电子产品运输包装方案设计与优化 ……………………… 265
　　第二节　新技术在物流运输包装中应用举例 ……………………… 271
　　第三节　博物馆藏品在运输中的包装保护 ………………………… 277
　　第四节　B2C电商使用周转箱替代纸箱包装成本分析 …………… 281

参考文献 ……………………………………………………………… 285

第一章

包装概述

学习目标

了解包装的含义与分类,了解包装常用的材料和容器;
了解集装化设备与器具的概念、分类与作用;
掌握托盘的概念、规格及其应用;
掌握集装箱的概念、分类和应用。

学习指导

在学习的过程中,要理论联系实际,结合具体的包装材料、包装方法、包装容器来理解包装基本理论知识。同时,还要进一步考虑一些产品采用某种包装的原因。

引导案例

快递业绿色包装《实施方案》的影响

2016年,我国快递包装有望突破300亿件,将需要300亿张运单、43亿条编织袋、120亿个胶袋、45亿个纸质封套、144亿只纸箱、245亿米胶带、43亿个内部缓冲包装件。

在建陶、卫浴、五金、建材等房地产相关行业的包装快速下滑和鞋业、服装、家具、电子、玩具等劳动密集制造业纷纷选择东南飞的不利局面下,快递包装对稳定中国包装市场起到了中流砥柱的作用。但是,由于快递包装的野蛮生长,导致环境污染问题越来越严重,国家正在推动快递这个"污染大户"走向绿色化。不久前,国家邮政局出台《推进快递业绿色包装工作实施方案》(以下简称《实施方案》)。

《实施方案》明确要在绿色化、减量化、可循环方面取得明显效果,"十三五"期间,力争在重点企业、重点地区的快递业包装绿色发展上取得突破。到2020年,基本淘汰有毒有害物质超标的包装物料,基本建成社会化的快件包装物回收体系。

根据《实施方案》,以下快递包装细分领域将受到影响:

1. 纸质快递运单

2016年,纸质快递运单将达到史无前例的300亿张。目前国家正大力推行电子运单,目标使用率年均提高5%,预计到2020年,主要快递企业品牌协议客户电子运单使用率将达到90%以上。这就意味着,未来5年时间,纸质运单面临着被淘汰的局面。

2. 二次包装的快递纸箱

此前,快递包装使用的纸箱二次包装的现象非常普遍,有时一个商品外面套着三层纸箱,造成了资源的浪费。针对快递用户反映较多的"过度包装"问题,《实施方案》鼓励企业探索简约包装,减少二次包装。

在邮政企业和若干家快递企业开展简约包装试点,鼓励试点企业在条件成熟时制定简约包装的企业标准并在业内推广。充分发挥大数据作用,推动企业发展包装定制化、仓配一体化、运输标准化服务,在重点领域和关键环节,大幅度减少不必要的二次包装。

3. 塑料包装材料绿色化

仅2015年,全国就使用了83亿个塑胶袋、170亿米封箱胶带和30亿件填充物。这些材料全部是不可降解的,对水土生态和人体健康造成了重大而长远的危害。目前,因为成本问题,很多快递企业使用低劣有害原材料生产塑料袋。这些材料不仅不可降解,而且还含有一定毒害作用。据了解,国家邮政局很快就会实施快递业绿色包装试点项目,评估快递包装存在的环保问题,指导企业研究制定有针对性的解决措施,优化生产流程,而菜鸟"绿动计划"提出使用绿色快递包装。初期目标是到2020年,阿里零售业务50%的包装将由100%可降解材料制成。

4. 快递包装将向物联智能包装延伸

包装的功能并不局限于运输、保护和装饰,在快递业迅速发展之后,物联网技术、自动分拣、智能装卸、无人仓储、智能快递箱、无人机配送、冷链物流等无一不和包装有着密切关系。因此,延伸和拓展快递包装的功能尤为重要。未来,如何结合新技术的应用,开拓智能包装产业的蓝海,是如今摆在每个快递包装企业面前的重要课题。

受物流技术进步和中国政府大力推行电子商务的因素推动,未来几年中国的快递包装有望保持持续高增长。快递包装制造企业一定要顺应包装材料绿色化潮流,否则可能面临重大波折。

资料来源:《国家邮政局要重新划分快递包装蛋糕》,中国物流与采购联合会网站,http://www.chinawuliu.com.cn/zixun/201610/08/315889.shtml,2016年10月8日11:07.

第一节　物流和包装的概念

一、物流与包装的关系

根据国家标准 GB/T 18354—2006《物流术语》，物流是物品从供应地向接收地的实体流动过程。根据实际需要，将运输、储存、装卸、搬运、包装、流通加工、配送、回收、信息处理等基本功能实施有机结合。

包装是物流系统的构成要素之一，与运输、装卸搬运、储存保管、加工均有密切的关系。在现代物流观念形成以前，包装被看成是生产的终点，是属于生产领域的活动，包装的设计往往主要从生产终结的要求出发，因而常常不能满足流通的要求。现代物流认为，包装不仅是生产的终点，也是物流的始点。包装应纳入物流系统之中，这是现代物流对包装的定位。

包装在整个物流活动中具有特殊的地位。包装是物流活动的基础，没有包装几乎不可能实现物流的其他活动。包装贯穿于整个物流过程，它的材料、形式、方法以及外形设计都对其他物流环节产生重要的影响。包装除了对物流活动的经济性产生影响以外，对物流活动的安全性也产生重要的影响。

二、包装的含义

在原始社会，人们利用自然界提供的植物作为包装材料，在经济与科技日新月异的今天，人们利用更多的物质作为包装材料，并对包装的认识不断深化，也给包装赋予了新的内涵。随着物流技术的不断开发和应用，以及人们对物流认识水平的提升，物流对包装也提出了新的、更高的要求。

产品从生产领域转移到消费领域须借助于包装。具体来讲，包装应包含两个含义，即包装材料和包装技术。

包装，作为名词是包装物，指能够容纳产品、抵抗外力、保护和宣传商品、促进销售的物体，包括包装材料和容器；作为动词是包装时所采用的操作技术，指产品包裹、捆扎等工艺操作过程。

下述是一些国家从这两个角度对包装给出的定义。

美国：包装是使用适当的材料容器并施以技术，使其能使产品安全地到达目的地。在产品输送过程的每一阶段，无论遭遇怎样的外来影响皆能保护其内容物，而不影响产品的价值。

日本工业标准规格[JISZ1010(1951)]：包装是指在运输和保管物品时，为了保护其价值及原有状态，使用适当的材料、容器和包装技术包裹起来的状态。

由上述概念可知，包装的主要目的是保护商品、维持价值，它涉及包装材料的选择、包装方法、防护措施、包装装潢等内容。在《中华人民共和国国家标准物流术语》中，包装的定义是："为在流通过程中保护产品、方便储运、促进销售，按一定技术方法而采用的容器、材料及辅助物的总体名称。也指为了达到上述目的而采用容器、材料和辅助物的过程中施加一定技术方法等的操作活动。"

三、包装的分类

包装的种类可以从形态、功能、目的等多个角度进行划分，具体来说，可以按形态、功能、包装方法、包装材料、包装商品、内容状态、包装阶段等多个标志进行分类。

（一）按包装在物流过程中的使用范围分类

按照包装在物流过程中的使用范围，可以分为商业包装和运输包装两大类。

1. 商业包装

商业包装是以促进销售为主要目的，这类包装与商品直接接触，通常作为商品的组成部分而随商品一起销售给消费者。商业包装的特点是外形美观，有必要的装潢，包装单位适于顾客的购买量以及商店陈设的要求。

在流动过程中，商品越接近顾客，越要求包装具有促进销售的效果。商业包装不仅具有保护产品、方便流通等基本作用，还具有美化产品、宣传产品、促进销售的作用。

商业包装考虑的主要问题是视觉效果、美术装潢、宗教文化、人文习俗和消费功能等。这类包装直接与商品接触，因此使用的包装材料既要保护商品，结构造型便于流通，还要特别注意图案、文字、色调和装潢能吸引消费者，能引起消费者的兴趣和喜爱，能激励消费者的购买欲，从而为促进商品的畅销创造良好的条件，如陈列展销型包装、识别型包装和方便型包装等。

常用的商业包装主要有以下几种：

（1）透明式包装。这种包装有全透明式和半透明式两种，如衬衣包装和一些食品包装。

（2）悬挂式包装。这种包装可方便悬挂展销，如服装和包等。

（3）开启式包装。这种包装用时开启，不用时闭合，方便实用，如硬盒香烟。

（4）配套式包装。这种包装指在包装时可以容纳两种以上的配套产品。

另外，还有堆叠式、挤压式、易开式和礼品式包装等。

2. 运输包装

运输包装也叫工业包装，是指以强化输送、保护产品为目的的包装。运输包装的意义主要体现在物流过程中保护物品、促进物流作业效率化、降低物流成本等方面。由于物流的效益背反规律,运输包装应在满足物流要求的基础上使包装费用越低越好。为此,必须在包装费用和物流时的损失两者之间寻找最优的效果。

运输包装主要考虑的问题有以下几个:

(1) 要考虑抵御储运过程中温度、湿度、紫外线、雨雪等气候和自然条件因素对商品的侵害,以减缓静压力、振动、冲击、摩擦等外力对商品的作用。

(2) 要考虑防止商品撒漏、溢泄、挥发而酿成污染事故,便于流通环节中装卸、搬运、保管等各项作业。

(3) 要考虑提高运载工具的载重力和容积。

(4) 要考虑缩短各种作业时间和提高作业效率。

对于某些商品,商业包装和运输包装之间也存在矛盾。比如,为了方便运输,包装要求结实,但外形不够美观,不宜于销售。相反,商业包装很好,却很容易在运输过程中损坏商品。

(二) 按包装材料进行分类

按包装材料可分为塑料包装、金属包装、玻璃包装、陶瓷包装、木包装、纤维制品包装、复合材料包装和其他天然材料包装等,如图 1-1 所示。

图 1-1 包装图示

(三) 按包装形态进行分类

按包装形态可分为个装、内装和外装。个装指物品按个进行的包装,目的是提高商品的价值或者保护商品;内装指包装货物的内部包装,目的是防止水、湿气等对物品的破坏;外装指货物的外部包装,即将物品放入箱、袋、罐等容器中或直接捆扎,并作上标识、印记等,目的是便于对物品的运输、装卸和保护物品。

(四)按包装技术进行分类

按包装技术的不同可分为透气包装、真空包装、充气包装、灭菌包装、冷冻包装、缓冲包装、压缩包装等。

(五)按产品流通渠道不同分类

按产品流通渠道不同,包装可分为内销包装和外销包装。

内销包装是指在国内市场上销售的产品包装。它应该根据国内的生产水平、原材料的易取性、消费需求的实际情况以及企业对包装成本的承受能力等,来设计包装的构造、形态、图案、颜色等,使之起到保护产品,方便运输、仓储和销售,刺激消费的目的。

外销包装是指出口产品的包装。它应该根据外销对象国的气候、环境、政策、法令、标准、运输要求而设计。包装的图案设计、质量标准等都要符合客户的特定要求,符合外销对象国的风俗、习惯等。

(六)按内装物内容分类

按内装物内容不同,包装可分为食品包装、药品包装、化妆品包装、纺织品包装、玩具包装、文化用品包装、电器包装、五金包装等。

另外,还可以按商品价值不同,把包装分为高档包装、中档包装和低档包装,如图 1-2 所示;按包装容器的刚性不同把包装分为软包装、硬包装和半硬包装,如图 1-3 所示;按适应的社会群体不同把包装分为民用包装、公用包装和军用包装;按内装物的物理形态不同,把包装分为液体包装、固体(粉状、粒状和块状物)包装、气体包装和混合物体包装,等等。

图 1-2 不同价值包装图示

图 1-3 软、硬包装图

总之,包装可从不同角度加以分类。包装的管理部门、生产部门、使用部门、储运部门、科研部门、设计部门等,都可根据自己的特点和要求进行分类,以利于本系统工作的顺利进行。

第二节 物流包装的地位与作用

一、包装在物流中的地位

在社会再生产过程中，包装处于生产过程的末尾和分销物流过程的开头，既是生产的终点，又是分销物流的始点。包装作为物流系统功能之一，是物流系统活动中最基本的因素。在整个流通过程中，包装的结实程度、美观与否和标准化，决定着产品是否能以完美的使用价值使用户满意。

如果中途有散包、破损、雨淋、受浸、变质、异味、溢泄、变形、撞裂等现象发生，说明包装不善；如果包装规格尺寸不标准，不符合托盘、叉车作业要求，不能进行集装单元化保管和运输，说明包装设计考虑不周；如果为了节约，包装材料选用不当，运输或装卸搬运过程中就有可能发生问题；如果包装材料使用过多，包装过剩，则浪费资源，给回收造成困难；如果包装大小、形状不适于摆放、陈设，或包装过繁给消费者带来不便，则会影响销售效果。此外，包装还直接影响装卸、搬运、保管的质量和效率，关系到整个物流成本和销售效果，所以，包装在物流中的地位十分重要。

二、包装的作用

在流通和消费过程中，包装对保护产品、方便储运、提高价值、传递信息和促销商品等方面起着非常重要的作用。

（一）保护产品

保护产品是包装的首要作用。在整个生产流通过程中，产品途经多个环节，在这些环节中，产品要经过多次装卸、搬运，还要经受环境的考验，产品的包装对保护产品起到了重要作用。在物流过程中，产品变化形式有物理、机械、生理生化和生物学变化等。

物理变化有挥发、溶化、凝结、串味、沾污等；机械变化主要有破碎、变形、开裂、划伤等；化学变化有氧化、老化、锈蚀等；生理生化变化主要是指有生命的有机体商品（如种子、果实、鲜蛋等）的发芽萌发、抽薹、胚胎发育等；生物学变化主要是指以动、植物为主要原料的商品，受有害生物和微生物的侵蚀，发生的霉变、发酵等。研究物流商品的安全性就是要研究通过何种措施使商品的自然属性在物流过程中具有抵御外界环境条件的能力。

（二）方便储运

在产品的整个流通过程中，产品的合理包装可以给流通环节提供巨大的方便，进而提高物流效率。

1. 方便产品储存

从保管的角度看,产品的包装为保管工作提供了方便条件,便于维护产品原有的使用价值。同时,产品包装上的各种标志,使仓库保管者容易识别,给仓库的验收、堆放、发货提供了方便,并且可以减少差错和货物的损失。

2. 方便产品装卸

不同的包装对搬运装卸安全性影响不同:包装的重量,如采用人工装卸作业,其包装重量必须限制在人的允许能力之下;运用机械进行装卸作业,既能增大包装的重量,又能保障安全装卸。同样,包装的外形尺寸,如采用人工装卸作业,必须适合人工的作业,必要时应考虑手搬动的手扣;运用机械进行装卸作业,包装的外形尺寸可以得到极大地增加。当采用托盘搬运时,包装外形尺寸的选择余地就相对宽松些。产品从生产厂到消费者手中要经受十余次的装卸搬运,由于有了货物的适当包装,使装卸作业十分便利。

货物的合理包装还便于各种装卸、搬运机械的使用,有利于提高装卸、搬运作业效率。另外,包装规格尺寸的标准化也为集合包装提供了条件,能更好地提高装卸效率。例如,电子产品可通过缓冲包装来抵御搬运装卸时跌落与碰撞以及运输过程中的振动与冲击;又如,食品可通过防霉包装来抵御外界氧气的侵入。

3. 方便货物运输

包装的规格、尺寸、形状、重量等因素与产品运输有着密切的关系。比如产品的包装尺寸必须与运输工具的容积相吻合,以方便运输,提高运输效率。对运输的安全性与其他物流环节相比较,影响是最大的。

合适的缓冲包装用于保障物资在运输过程中不受损伤。各种不同的包装材料因材质和结构不同,其减震和耐冲击的能力也不相同。诚然,采用不同的运输方式所产生的冲击力、震动力的大小也不一样。为防止运输过程中由于振动、冲击造成产品的损伤,必须对其实施缓冲包装。

在进行缓冲包装设计时,需特别注意的是:在缓冲包装不足的场合下,由于产品遭受意料不到的碰撞而产生破损;反之,缓冲包装过分,则由于包装材料费上升造成包装费用提高。因此,对于普通产品的工业包装其程度应当适中,才会有最佳的经济效果。

缓冲包装合理化是很重要的,因为它可以保障产品的安全运输;又由于缓冲包装的简化,不但可以减少相应的包装费用,而且可以有效地利用包装资源。

(三)促销商品

产品的包装以其造型、图案、色彩、质量、质地等特征,直接展现在消费者面前,引起人们的注意,唤起人们的购买欲望,所以,包装的装潢设计在商品的销售过程中占有极其重要的作用。良好的包装可以成为产品推销的一种主要工具和有力的竞争手段,还能起到广告宣传的效果。

良好的产品经过包装后,利用包装的形体及其外部印刷的文字、图案、色彩等结构造型和装潢设计来美化产品,宣传产品的性能,介绍产品的使用方法,增加产品销售的陈列效果,使消费者通过了解包装物来了解内装产品,对所装产品质量产生信任感,从而购买产品。

(四)传递信息

随着技术的发展,为了提高作业效率,增加商品的透明度,及时跟踪流通过程中的产品,大量的信息技术被应用到包装环节中。通过价格低廉的扫描设备和条码可以快速地将商品的一些信息,如制造厂、商品名称、商品数量、商品规格、商品生产地、商品目的地等加以控制和跟踪,减少了商品的误差。

(五)提高价值

根据马克思的价值理论,商品的价值是由凝结在其中的社会必要劳动时间所决定的。包装所用的劳动,是社会必要劳动的一部分,它凝结在商品中间,增加了商品的价值,并在销售时得到补偿。同时,包装物的再利用也给商品降低了成本,增加了价值,如铁皮包装、玻璃、塑料瓶包装、纸箱、木箱包装等,都具有回收再利用的价值,为企业降低了费用,为消费者增加了新的价值。

(六)增加企业收入

包装的合理和科学,可以最大限度地利用运输工具的运输能力,减少运输舱容,节省运费,降低成本支出,增加企业收入。另外,精美的产品包装,不但提高了产品的价格,而且也可以满足人们的消费心理,进而增加企业的销售收入。

第三节 物流包装材料与容器

为保护商品在物流过程中的质量,对包装而言,必然会涉及包装的选材、容器结构设计和包装方法等方面的问题。所以,物流包装损失、防护机理及其综合治理,主要应从商品的特性、限制流通环境对商品质量安全的影响来加以考虑,采取切实可行的治理措施。

包装材料在包装保护功能中起基础作用。根据对产品包装的不同要求,包装材料应能有效地保护产品,因此应具有一定的强度、刚性、韧性和弹性,以适应压力、冲击、振动等因素的影响,并且应对水分、水蒸气、气体、光线、芳香气、异味、热量等具有一定的阻挡能力。包装材料本身的毒性要小,以免污染产品和影响人体健康。包装材料应无腐蚀性,并且具有防虫、防蛀、防鼠、抑制微生物等性能,以保障产品安全。

一、包装材料

包装材料的选择十分重要,因为它直接关系到包装质量和包装费用,有时也影响运输、装卸搬运和保管。常用的包装材料有以下几类。

(一)柔性材料

柔性材料可以围绕着产品成型并且给被包装的产品以保护。柔性包装材料可分为四种,即纸基材料、铝箔、塑料薄膜和复合材料。

1. 纸基材料

纸包装根据不同的用途可制造成不同的等级。主要类型有包装用纸、牛皮纸、鸡皮纸、玻璃纸、羊皮纸、纸袋纸等,如图 1-4 所示。

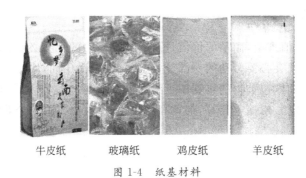

图 1-4 纸基材料

牛皮纸大多用于包装工业品,如可用作五金电器及仪器、棉毛丝绸织品、绒线等包装,也可制成档案袋、信封及砂纸的基材。

鸡皮纸是一种单面光的平板薄型包装纸,供印刷商标、包装日用百货和食品使用。

玻璃纸完全透明,像玻璃一样光亮,主要适用于医药、食品、精密仪器等商品的美化包装。

羊皮纸具有防油、防水、强度大的特性,适用于化工产品、机器零件等工业包装;食品羊皮纸适用于食品、药品、消毒材料的内包装用纸,也可用于其他需要不透油、耐水性的包装用纸。

纸袋纸可用来生产多层纸袋,其中普通纸袋纸主要用来生产水泥纸袋,还可以用来制作杂货用纸袋或大纸袋、运输包装袋、裹包用纸;微皱纹纸袋纸伸长性好、强度大、耐撕裂,特别适用于混合型运输、出口运输及远距离运输;防潮纸袋纸用于包装散粒产品、无机肥料、日常热电厂出的肥料以及在高湿度运输条件下的其他货物的纸袋。

2. 铝箔

铝箔是经金属铝压延制成的,铝箔纸大多数是使用真空镀膜技术制造的,造价比较低,化学性能比较稳定。一般包装经常复合使用铝箔和其他包装材料作为阻隔层,以提高其阻隔性能。如果阻隔性能要求低,可用金属处理的薄膜代替铝片。最常用的铝箔厚度均在 0.005~0.2mm。

3. 塑料薄膜

用于包装的大量薄膜是合成物和自然聚合体。其中,塑料材料的用量不断增加,是由于它独特的阻隔性能、重量轻、易成型,并且易与其他材料组合。常用的塑料材料有聚乙烯(polyethylene,PE)、聚丙烯(polypropylene,PP)、聚苯乙烯(polystyrene,PS)、聚氯乙烯(polyvinylechloride,PVC)、聚酯(polyester,PET)等。

聚乙烯是日常生活中最常用的高分子材料之一,大量用于制造塑料袋、塑料薄膜等。它可抗多种酸碱腐蚀,但是不抗氧化性酸。它具有好的防水性能、好的热稳定性、大的柔性和可存在性、中等耐油性能等特点。

聚丙烯比聚乙烯具有更高的熔点,所以常被使用在一些医疗器具上。聚丙烯具有较高的耐冲击性,机械性质强韧,但是较易氧化。在包装上,聚丙烯广泛用于塑料盖、塑料罩、薄膜等。

聚苯乙烯是一种无色透明的塑料材料,易脆,对大多数的有机溶剂敏感,但对大多数无机化合物和碱金属不敏感。聚苯乙烯常被用来制作各种需要承受温度的一次性容器,以及一次性泡沫饭盒、盘和杯子。

聚氯乙烯有刚性和柔性两种类型。聚氯乙烯具有好的阻隔性能,透明似晶体结构。聚氯乙烯最大的特点是阻燃,广泛应用于防火。在包装方面的主要用途是制作热成型泡罩,也应用于水瓶、肉类的弹性外包装等,其缺点是聚氯乙烯在燃烧过程中会释放出盐酸和其他有毒气体。

聚酯对氧气和二氧化碳的耐受性是塑料中最好的,常用于制造饮料瓶,其缺点是熔体强度低、易吸潮。

4. 复合材料

纸、铝和塑料结合在一起可增加用途和改善性能。例如,铝箔和塑料复合成铝箔复合薄膜,复合后的材料有足够的阻隔作用,常用于食品、药品、香烟、洗涤剂和化妆品等包装。

(二)半刚性材料

半刚性材料分为纸基材料和塑料基材料。纸基材料被称为纸板;塑料基材料是将塑料薄膜覆盖在纸板上形成的。

（三）刚性材料

刚性材料主要有纸基材料、木质材料、金属材料、玻璃材料等几种形式。

1. 纸基材料

基于纸的刚性材料是实体的硬纸板、瓦楞纸板、蜂窝纸板，这种材料可用于消费者包装，也可用于运输包装。

硬纸板是通过许多层纸或纸板的胶合叠片结构制成的，中间层是低等级的纸材料，目的是获得大的体积以增加刚度。硬纸板非常密且能够防潮。

蜂窝纸板质轻，抗压、抗弯、抗剪强度高，具有良好的缓冲隔震性能。适用于运输价值较高的玉器雕刻品、工艺品等。

2. 木质材料

木质包装材料一般用于外包装。因为木材具有抗压、抗震、抗挤、抗冲撞能力。常用的木质材料有木材、夹板、木纤维和刨花板。

木材具有良好的机械性能，即具有良好的弯曲刚度和拉伸刚度，它吸潮并且具有高的水蒸气传递率。

夹板是许多层板的胶合叠片结构，其在各个方向都有高的强度。这种材料具有好的强度、好的弯曲刚度和拉伸强度。它可用于制作各类包装箱等制品。

木纤维板有好的强度，但在潮湿条件下失去了弯曲刚度。在制造过程中的化学物质能引起腐蚀问题，并且水蒸气的传递率高。纤维板可用于制作包装箱及其他包装容器。

刨花板又称为碎木板或木屑板。它易受潮，吸水后膨胀率高，且强度不高，一般用于小型包装容器。

3. 金属材料

金属包装材料具有极优良的综合性能，且资源极其丰富。钢、马口铁和铝是常用的金属材料。

钢材一般用于制造运输包装盒及大型容器，如集装箱、钢桶等。镀锌薄钢板是制罐材料之一，主要用于制作工业产品包装容器。镀锡薄钢板是制罐的主要材料，大量用于罐头工业。

铝主要用于销售包装，很少应用在运输包装上，其主要用于制作饮料罐。

4. 玻璃材料

玻璃是惰性的，绝对不漏气，不会与环境起反应，其缺点是易碎。目前包装使用的玻璃比重日益下降。

二、包装容器

包装容器是为了满足内装商品的销售、仓储和运输过程的要求而使用的包装制品。包装容器一般包括包装袋、包装盒、包装箱、包装瓶和包装罐(筒)等。

(一)包装袋

包装袋的材料为挠性材料,有较高的韧性、抗拉强度和耐磨性,使用较为广泛,常用于运输包装、商业包装、内装、外装。主要有集装袋、一般运输包装袋、小型包装袋三种类型。

集装袋是一种大容积的运输包装袋,盛装重量在 1 t 以上,一般多用聚丙烯、聚乙烯等聚酯纤维纺织而成,如图1-5所示。

一般运输包装袋的盛装重量为 5~100 kg,大部分是由植物纤维或合成树脂纤维纺织而成的织物袋,或者是由几层挠性材料构成的多层材料包装袋,主要包装粉状、粒状和个体小的货物,适于外包装及运输包装。

图1-5 集装袋

小型包装袋(或称普通包装袋)盛装重量较少,通常用单层材料或双层材料制成,对某些具有特殊要求的包装袋也有的用多层不同材料复合而成。其包装范围较广,液状、粉状、块状和异型物等可采用这种包装,适用于内装、个装及商业包装。

(二)包装盒

包装盒材料有一定挠性,不易变形,有较高的抗压强度,刚性高于袋装材料。包装结构是规则几何形状的立方体,也可裁制成其他形状,如圆盒状、尖角状,一般容量较小,有开闭装置。包装操作一般采用码入或装填,然后将开闭装置闭合。

包装盒整体强度不大,包装量也不大,不适合做运输包装,适合做商业包装、内包装,适于包装块状及各种异型物品。

(三)包装箱

包装箱材料为刚性或半刚性材料,有较高强度且不易变形。包装结构和包装盒相同,只是容积、外形都大于包装盒,两者通常以 10 L 为分界点。包装箱整体强度较高,抗变形能力强,包装量也较大,适合做运输包装、外包装,包装范围较广,主要用于固体杂货包装。常用的有纸箱、木箱、塑料箱、集装箱。

(四)包装瓶

包装瓶属刚性包装,材料有较高的抗变形能力,刚性、韧性要求一般也较高,包装瓶包装量一般不大,适合美化装潢,主要做商业包装、内包装使用,主要包装液体、粉状货。包装瓶按外形可分为圆瓶、方瓶、高瓶、矮瓶、异型瓶等若干种。

瓶口与瓶盖的封盖方式有螺纹、凸耳、齿冠、包封等形式,其外形如图1-6所示。

（五）包装罐(筒)

包装罐(筒)属于刚性包装,材料强度较高,罐体抗变形能力强,可作运输包装、外包装,也可作商业包装、内包装用。包装罐常用的有小型包装罐、中型包装罐、集装罐三种。

小型包装罐可用金属材料或非金属材料制造,容量不大,一般是作销售包装、内包装,罐体可采用各种方式装潢美化,如图1-7所示。中型包装罐,外型属于典型罐体,容量较大,一般作化工原材料、土特产的外包装,起运输包装作用。集装罐是一种大型罐体,外形有圆柱形、圆球形、椭球形等,有卧式、立式之分。集装罐是典型的运输包装,适合包装液状、粉状及颗粒状货物。

图1-6 包装瓶

图1-7 易拉盖铝包装罐

第四节 集合包装

一、集合包装的概念

集装化也称为组合化和单元化,它是指将一定数量的散装或零星成件物资组合在一起,这样在装卸、保管、运输等物流环节中可作为一个整件进行技术上和业务上处理的包装方式。

集装化物资的载体是集合包装。集合包装就是将若干个相同或不同的包装单位汇集起来,最后包装成一个更大的包装单位或装入一个更大的包装容器内的包装形式。如把许多货物包装成一个包,若干包又打成一个件,若干件最后装入一个集装箱,这便是集合包装的简单组合过程。

20世纪50年代以来,运输业的迅速发展,运输工具的大型化、高速化,使高效运输与一件件货物装卸搬运的低效率,成为运输包装过程中的突出矛盾。集合包装是解决这一矛盾的最有效的途径,因而得到稳定、快速的发展。目前,集合包装已应用于运输包装全过程,发展成集装箱化、托盘化、捆扎、网袋、框架、滑板等多种方式,在当代商品包装运输中占有十分重要的地位,适合长途、大批量运输。

二、集合包装的优点

集合包装的出现,是对传统包装运输方式的重大改革,在运输包装中占有越来越重要的地位。它之所以受到重视,是因为它有许多与众不同的优点。

(1) 能可靠地保护商品。集合包装将零散产品或包装件组合在一起,牢固可靠,包装紧密,减少物流过程的货损、货差,保障货物安全;每个集合包装均有起吊装卸装置,无须搬动内装物,商品得以有效保护,这对易碎、贵重商品尤为重要。

(2) 为装卸作业机械化、自动化创造了条件,加速了运输工具的周转,缩短了货物送达时间,提高了劳动生产率。集合包装商品在流通过程中,无论经过何种运输工具,装卸多少次,都是整体运输,无须搬动内装物。这种运输方式,大大缩短了商品装卸时间,同时集合包装的装卸均采用机械化操作,效率大为提高,而且降低了劳动强度。

(3) 缩小包装件体积,降低运输成本,从总体上提高了仓库、运输工具载重量和容积利用率。由于商品单个包装简化,减小了单个包装体积,单位容积容纳商品数增多,且便于堆码,提高了仓库、货场单位面积的储存能力,如用集装箱装载可比原来容积利用率提高30%~50%。而且采用集合包装,简化运输手续,集装箱、托盘等还可多次周转使用,运输成本自然降低。

(4) 节省包装费用。按常规包装,为保护商品,势必要消耗大量包装材料,而采用集合包装,可降低原始包装用料标准,有的甚至可不用外包装,节省包装费用。

(5) 全球清点货件,简化物流过程各个环节间、不同运输方式间交接手续,促进不同运输方式之间的联合运输,实现"门到门"的一条龙服务。

(6) 促进包装标准化。集合包装能够将零散、非标准规格的物品集装化、单元化,使物品自始至终处于标准化、模块化、批量化状态,每种集合包装的外包装尺寸都符合一定标准,有效利用了仓库和运输工具的空间,从而促进了包装标准化。

(7) 降低储存费用。集合包装容纳商品多,密封性能好,受环境气候影响小,即使露天存放也对商品无碍,因此,节省仓容,降低储存费用,同时减轻或完全避免污秽货物对运输工具和作业场所的污染,改善了环境状态。

集合包装最突出的应用是集装箱和托盘。

三、托盘

(一) 托盘的定义

托盘是指用于集装、堆放、搬运和运输的放置作为单元负荷的货物和制品的水平平台装置。托盘是一种重要的集装器具,是在物流领域中为适应装卸机械化而发展起来的,托盘的发展可以说与叉车同步,叉车与托盘共同使用而形成的有效装卸系统大大地促进了装卸活动的发展。随着装卸机械化水平的大幅度提高,使长期以来在运输过程中的装卸"瓶颈"得以解决或改善。

托盘是为了使货物有效的装卸、运输、保管,将其按一定数量组合放置于一定形状的台面上,这种台面有供叉车插入并将其托起的叉入口。以这种结构为基本结构的平台和在这种基本结构上形成的各种形式的集装器具均可称为托盘。托盘的出现也促进了集装箱和其他集装方式的形成和发展。托盘已成为和集装箱一样重要的集装方式,形成了集装系统的两大支柱。

托盘运输是以托盘为承载物,将物品堆码在托盘上,通过捆扎、裹包、胶黏等方法加以固定,形成一个搬运单元,以便用机械设备搬运的包装技术。

(二)托盘的种类

1. 平托盘

平托盘是指在承载面和支撑面间夹以纵梁,构成可集装物料,可使用叉车或搬运车等进行作业的货盘。平托盘由双层板或单层板另加底脚支撑构成,无上层装置,如图1-8所示。

图1-8 平托盘

平托盘有以下几种分类方式:
(1)按叉车插入方式分为单向叉入型、双向叉入型、四向叉入型三种。
(2)按承运货物台面分成单面形、单面使用形、双面使用形、翼形四种。
(3)按材料分为木制品托盘、钢制托盘、铝合金托盘、胶合板托盘、塑料托盘、纸板托盘、复合材料托盘等。

2. 箱式托盘

箱式托盘指在托盘上面带有箱式容器的托盘,如图1-9所示。

箱式托盘的面上具有上层结构,其四周至少有三个侧面固定,一个侧面是可拆叠的垂

图 1-9 箱式托盘

直面。箱式结构可有盖和无盖,有盖的板壁箱式托盘与小型集装箱无严格区别,适用于装载贵重货物。无盖的板壁箱式托盘适于企业内装载各种零件、元器件。

3. 柱式托盘

四角有四根立柱的托盘称为柱式托盘。

柱式托盘没有侧板,在托盘上部的四个角有固定式或可卸式的立柱,有的柱与柱之间有连接的横梁,使柱子成门框型。如图 1-10 所示。

柱式托盘是在平托盘基础上发展起来的,其特点是在不压货物的情况下可进行码垛。多用于包装物料、棒料管材等的集装。

柱式托盘也可以作为可移动的货架、货位。不用时,还可叠套存放,节约空间。

图 1-10 柱式托盘

4. 轮式托盘

托盘底部有四个小轮的托盘叫作轮式托盘。轮式托盘是在平托盘、柱式托盘或网箱托盘的底部装上脚轮而成。既便于机械化搬运,又便于短距离的人力移动。

轮式托盘适用于企业工序间的物流搬运,也可在工厂或配送中心装上货物运到商店,直接作为商品货架的一部分。如图 1-11 所示。

5. 特种专用托盘

特种专用托盘是根据产品特殊要求专门设计制造的托盘。由于托盘作业效率高、安全稳定,尤其在一些要求快速作业的场合,突出利用托盘的重要性,所以各国纷纷研制了多种多样的特种专用托盘。特种专用托盘和通用托盘的区别在于它具有适合特定货物(或工件)的支承结构,这些托盘能在某些特殊领域发挥作用,比如:

(1)航空托盘。航空货运或行李托运用托盘,一般采用铝合金制造,为适应各种飞机

图 1-11　轮式托盘

货舱及舱门的限制，一般制成平托盘，托盘上所载物品以网络覆罩固定之。

(2) 平板玻璃集装托盘。又称平板玻璃集装架，这种托盘能支撑和固定立于平板玻璃上，在装运时，平板玻璃顺着运输方向放置以保持托盘货载的稳定性。平板玻璃集装托盘有若干种，使用较多的是 L 型单面装放平板玻璃单面进叉式托盘、A 型双面装放平板玻璃双向进叉托盘、吊叉结合式托盘及框架式双向进叉式托盘。

(3) 油桶专用托盘。专门装运标准油桶的异型平托盘，托盘为双面型，两个面皆有稳固油桶的波形表面或侧挡板，油桶卧放于托盘上面，由于波形槽或挡板的作用，不会发生滚动位移，还可几层叠垛，解决桶形物难堆高码放的困难，也方便了储存。

(4) 货架式托盘。货架式托盘是一种框架形托盘，框架正面尺寸比平托盘略宽，以保证托盘能放入架内，架的深度比托盘宽度窄，以保证托盘能搭放在架上。架子下部有四个支脚，形成以叉车进叉的空间。这种架式托盘叠高组合，便成了托盘货架，可将托盘货载送入内放置。这种架式托盘也是托盘货架的一种，是货架与托盘的一体物。

(5) 尺寸物托盘。长尺寸物托盘是专门用于装放长尺寸材料的托盘，这种托盘叠高码放后便形成了组装式长尺寸货架。

(6) 轮胎专用托盘。轮胎本身有一定的耐水、耐蚀性，因而在物流过程中无须密闭，且本身很轻，装放于集装箱中不能充分发挥箱的载重能力。其主要问题是储运时怕压、怕挤，采用这种托盘是一种很好的选择。

托盘还可按材料分为木托盘、钢托盘、铝托盘、纸托盘、塑料托盘、胶合板托盘、复合材料托盘等。

按使用寿命分为消耗性托盘和循环性托盘两种。

按使用形式一般分为通用托盘和专用托盘。

(三) 托盘的标准化

托盘如果只在工厂和仓库使用，是不能发挥其效益的，只有全程托盘化，即以商品单位为搬运单位,运输到目的地后又连同托盘一起搬运,才能取得良好的效果。实施全程托盘化,必然涉及托盘回收的问题。将商品装载托盘上送到目的地时,既不能将托盘放下不管,也不能等对方卸下商品再带回空托盘,那样会导致时间效力差,因此,托盘交换系统就显得很重要。商品送到的时候,或者带回同样数量的空托盘,或者集中起来委托专业回收公司送回。为此,必须做到托盘标准化,这是最基本的条件。

托盘虽然只是一个小小的器具,但由于托盘具有重要的衔接功能、广泛范围的应用性和举足轻重的连带性,在装卸搬运、保管、运输和包装等各个物流环节的效率化中,都处于中心位置,所以,托盘的规格尺寸,是包装尺寸、车厢尺寸、集装单元尺寸的核心。只有以托盘尺寸为标准,决定包装、卡车车厢、火车车厢、集装箱箱体等配套规格尺寸和系列化规格标准,才最能体现装卸搬运、保管、运输和包装作业的合理性和效率性。

除此之外,托盘的规格尺寸还涉及集装单元货物尺寸,集装单元货物尺寸又涉及包装单元尺寸、卡车车厢、铁路货车车厢、仓库通道及货格尺寸,甚至关系到物流的基础设施,火车站、港口、码头等货物装卸搬运场所的构造结构、装卸搬运机具的标准尺寸。从某种意义上讲,托盘的标准化,不单单是托盘租赁、流通和循环使用的前提,也是实现装卸搬运、包装、运输和保管作业机械化、自动化的决定因素,没有托盘规格尺寸的统一和以托盘为基础的相关设施、设备、装置、工具等的系列化标准,只能做到局部物流的合理化,难以达到整体物流的合理化。

(四)托盘的尺寸

目前,全世界主要的工业国家都有自己的标准托盘,但所用尺寸各国不同。每个国家都希望自己国内已普遍使用规格成为国际标准,以便在国际经济交流中更为有利。国际标准组织无法统一,只能接受既成事实,做到相对统一。ISO标准(ISO 6780)原来有4种托盘标准规格,即1 200 mm×800 mm,1 200 mm×1 000 mm,1 219 mm×1 016 mm,1 140 mm×1 140 mm。2003年ISO规格又通过了新方案,增加了1 100 mm×1 100 mm和1 067 mm×1 067 mm两种规格,变为6种标准规格。

2008年3月1日,我国通过对物流和托盘的统计数据的研究分析,选定1 200 mm×1 000 mm和1 100 mm×1 100 mm这两种规格的托盘作为我国联运通用标准托盘,且规格1 200 mm×1 000 mm为优先推荐的托盘规格。

四、集装箱

国际标准化组织对于集装箱的定义:"是一种运输设备;具有足够的强度,可长期反复使用;适合一种或多种方式运输,途中转运时,箱内货物不必换装;可进行快速搬运和装卸,特别便于从一种运输方式转移到另一种运输方式;便于货物装满或卸空;具有 $1 m^3$ 及 $1 m^3$ 以上的容积。集装箱这一术语不包括车辆和一般包装。"

1. 集装箱运输的优越性

（1）扩大成组单元，提高装卸效率，降低劳动强度。在装卸作业中，装卸成组单元越大，装卸效率越高。托盘成组化与单件货物相比，装卸单元扩大了20～40倍；而集装箱化和托盘成组化相比，装卸单元又扩大了15～30倍。

（2）减少货损、货差，提高货物运输的安全与质量水平。货物装入集装箱后，在整个运输过程中不再倒载。由于减少了装卸搬运的次数，就大大减少了货损、货差，提高了货物的安全和质量。据统计，用火车装运玻璃器皿，一般破损率在30%左右，而改用集装箱运输后，破损率下降到5%以下。

（3）缩短货物在途时间，降低物流成本。集装箱化给港口和场站的货物装卸、堆码的全机械化和自动化创造了条件。标准化的货物单元加大，提高了装卸效率，缩短了车船在港口和场站停留的时间。据航运部门统计，一般普通货船在港停留时间约占整个营运时间的56%；而采用集装箱运输，则在港时间可缩短到仅占营运时间的22%。这一时间的缩短，对货主而言就意味着资金占用的大幅下降，可以很大程度地降低物流成本。

（4）节省货物运输包装费用，简化理货工作。集装箱是坚固的箱子，集装箱化后，货物自身的包装强度可减弱，包装费用下降。据统计，用集装箱方式运输电视机，本身的包装费用可节约50%。同时，由于集装箱装箱通关后，一次性铅封，在到达目的地前不再开启，也简化了理货工作，降低了相关费用。

（5）减少货物运输费用。集装箱可节省船舶运费；节省运输环节的货物装卸费用；由于货物安全性提高，运输中保险费用也相应下降。

集装箱最大的成功在于其产品的标准化以及由此建立的一整套运输体系。能够让一个载重几十吨的庞然大物实现标准化，并且以此为基础逐步实现全球范围内的船舶、港口、航线、公路、中转站、桥梁、隧道、多式联运相配套的物流系统，这的确堪称人类有史以来创造的伟大奇迹之一。

2. 集装箱的种类

常见的集装箱种类有：

（1）普通集装箱。普通集装箱又称干货集装箱，以装运杂货为主，通常用来装运日用百货、医药、纺织品、工艺品、化工制品、五金交电、电子机械、仪器及机器零件等。这种集装箱占集装箱总数的70%～80%。如图1-12所示。

（2）冷冻集装箱。冷冻集装箱分外置式和内置式两种。温度可在$-28\sim+26\ ℃$调整。内置式集装箱在运输过程中可随意启动冷冻机，使集装箱保持指定温度；而外置式则必须依靠集装箱专用车、船和专用堆场、车站上配备的冷冻机来制冷。这种箱子适合在夏天运输黄油、巧克力、冷冻鱼肉、炼乳、人造奶油等物品。如图1-13所示。

图 1-12　普通集装箱

图 1-13　冷冻集装箱

（3）开顶集装箱。开顶集装箱没有箱顶，可用起重机从箱顶上面装卸货物，装运时用防水布覆盖顶部，其水密要求和干货箱一样。适合于装载体积高大的物体，如玻璃板等。如图 1-14 所示。

（4）框架集装箱。框架集装箱没有箱顶和两侧，其特点是从集装箱侧面进行装卸，以超重货物为主要运载对象，还便于装载钢材之类可以免除外包装的裸装货。如图 1-15 所示。

图 1-14　开顶集装箱

图 1-15　框架集装箱

（5）牲畜集装箱。牲畜集装箱侧面采用金属网，通风条件良好，而且便于喂食，是专为装运牛、马等活动物而制造的特殊集装箱。

（6）罐式集装箱。罐式集装箱又称液体集装箱，是为运输食品、药品、化工品等液体货物而制造的特殊集装箱。其结构是在一个金属框架内固定上一个液罐。如图 1-16 所示。

（7）平台集装箱。平台集装箱形状类似铁路平板车，适宜装超重超长货物，长度可达 6 m 以上，宽 4 m 以上，高 4.5 m 左右，重量可达 40 t。且两台平台集装箱可以连接起来，装 80 t 的货，用这种箱子装运汽车极为方便。如图 1-17 所示。

（8）通风集装箱。通风集装箱箱壁有通风孔，内壁涂塑料层，适宜装新鲜蔬菜和水果等怕热怕闷的货物。

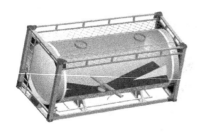
图 1-16 罐式集装箱

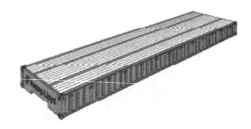
图 1-17 平台集装箱

（9）保温集装箱。保温集装箱箱内有隔热层，箱顶又有能调节角度的进出风口，可利用外界空气和风向来调节箱内温度，紧闭时能在一定时间内不受外界气温影响。适宜装运对温湿度敏感的货物。

（10）散装货集装箱。散装货集装箱一般在顶部设有2～3个小舱口，以便装货。底部有升降架，可升高成40°的倾斜角，以便卸货。这种箱子适宜装粮食、水泥等散货。如要进行植物检疫，还可在箱内熏舱蒸洗。

（11）散装粉状货集装箱。散装粉状货集装箱与散装箱基本相同，但装卸时使用喷管和吸管。

（12）挂式集装箱。挂式集装箱是适合装运服装类商品的集装箱。

3. 集装箱标准化

集装箱运输的初期，其结构和规格各不相同，影响了集装箱在国际上的流通，亟须制定集装箱的国际通用标准，以利于集装箱运输的发展。集装箱标准化，不仅能提高集装箱作为共同运输单元在海、陆、空运输中的通用性和互换性，而且能够提高集装箱运输的安全性和经济性，促进国际集装箱多式联运的发展。同时，集装箱的标准化还给集装箱的载运工具和装卸机械提供了选型、设计和制造的依据，从而使集装箱运输成为相互衔接配套、专业化和高效率的运输系统。

集装箱标准化历经了一个发展过程。现行的国际标准为第1系列共13种，其宽度均一样（2 438 mm），长度有四种（12 192 mm、9 125 mm、6 058 mm、2 991 mm）、高度有三种（2 896 mm、2 591 mm、2 438 mm）。

第五节　物流包装发展中的问题及发展趋势

一、物流包装发展中的问题

近几年，尽管我国的物流包装行业取得了一定的进展，但由于诸多原因，目前我国的物流包装发展也暴露出一些问题。

1. 物流包装的浪费和成本问题

我国人口众多，制造企业数量庞大，商品流通数量巨大，这些都造成我国包装资源消耗数量惊人。在促进包装工业迅速发展的同时，也带来了包装废弃物的持续增加。但令人堪忧的是包装废弃物的回收利用率较低，一方面，大量原本可以继续回收利用的包装被当作无用废弃物直接抛弃，造成资源浪费；另一方面，增加了废弃物的处理成本，给自然环境带来生态负担。

在惯常的物流包装中，很多企业使用一次性纸箱或木箱，循环使用包装的占比非常低。我国属于林木资源匮乏的国家，很多原材料需要进口。由于原材料供需关系的波动、汇率波动等众多不可测因素，都会导致原材料成本的变化，而造纸行业属于污染较严重的行业，随着全社会环保意识加强，国家环保监管水平提高，包装生产的成本也会随之提高。这些因素都可能导致物流包装的成本及整个供应链的成本不断上升。如何通过采用新技术或新模式降低整个供应链上的物流包装成本，已成为企业面临的重要课题。

2. 物流包装标准化问题

现阶段，我国很多行业物流运作的通常惯例是：上游供应商给下游企业发货，常常使用一次性纸箱、木箱进行货物包装与运输，即使采用带板运输方式，由于托盘标准不统一或者没有在整个供应链上实现托盘循环共用，货物在送达目的地后需要人工卸车、重新码盘再入库存放。情况必然使得货物运输、搬运、堆垛、存储等流通环节的作业量增加，既增加了货物损坏的风险，又耗费了时间和人力，导致物流运作效率降低，物流成本升高。

标准化、系统化是物流运作的本质特征，它强调各个环节、各个组成部分的协调和配合。在实际应用中，各种包装材料、包装尺寸、包装容器规格、包装机械、包装检验等方面的技术要求并不是孤立的，需要从供应链角度考虑和设计。

目前因我国物流包装的规范化和标准化程度较低，难以实现有效的衔接和重复回收再利用。这必然导致企业无效作业增多，包装成本增加，效益下降，对整个社会来说，也可能造成环境污染和资源浪费。推进托盘标准化与循环共用体系建设对于促进我国物流包装标准化具有重大意义。

3. 包装材料和包装设备创新能力不足问题

物流包装工作是从生产的末端开始的，其本身是生产制造的一部分。随着制造业技术的进步，高效大规模流水线生产体系的建立，使得包装工作也必须依靠先进的机械设备，才能跟得上高效的生产体系。因此，先进的包装设备已经成为不可或缺的重要生产工具。

包装设备主要指完成全部或部分包装作业的机器。其中包括成型、填充、封口、裹包等主要包装设备，完成清洗、干燥、杀菌、贴标、捆扎、集装、拆卸等前后包装工序的设备，以及输送、选别等包装辅助设备。

包装设备门类、品种繁多,主要包括以下两个方面:

(1) 直接完成包装过程的各种机械,如填充机、裹包机、贴标机、灌装机、封口机、多功能包装机、捆扎机、清洗机、干燥机、杀菌机等;

(2) 包装材料、包装容器的制造设备,如纸、塑料、复合材料、玻璃及金属等材料和容器的制造机械。

从总量上看,我国已成为世界包装大国,但在包装材料和设备研发能力方面仍与发达国家存在较大差距。代表包装技术前沿的中高端的包装基础材料、包装机械(食品饮料包装、塑料薄膜等)仍被欧美、日本等发达国家主导,国内包装技术研发及创新工作仍须努力。

二、物流包装发展新趋势

近年来,以互联网技术为代表的信息技术迅猛发展,商业竞争加剧,新的商业模式层出不穷。这些都标志着物流迎来了技术变革的激情时代,而物流包装技术必然也显现了全新的发展趋势,主要体现在以下三点:

1. 全新的材料

当前,环境问题日趋重要,资源能源更趋紧张,构筑循环经济社会,走可持续发展道路已成为全球关注焦点和迫切任务,并成为各行各业发展及人类活动的准则。因此,可降解材料成为包装行业关注的热点。

可降解包装材料是指在特定时间内造成性能损失的特定环境下,其化学结构发生变化的一种材料。可降解塑料既具有传统塑料的功能和特性,又可以在完成使用寿命之后,通过阳光中紫外线的作用或者是大气、土壤及水中的微生物作用,在自然环境中分裂降解和还原,最终以无毒形式重新进入生态环境,回归大自然。可降解塑料主要分为合成光降解塑料、添加光敏剂的光降解塑料、生物降解塑料,以及多种降解塑料复合在一起的多功能降解塑料。

2. 全新的模式

传统的包装产品制造企业和包装服务商仅仅从产品的角度考虑问题,只是将包装视为物流链条的一项配套服务来讨论,很少主动研究物流系统与包装系统之间相互协调的问题。随着互联网技术的不断发展以及全球经济一体化进程的加快,市场竞争也悄然发生变化,逐渐由过去传统的企业之间的竞争向供应链之间的竞争转变。在整个供应链中,包装作为重要的商品贯穿于其中,并且对整个供应链的运营成本有着重要的影响。因此,为了更好地适应市场需要,物流包装企业正积极转变观念,从产品提供者的角色积极向物流服务型企业靠拢。

托盘和包装箱的共享租赁、循环使用的模式正是这种趋势的体现。在这种模式下,包装企业不再只是包装物的供应商,更是为包装产品在供应链运作中提供物流服务的物流商。包装企业通过包装产品流通中心,在制造企业与其下游客户之间实现包装物的持续快速周转和同步生产配合。新的运营模式使得一次性购置成本较高的新型材料的包装产品可以替代一次性包装产品,并可以被反复使用。在长时间循环往复的物流运营中,最初较高的包装投入被分摊到整个包装的使用寿命内,单次成本就可以降低很多,因而可大大降低整条供应链的包装成本。

3. 全新的理念

在包装领域中,现在最热门的两个理念:一个是"以人为本"的理念,主要应用了最新的人机工程学的成果;另一个是包装全生命周期管理理念。

人机工程学应用到物流包装领域,要求物流包装应首先满足人的要求。主要包括以下几点:

(1) 安全要求。物流包装必须保证在物流全过程中不会对人或环境造成任何危害,尤其是对危险物品的包装,一定要采取严格的防范措施,避免因包装破损、老化、撒漏等造成对人的危害或对环境的污染。

(2) 适宜的劳动强度。在物流运作过程中,要考虑劳动者的劳动强度和保护身体健康的要求。根据人机工程学的研究,物流包装要促进人力搬运的合理化。因此采用人工装卸作业时,其包装重量必须限制在人的允许能力之下,包装的外形尺寸必须适合人工作业。

(3) 物流包装方便化要求。方便功能是包装本身所应具有的,而物流中的配送、流通加工等环节对包装方便性提出了更高要求,即分装、包装的开启和再封合包装都要求简便易行。目前,很多包装设备、包装器具在设计时都会考虑到以上这些因素。

另外,物流包装需要贯彻全生命周期管理理念。该理念是指:使用包装要从包装材料、生产、运输、仓储、使用到废弃回收整个生命周期中的各个环节建立起系统有效的低碳化体系,构建整个包装服务流程环保的优化策略,即生产加工过程中要规范包装产品的选材及结构,运输、仓储、装卸过程中采取低碳化物流策略,采取简约化、人性化的低碳消费包装策略,遵循绿色化回收原则,以实现包装在整个生命周期过程中综合碳排放最低化。

低碳包装的宗旨即是在包装的整个生命周期过程中遵循 5R 理念(reduce——节约能源、减少污染,reevaluate——绿色价值、环保选购,reuse——重复使用,recycle——分类回收再利用,rescue——保护自然、万物共存),以期达到生命周期中碳排放最低,这对于节能环保具有重大意义。

三、我国包装产业的发展现状及趋势

（一）产业现状与面临的主要问题

1. 产业现状

1）产业地位凸显

全国包装企业 25 万余家，主营业务收入突破 1.8 万亿元，年增长率高于工业平均增长，贡献了我国 GDP（国内生产总值）的 2.2%，在全国 38 个主要工业门类中位列第 14 位，作为世界第二包装大国的地位进一步稳固；"十二五"期间，累计为销售额 120 万亿元的国内商品和销售额 50 余万亿美元的出口商品提供了配套服务。

2）产业格局逐步优化

进一步完善了以纸、塑料、金属、玻璃、机械、印刷为主要构成，涵盖包装设计、材料、装备、制品、物流等的产业格局；长三角、珠三角、环渤海湾的产业快速发展，聚集度增强，占总产值的 60% 以上；此外，形成了龙头企业引领、大中小微企业互生共长的格局。

3）技术水平明显提升

承担了一批国家重大科研项目；建立了一批国家、省部及行业的工程技术中心、科技研发中心、产业孵化中心，科技创新能力和成果产业转化能力不断增强；攻克了一批材料、装备、工艺、制品等领域的关键技术。

4）循环发展初见成效

绿色发展理念增强，环保型材料使用扩大，清洁生产、节能减排以及资源循环利用新技术逐步推广；企业清洁生产"小循环"、产业淘汰落后产能"中循环"、区域再生资源回收利用体系"大循环"发展模式正逐步形成；实施"包装与包装废弃物""限制商品过度包装要求"等标准。

5）贡献能力显著增强

在服务国家战略、适应民生需求、建设制造强国、推动经济发展中的贡献能力显著提升。

2. 主要问题

1）产业定位不够清晰

没有整体纳入中国制造产业体系，未能有机对接《中国制造 2025》和智能制造行动计划。

2）核心竞争力明显不足

行业自主创新能力较弱，重大科技创新投入和企业技术研发投入严重不足；高新技术难以实现重大突破，先进装备和关键技术进口依赖性强，呈现出大而不强的产业特征；高层次人才比例低，领军人才严重不足，创新团队培育机制不完善，创新体系不健全。

3)"创新、协调、绿色、开放、共享"发展程度不高

产业区域发展不平衡、不协调;低档次、同质化产品生产企业重复建设问题突出,低端产能、过剩产能得不到主动化解;企业高投入、高消耗、高排放的粗放生产模式较为普遍,绿色化生产方式与体系尚未有效形成;包装制造过程自动化、信息化、智能化水平有待提高。

(二) 包装行业经济运行情况

1. 2015 年度包装行业运行情况

1) 概述

2015 年,我国包装行业规模以上企业累计完成主营业务收入 11 365.48 亿元,同比增长 4.08%,增速比上年同期下降了 3.05%;全国包装行业累计完成利润总额 692.85 亿元,同比增长 6.20%,增速比上年同期提高了 3.26%;累计完成利税总额 1 040.56 亿元,同比增长 5.75%,增速比上年同期提高了 1.12%;累计完成进出口总额 495.27 亿美元,同比增长 -0.62%,其中,累计出口额 280.98 亿美元,同比增长 4.18%,累计进口额 131.78 亿美元,同比增长 -8.52%。

2) 全国包装行业主营业务收入情况分析

2015 年 1—12 月,全国包装行业累计完成主营业务收入 11 365.48 亿元,同比增长 4.08%。12 月完成主营业务收入 1 112.48 亿元,同比增长 1.22%。纸和纸板容器的制造完成累计主营业务收入 3 420.11 亿元,占 30.09%,同比增长 4.22%。内外资企业主营业务收入占比情况如图 1-18 所示。

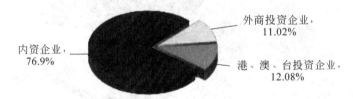

图 1-18 内外包装企业主营业务收入占比

3) 全国包装行业利润总额情况分析

2015 年 1—12 月,全国包装行业累计完成利润总额 692.85 亿元,同比增长 6.20%,增速比上年同期提高了 3.26%。三年来包装行业利润总额对比情况如图 1-19 所示。

累计利润总额情况——行业小类分布情况如图 1-20 所示。

累计利润总额情况——地区分布情况如图 1-21 所示。

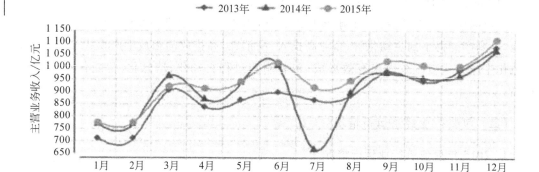

图 1-19 三年来包装行业利润总额对比情况

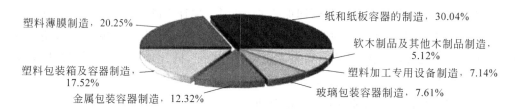

图 1-20 行业累计利润总额

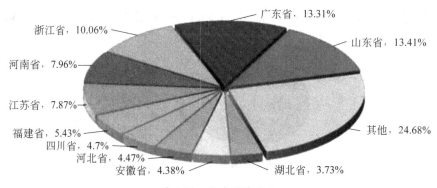

图 1-21 区域累计利润

2. 2016 年 1—9 月包装行业运行情况

2016 年 1—9 月纸、塑料、金属、玻璃、木、塑料加工装备累计完成主营业务收入 8 508.06 亿元,同比增长 4.44%,增速比去年同期下降 0.43 个百分点。2016 年 1—9 月上述七大类累计完成利润总额 506.83 亿元,同比增长 8.19%,增速比去年同期下降了

1.16 个百分点。

（三）解读《关于加快我国包装产业转型发展的指导意见》

1. 宏观上定方向——概括为"1234"

一条主线——按照服务型制造业的产业定位，适应供给侧结构性改革要求，以有效解决制约包装产业发展的突出问题、关键技术与应用瓶颈为重点，全面推动产业的转型发展与提质增效。

两个目标——一是围绕绿色包装、安全包装、智能包装，构建产业技术创新体系；二是围绕清洁生产和绿色发展，形成覆盖包装全生命周期的绿色生产体系。

三个转变——推动包装产业由被动适应向主动服务转变，由资源驱动向创新驱动转变，由传统生产向绿色生产转变。

四个提升——一是产业的绿色发展水平；二是产业的智能制造水平；三是产业的自主创新能力；四是产业的国际竞争能力。

2. 中观上定任务——七大任务清单是行业的行动指南

（1）实施"三品"战略，集聚产业发展优势。

（2）加强技术创新，增强核心竞争能力。

（3）推动两化融合，提升智能制造水平。

（4）加强标准建设，推动国际对标管理。

（5）优化产业结构，形成协调发展格局。

（6）培育新型业态，拓展产业发展空间。

（7）开展绿色生产，构建循环发展体系。

任务设置的战略性——构建包装的产业链、创新链和价值链。

任务设置的系统性——针对产业发展的关键点，结合目前存在的薄弱点，覆盖了包装的全产业链和产业链上的所有重点领域，是全面、系统的转型。

任务设置的对接性——对接包装产业的发展基础、国家战略的重大需求、《中国制造2025》的总体要求和包装强国的建设目标，重点解决"如何转"这一关键问题。

3. 微观上定重点——包装企业的发展动源

明确了三大发展方向——绿色包装、智能包装、安全包装。

覆盖了五大发展领域——围绕包装材料、包装制品、包装装备三大类产品和纸包装、塑料包装、金属包装、玻璃包装、竹木包装五大子行业，从产品升级、技术创新、重点突破、品牌培育等关键点确定了发展路线图。

设置了五大发展工程——食品药品包装安全化工程、包装制品高端化工程、包装印刷数字化工程、包装产业信息化工程、包装装备智能化工程。

本章思考题

1. 简述包装在物流中的地位与作用。
2. 简述运输包装和商业包装的区别。
3. 结合生活中的产品,说明其包装形式和特点。
4. 说明托盘标准化的重要性。
5. 列举常见集装箱的种类和作用。

实践课堂

1. 以身边的产品为例,说出五种商品使用的包装材料及其原因。
2. 请图示几种不同类型的商品经常采用的包装方法。

课后阅读

瓦楞纸箱发展趋势

改革开放以来,全国各地纸箱包装发展迅速,特别是广东瓦楞纸箱企业、瓦楞纸板生产线之多,产值之高都居全国各省、市之首。广东省现有瓦楞纸箱生产企业 3 000 多家,其中大部分分布在珠江三角洲地区,如东莞将近 1 000 家,深圳 300 多家。已有瓦楞纸箱生产线 600 多条,其中国外引进的先进设备占 20% 以上;瓦楞纸箱的产量近 400 万 t,产值 180 多亿元。

1. 产品向全面发挥包装功能的方向发展

包装有保护商品、美化商品、节约成本、便于储运、利于计量、引导消费、提高附加值七大功能。概括起来有两大类:一类是功能性,实施对商品的保护,它体现了包装的本质;另一类是增值性,促进商品的销售,展现包装的魅力和效果。以往瓦楞纸箱主要作为运输包装,实施对商品的保护,达到功能性目的。

随着经济的发展、商品对包装要求的提高,瓦楞纸箱不仅要起功能性作用,还要起增值性作用。因此,瓦楞纸箱正由过去的单纯运输包装向既为运输包装又为销售包装两者相结合的方向发展。

科学技术是第一生产力,瓦楞纸箱包装的发展依靠国民经济的发展,也依靠科学技术的进步,在很大程度上依靠技术装备水平的提高。瓦楞纸箱技术装备是瓦楞纸箱包装的基础和依托,而纸板成型设备是关键设备,是纸箱生产企业技术装备水平的标志。

如今,广东省瓦楞纸箱生产线也在加快更新换代,向高速、高效、宽幅、低耗、封闭无污染、计算机控制、多功能的方向发展。例如,深圳华力包装贸易有限公司引进了德国高宝公司1.62 m超大全开胶印机,大进纸尺寸为1 200 mm×1 620mm,最高印刷速度16 000张/小时。

2. 生产模式向推行集中制板、分散制箱发展

集中制板、分散制箱体现了社会化大生产专业分工和协作,有利于产业结构调整和提升,符合市场经济优势互补、共同发展的优胜劣汰规律,应逐步推行。现应加快社会信用体系建设,使制板企业与制箱企业更加协调、融洽,使集中制板、分散制箱的生产模式日趋完善成熟,从而不断推动行业的发展。

3. 瓦楞纸箱结构注重开发创新

瓦楞纸箱包装已有100多年历史,其产品、工艺、技术、设备等都已基本成熟,但也不是一成不变。近年来,国内外在瓦楞纸结构加强研究开发方面有所突破。

开发了G型瓦楞纸板。此种纸板在欧洲开始流行,市场反应强烈。由于以往瓦楞纸板只能在凹版印刷机上印刷,若要得到胶印的效果,只能把预先印好的画纸裱贴到露坑纸板上去。而G型瓦楞纸板则可在胶印机上直接印刷,也不会使坑纹受压变形而降低或破坏纸样的强度,可使包装设计灵活多样,印刷精美。G型瓦楞纸板最初用作折叠板的替代品,现用作小型商品的保护及运输包装。

开发了K型瓦楞纸板。国外用K型瓦楞纸箱板作商品外包装或集装箱运输包装。K型为特大瓦楞,用于重型包装。

创新了高强度瓦楞复合板。该纸板改变了传统瓦楞纸的瓦楞卧式排列结构,创新采用瓦楞立式紧密排列结构,可以替代重型瓦楞纸板、蜂窝纸板和木板包装,是一种新型的环保包装材料。

资料来源:http://www.chinapaper.net/news/show-21753.html,2017.4.6.

第二章

物流包装技术方法

> **学习目标**
>
> 了解包装技术的基础知识；
> 熟悉包装技术在包装过程中的应用，掌握包装技术的使用方法。

> **学习指导**
>
> 结合案例、实物、图片等资料进行学习，再根据实际情况，进行实操，以达到掌握一定包装技能的目的。

引导案例

荔枝的包装保鲜技术

荔枝原产于中国南部，营养丰富，美味多汁。因杨贵妃喜食而闻名天下，使得杜牧的名句"一骑红尘妃子笑，无人知是荔枝来"流传千古。荔枝成熟季节适逢盛夏高温，采摘后果实极易失水发生褐变，导致果实衰老、品质劣变。加之储运困难，限制了荔枝鲜果的远销，严重影响其营养价值和商品价值。据统计，每年因包装不当造成的荔枝损耗超过20%。因此，选择合适的包装材料和方法，有效抑制水分散失，延长保鲜期是发挥荔枝经济效益的关键。

1. 荔枝的物流模式

1) 常温模式

常温物流模式是指荔枝从采收到消费整个供应链物流中多数环节处于常温下，主要应用于辐射径短的本地销售以及荔枝产后加工。一般销售半径不超过200 km，运输时间较短，小于3 h，销售速度快。

2）简易冷链模式

简易冷链物流模式是指荔枝从采收到消费整个供应链物流中多数环节是处于低温基本可控环境,是一种以常温运输车、泡沫箱、冰块三者相结合的冷藏方式,荔枝温度缓慢逐渐回升,但基本上处于能够控制的范围。这种模式主要用在辐射半径大于 200 km 的较远的同一省份销售以及北运。

3）冷藏保温模式

冷藏保温冷链是指整个供应链物流中多数环节是处于低温可控的,运输工具采用冷藏保温车,温度保持恒温,确保了荔枝的最佳品质,在荔枝北运和出口中较为常用。研究证明,荔枝采后在预冷且低温条件下运输能够较好地维持荔枝储藏期间的果实品质,但目前冷藏保温冷链物流模式所占的比例还很低。

2. 荔枝的内包装

内包装的主要作用是改善荔枝储运的微环境,减少果实的碰撞和挤压。内包装包括软性包装(塑料薄膜、保鲜纸等)和散材(涂膜保鲜剂等)。

1）薄膜包装

目前常用的薄膜保鲜包装为透过性高的低密度聚乙烯(PE)和聚氯乙烯(PVC),另外还有聚丙烯(PP)、聚酯(PET)、聚乙烯醇(PVA)、聚苯乙烯(PS)和聚丁二烯(BDR)、双向拉伸聚丙烯(BOPP)等。PE膜价格便宜,无毒无味,在荔枝等水果的保鲜中应用量最大,其最适宜的厚度为 $0.02 \sim 0.04$ mm;PVC 的透气性稍低于 PE,但柔软性和韧性比较好;BOPP 具有透明度高、拉伸强度高、冲击强度高等特点,BOPP 薄膜包装处理的荔枝果实在低温环境中显示出较好的储藏效果。

2）保鲜纸包装

保鲜纸是以纸质材料包装的单个果蔬,或衬垫和托盘材料,基本作用是防止储运过程中的机械损伤,防止虫害和灰尘对果蔬的侵染。此外,经过各种形式的处理,还赋予它保湿、气调、杀菌及生理调节等多种功能。

3）涂膜包装

涂膜包装是将选择配置的液体,经过浸渍、喷洒、涂刷等手段,附着在果实表面,经固化后,在果蔬表面形成稳定、极薄的涂层。这种方法抑制了呼吸强度,降低了水分散失、氧化褐变和微生物的繁殖,能很好地保持果实的营养价值和商品价值。

3. 荔枝的外包装

1）纸板及纸箱

瓦楞纸具有质轻、价廉、耐压性高、挺度高、缓冲性强、加工适应性强及环保等优势,适合用于荔枝包装。近年来,一些新型功能性保鲜纸板和纸箱在水果保鲜中获得了良好的应用,其原理是通过对箱内果实进行气体调节、抑菌、抑制呼吸和抗氧化等多种作用而达到保鲜的目的。瓦楞纸箱主要有隔热、控气和整体渗入三种。研究发现,将荔枝在配置有SO_2发生器的包装纸箱内储藏时,相对较高的SO_2体积分数有利于延长荔枝的保鲜期。

2) 泡沫箱

在荔枝泡沫塑料包装中,聚苯乙烯(PS)泡沫塑料包装最为普遍,多为加上盖的一体成型箱,有较强的承重能力,保温型泡沫箱是北运荔枝最常用的外包装,包装的箱体分为9 kg、15 kg、20 kg等,通常结合冰袋等蓄冷剂使用。一般经3 d运输后,仍能保持良好的风味,但这种保鲜包装方式也有缺点,如运抵目的地开启包装后,果实迅速褐变,货架期较短。

目前为止,荔枝保鲜与包装主要仍以产地冰水预冷结合泡沫箱加蓄冷剂/冰块的方式,内包装铺以打孔聚乙烯薄膜袋,外包装多为打孔/不打孔的瓦楞纸箱,在现代快捷物流的保障下,一定程度上延长荔枝果实的储藏期及货架期,保鲜品质有了较大的提升。但上述包装方法仍有待进一步完善,需要开发更为有效的荔枝综合保鲜包装方法,满足荔枝保鲜储运的需求。

资料来源:荔枝保鲜包装技术研究进展,《包装工程》,2016.8。

包装技术是包装系统中的一个组成部分。目前我国对包装技术的定义、范围和分类还没有统一的解释,根据一般的理解,可以认为包装技术是包装系统中的一个重要组成部分,是研究包装过程中所涉及的技术的机理、原理、工艺过程和操作方法的总称。包装过程主要是指将一件产品进行包装,成为一个包装件,然后进入物品流通领域的全过程。

包装技术是一门综合性强的学科,它涉及许多学科领域,又加之产品品种繁多,性能复杂,要求又各不相同,因而对不同的产品应有相应的包装。因此,包装技术的选择、研究和开发,应遵循科学、经济、牢固、美观和适用的原则,综合考虑各个方面,如被包装物品的性质、外界环境的状况、包装材料、包装容器和包装机械的选择应用与开发、经济因素、有关的标准与法规等。

物品的包装按包装的功能主要分为运输包装、销售包装;按包装的技术与方法可分为防霉防腐包装、防潮包装、防湿包装、防水包装、防锈包装、防虫包装、防震包装、真空与充气包装、无菌包装、泡罩与贴体包装、收缩与拉伸包装等。

第一节　防霉防腐包装技术

物品的霉变和腐败简称为霉腐。物品的霉变是指霉菌在物品上经过生长繁殖后,出现肉眼能见到的霉菌。常见的易霉变物品有食品、干菜、干果、茶叶、卷烟、纺织品、针棉织品、塑料、橡胶制品、皮革制品、毛织品、纸及纸板等;物品的腐败是指由细菌、酵母菌等引起物品中营养物质的分解,使物品遭到侵袭破坏而呈现腐烂现象。常见的易腐败物品有蔬菜、水果等。

防霉防腐包装技术就是在充分地了解引起霉腐的微生物(简称霉腐微生物)的营养特性和生活习性的情况下,采取相应的措施使被包装物品处在能抑制霉腐微生物滋长的特定条件下,延长被包装物品质量保持期限。

一、影响物品霉腐的主要因素

物品发生霉腐,首先是该物品感染上了霉腐微生物,这是物品霉腐的必要条件之一;其次是该物品含有霉腐微生物生长繁殖所需的营养物质,这些营养物质能给霉腐微生物提供所需的培养基(包括碳源、氮源、水、无机盐、能量等);最后是有适合霉腐微生物生长繁殖的环境条件,如温度、湿度、空气等,这是物品霉腐的外界因素。

(一)物品的组成成分对物品霉腐的影响

物品的霉腐是霉腐微生物在物品上进行生长繁殖的结果,不同的霉腐微生物生长繁殖所需的营养结构不同,但都必须有一定比例的碳、氮、水、能量的来源,以构成一定的培养基础。

不同的物品,含有不同比例的有机物和无机物,能够提供给霉腐微生物的碳、氮源以及水分、能量不同。有的菌体能够正常生长繁殖,而另外一些霉菌则会不适应而使生长受到抑制。由此可见,不同物品的组成成分对霉腐起决定性作用。

(二)物品霉腐的外界因素

霉腐微生物从物品中获得一定的营养物质,但要繁殖生长还需要适宜的外界条件。

1. 环境湿度和物品的含水量

水分是霉腐微生物生长繁殖的关键。霉腐微生物是通过一系列的生物化学反应来完成其物质代谢的,这一过程也必须有水的参与。当物品含水量超过其安全水分时就容易霉腐,相对湿度越大,则越易霉腐。各类常见的霉菌使物品霉腐的相对湿度条件如表 2-1 所示,因此,防止物品霉腐要求物品安全水分控制在 12% 之内,环境相对湿度控制在 70% 以下。

表 2-1 各类霉菌使物品霉腐的相对湿度和物品含水量

霉 菌	物品含水量/%	相对湿度/%
部分霉菌	13	70~80
青霉	14~18	>80
毛霉、根霉、大部分曲霉	14~18	>90

2. 环境温度

温度通过影响霉腐微生物体内酶的活性而对微生物的生长繁殖有着重要作用。霉腐微生物种类不同,对温度的要求也不同,如霉菌为嗜温微生物,生长温度范围较宽,为 10~45 ℃。

3. 空气

在霉腐微生物的分解代谢过程中(或呼吸作用),微生物需要利用分子状态的氧或体内氧来分解有机物并使之变成二氧化碳、水和能量。因此,霉菌的生长繁殖还需要有足够的、适量的氧气。

4. 化学因素

化学物质对微生物有三种作用:一是作为营养物质;二是抑制代谢活动;三是破坏菌体结构或破坏代谢机制。不同的化学物质对菌体的影响不同,这些化学物质主要有酸类、碱类、盐类化合物、氧化物、有机化合物以及糖类化合物等。

5. 其他因素

除以上几种主要的影响因素外,物品在储存、流通过程中,还会受到紫外线、辐射、微波、电磁振荡以及压力等其他因素的作用,这些都将影响霉腐微生物的生命活动,导致物品的霉变和腐败。

二、物品防霉防腐包装技术

流通过程中的物品,不但种类、规格、数量繁多,而且要经过许多环节,每个环节都有被霉腐微生物污染的可能。为了保护物品安全地通过储存、流通、销售等各个环节,必须对易霉腐物品进行防霉腐包装。防霉防腐包装技术当前主要有以下几种。

(一)化学药剂防霉腐包装技术

化学药剂防霉腐包装技术主要是使用防霉防腐化学药剂将待包装物品、包装材料进行适当处理的包装技术。有的是将防霉防腐剂直接加在某个工序中;有的是将其喷洒或涂抹在物品表面;有的需浸泡包装材料再予以包装;有的是用防霉防腐剂与菌体酶系统结合,影响菌体代谢;有的是用防霉防腐剂降低菌体表面张力,增加细胞膜的通透性,而发生细胞破裂或溶解。但是这些处理都会使物品的质量与外观受到不同程度的影响。

利用防霉防腐剂的杀菌机理是使菌体蛋白质凝固、沉淀、变性,干扰其生存和繁殖。通常可作为防霉防腐剂的有酚类(如苯酚)、氯酚类(如五氯酚)、有机汞盐(如油酸苯藻汞)、有机铜类(如环烷酸铜皂)、有机锡盐(如三乙基氯化锡)以及无机盐(如硫酸铜、氯化汞、氟化钠)等。目前常用的防霉防腐剂有两大类:一类是用于工业品的防霉剂,如多菌灵、百菌清、灭菌丹等;另一类是用于食品的防霉防腐剂,如苯甲酸及其钠盐、脱氢醋酸、托布津等。在防腐防霉剂选择时,应遵循高效、低毒、使用方便、价廉、易购的原则。

(二)气相防霉腐包装技术

气相防霉腐包装技术是使用具有挥发性的防霉防腐剂,利用其挥发产生的气体直接与霉腐微生物接触,杀死这些微生物或抑制其生长,以达到物品防霉防腐的目的。由于气相防霉腐是气相分子直接作用于物品上,对其外观和质量不会产生不良影响,但要求包装材料和包装容器透气率小、密封性能好。

气相防霉腐剂一般有多聚甲醛防霉腐剂和环氧乙烷防霉腐剂两类。多聚甲醛是甲醛的聚合物,在常温下可逐步升华分解聚成有甲醛刺激气味的气体,能使菌体蛋白质凝固,以杀死或抑制霉腐微生物,但是多聚甲醛挥发出来的甲醛气体在高湿条件下可能与空气中的水蒸气结合形成甲酸,对金属制品有腐蚀作用,因此有金属附件的商品不能使用。

另外,甲醛气体对人的眼睛黏膜有刺激作用,所以操作人员应做好包装作业时的保护;环氧乙烷防霉腐剂是使环氧乙烷与菌体蛋白质、酶分子的羧基、氨基、羟基中的游离氢原子结合,生成羟乙基,使其代谢功能障碍而死亡。环氧乙烷分子穿透力比甲醛大,因而杀菌力比甲醛高,还可在低温低湿下发挥杀菌作用,因此多用于不能加热、怕受潮物品的杀菌防霉防腐。但是环氧乙烷能使蛋白质液化,并能破坏粮食中的维生素和氨基酸,还残留有毒的氯乙醇,所以,环氧乙烷只可用于日用工业品的防霉腐,不能用作粮食和食品的防霉防腐。

(三)气调防霉腐包装技术

气调防霉腐包装的基本原理是用单一或混合的保护性气体置换包装内的空气,以抑制食品的呼吸作用,减缓新陈代谢活动并抑制其腐败微生物的繁殖,保持新鲜色泽,延长物品的货架期和保鲜期。

气调防霉腐包装技术的关键是包装材料的选择和气体比例的控制。

1. 包装材料的选择

包装材料是气调包装中最重要的一环,它必须有较高的气体阻隔性能,从而保证包装内的混合气体不外漏。对水果、蔬菜等植物性食物,其呼吸作用会改变混合气体的比例,必须使混合气体达到动态平衡,即利用包装材料的透气性能来维持混合气体的理想比例。气调包装对包装材料的透气性能要求非常严格,同时必须考虑材料的热成型性、密封的可靠性。

目前,常用的气调包装材料有:聚酯(PET)、聚丙烯(PP)、聚苯乙烯(PS)、聚偏二氯乙烯(PVDC)、乙烯-醋酸乙烯酯(EVA)、乙烯/乙烯醇(EVOH)及各种复合膜、镀金属膜。

2. 气体比例的控制

气调包装最常使用的是氮气、二氧化碳、氧气三种气体或它们的混合气体。

氮气性质稳定,使用氮气一般是利用它来排除氧气,从而减缓食品的氧化作用和呼吸作用。氮气对细菌生长也有一定的抑制作用,且氮气基本上不溶于水和油脂,食品对氮气的吸附作用很小,包装时不会由于气体被吸收而产生逐渐萎缩的现象。

二氧化碳能抑制细菌、真菌的生长,是气调包装中最关键的一种气体。用于水果、蔬菜包装时,增加二氧化碳浓度可以降低呼吸作用强度。但二氧化碳对水和油脂的溶解度较高,溶解后形成碳酸会改变食品的pH和口味。同时,二氧化碳溶解后,包装中的气体量减少,容易导致食品包装萎缩、不丰满,影响食品外观。

气调包装技术除了能防止物品的理化性能发生改变、避免质量下降、减缓变质速率外,还具有很好的保色、保香等保鲜效果,因此被广泛应用于各类食品、生鲜农产品的保鲜包装中。特别是配合冷链和新型杀菌处理技术,气调包装技术更是在冷鲜肉、熟食和果蔬保鲜等方面得到了充分认可。相较于传统的添加防腐剂、添加化学保鲜剂、热处理或纯低温储藏等保鲜技术,气调包装具有低能耗、安全环保等优势,符合绿色包装的要求和可持续发展的理念。

(四)低温冷藏防霉腐包装技术

低温冷藏防霉腐包装技术是通过控制物品本身的温度,使其低于霉腐微生物生长繁殖的最低界限,控制酶的活性。一方面,抑制生物性物品的呼吸氧化过程,使其自身分解受阻,一旦温度恢复,仍可保持其原有的品质;另一方面,通过抑制霉腐微生物的代谢与生长繁殖来达到防霉防腐的目的。

按冷藏温度的高低和时间的长短,可将低温冷藏防霉腐包装技术分为冷藏防霉腐包装技术和冻藏防霉腐包装技术。冷藏防霉腐包装适用于含水量大又不耐冰冻的易腐食品,短时间在0 ℃左右的温度冷却储藏,如蔬菜、水果、鲜蛋等。在整个冷藏期间,霉腐微生物的酶几乎都失去了活性,其新陈代谢的各种活动反应缓慢,甚至停止,生长繁殖受到抑制。冻藏则适用于耐冰冻且含水量大的易腐食品,较长时间地在-18~-16 ℃的温度下冻结储藏,如鲜肉、鱼等。

低温冷藏防霉腐所需要的温度与时间视具体物品而定,一般状况下,温度越低,冷藏时间越长,霉腐微生物的死亡率也就越高。

(五)干燥防霉腐包装技术

微生物生活环境缺乏水分即造成干燥,在干燥的条件下,霉菌不能繁殖,物品也不会腐烂。干燥防霉腐包装技术是通过降低密封包装内的水分与物品本身的含水量,使霉腐微生物得不到生长繁殖所需的水分来达到防霉腐目的。

霉菌菌丝抗干燥能力很弱,特别是幼龄菌种抗干燥能力更弱。可以通过在密封的包装内置放一定量的干燥剂来吸收包装内的水分,使内装物品的含水量降到其允许含水量以下。一般情况下,高速失水不易使微生物死亡而霉菌菌体死亡却会增多,并且干燥初期是霉菌菌体死亡速度最快的时候。此外,霉菌菌体在低温干燥下不易死亡,而干燥后置于室温环境下最易死亡。

(六)电离辐射防霉腐包装技术

能量通过空间传递称为辐射,射线使被照射的物质产生电离作用,称为电离辐射。

电离辐射的直接作用是当辐射线通过微生物时能使微生物内部成分分解而引起诱变或死亡。电离辐射的间接作用是使水分子离解成为自由基,自由基与液体中溶解的氧作用产生强氧化基团,此基团使微生物酶蛋白氧化,酶失去活性,因而使微生物发生诱变或死亡。射线可杀菌杀虫,照射不会引起物体升温,故可称其为冷杀菌。

电离辐射防霉腐包装目前主要应用β射线与γ射线,包装物品经过电离辐射后即完成了消毒灭菌的作业。经照射后,如果不再污染,配合冷藏的条件,小剂量辐射能延长保存期数周到数月。大剂量辐射可彻底灭菌,长期保存。

(七)紫外线、微波、远红外线和高频电场防霉腐包装技术

1. 紫外线

紫外线是一种射线,具有杀菌作用,是日光杀菌的主要因素。紫外线穿透力很弱,所以只能杀死物品表面的霉腐微生物。但含有脂肪或蛋白质的食品经紫外线照射后会产生臭味或变色,不宜用紫外线照射杀菌。

紫外线一般是用来处理包装容器(或材料)以及非食品类的被包装物品,将要灭菌的物品在一定距离内经紫外线照射一定时间,即可杀死物品表面和容器表面的霉腐微生物,再予以包装则可有效延长包装有效期。

2. 微波

微波是频率为 300~300 000 MHz 的高频的电磁波。微波的杀菌机理是微生物在高频电磁场的作用下,吸收微波能量后,一方面转变为热量而杀菌;另一方面菌体的水分和脂肪受到微波的作用,分子间发生振动摩擦而使细胞内部受损而产生热能,促使菌体死亡。微波防霉腐包装主要适用于含水量高和脂肪成分多的物品中。

3. 远红外线

远红外线是频率高于 3 000 000 MHz 的电磁波,作用与微波相似,其杀菌机理是利用远红外线的光辐射和产生的高温使菌体迅速脱水、干燥而死亡。

4. 高频电场

高频电场的杀菌机理是含水量高的物品和微生物"吸收"高频电能转变为热能而杀菌。只要物品和物品上的微生物有足够的水分,同时又有一定强度的高频电场,消毒瞬间

即可完成。

三、防霉防腐包装设计

（一）包装材料的选用

在选用包装材料时应遵循以下基本原则：

（1）与物品直接接触的包装材料，不允许对物品有腐蚀作用，也不允许使用有腐蚀性气体的包装材料。

（2）尽量选用吸水率、透湿度较低的包装材料，同时该材料应具有一定的耐霉性。

（3）使用耐霉腐性能差的包装材料时，需进行相应的防潮、防霉处理。食品包装材料或容器必须进行防潮处理。

（4）包装容器及其材料必须干燥。

（5）包装容器内使用硅胶作为干燥剂时，应选用吸水率大于33%的细孔形硅胶。

（6）包装材料或容器与食品必须是相容的。

（7）食品包装材料或容器必须进行卫生处理。

（二）包装方式的选用

物品的包装方式主要分为两类，即密封的防霉防腐包装和非密封的防霉防腐包装。

密封包装结构有：铝塑复合薄膜的密封包装，主要用于电工产品；金属罐抽真空或置换惰性气体的密封包装，一般用于机电产品和食品的防霉包装；双层塑料薄膜袋内放置硅胶的密封包装；多种材料的多层包装；除氧封存包装；气相防霉的塑料袋密封包装。

对于经过防霉处理的物品或对生霉敏感性低的物品可采用非密封的防霉包装。但因非密封容器内的相对湿度将受环境气候的影响，所以只能用来包装不易生霉的产品。

非密封包装结构有：大型机电产品的木箱包装、仪器和仪表的发泡塑料盒包装、机电产品的塑料箱盒包装等。

（三）包装工艺条件的确定与要求

提高包装的防霉防腐性能，还应注意包装生产的环境条件。

1. 控制包装生产环境的温湿度

一般物品当其含水量少于12%，环境湿度在70%以下时，霉菌难以生长繁殖。同时，环境温度低，霉菌生长繁殖率也会降低，因此，产品包装生产车间应保持低温、低湿。

2. 保持包装生产环境的卫生

进行文明、整洁生产，防止灰尘、油渍、昆虫尸体以及污物进入包装容器，不给霉菌留下营养物质。

3. 库房应保持干燥、卫生

库房应装有适当的隔层,以阻止潮气从地下或四周侵入。堆放物与墙壁间留有通道,且货堆间保持适当距离,以便通气与清理污物。

第二节 防潮包装技术

空气中的水蒸气随季节、气候、湿度等条件的不同而变化,且在一定压力和温度下,水蒸气可凝结为水。为了防止某些物品及其包装容器从空气中吸湿受潮,避免物品质量受损或潮解变性,可靠的方法是采用防潮包装。

所谓防潮包装,就是采用具有一定隔绝水蒸气能力的防潮材料对物品进行包封,隔绝外界湿度变化对物品的影响,同时使包装内的相对湿度满足产品的要求,以保护物品的品质。

一、防潮包装的基本概念

1. 空气的含湿量

空气中水蒸气的质量与干空气的质量之比称为含湿量。当空气压力一定时,水蒸气的分压强与空气含湿量近似为线性关系,即水蒸气的分压强越大,含湿量就越大。如果含湿量不变,水蒸气分压强将随着空气压强的增加而上升,随着空气压强的减小而下降。

2. 空气的绝对湿度

每立方米湿空气中所含有的水蒸气量即为空气的绝对湿度。由于水分蒸发或凝结时,湿空气中水蒸气质量是变化的,而且即使水蒸气质量不变,湿空气的容积还将随温度的变化而变化。因此,绝对湿度不能确切反映湿空气中水蒸气量的多少。

3. 空气的相对湿度

在一定温度下,湿空气所含的水蒸气量有一个最大限度,超过这一限度,多余的水蒸气就会从湿空气中凝结出来。因此,具有最大限度水蒸气量的湿空气称为饱和空气。饱和空气所具有的水蒸气分压强和含湿量,称为该温度下湿空气饱和水蒸气分压强和饱和含湿量。

空气中水蒸气分压强与同温度下饱和水蒸气分压强之比称为该温度下的相对湿度,或绝对湿度与饱和绝对湿度之比。即按式(2-1)进行计算

$$\varphi = \frac{P'}{P} \times 100\% \tag{2-1}$$

式中 φ —— 相对湿度;

P'——该温度下的绝对湿度；

P——同温度下的饱和绝对湿度。

相对湿度不能表达空气中的含湿量，只能表征空气接近饱和的程度。φ 值越小，表明空气饱和程度越小，空气吸收水蒸气的能力越强；反之，φ 值越大，空气吸收水蒸气的能力越差；当 $\varphi=100\%$ 时，空气为饱和空气；$\varphi=0$，空气为干空气。

4. 物品的吸湿性

物品的吸湿性是指物品在一定条件下，从空气中吸收或放出水分的能力。吸湿性强的物品在潮湿的空气中不断吸收水分而增加含水量，而在干燥空气中则会不断放出水分而减少含水量。物品吸湿是物品与空气中水蒸气之间作用的结果。

另外，在某些物品的组成成分中，含有亲水性基团，易于吸湿。从物品的组织结构看，凡具有疏松多孔或粉末结构的物品，它们表面积较大，与空气中水蒸气接触面积大，吸湿速度快。为了使防潮包装收到良好的防护效果，必须对被包装物品的吸湿特性进行充分的了解，以明确防潮要求。

5. 结合水与非结合水

物品与水的结合方式有两类：结合水和非结合水。结合水（又称束缚水）是以一般干燥处理难以除去的水分，又可分为化学结合水和物化结合水；非结合水又称自由水或游离水，与物质的结合强度弱，一般的干燥处理即可除去，如物质毛细管中的水分、表面润湿水分及存在于孔隙中的水分。

6. 吸湿产品的平衡湿度

吸湿产品在一定的温度与湿度的空气或环境中，将排除水分（蒸发）或吸收水分（吸湿）可达到并维持一定值，此值称为在该条件下物品的平衡水分（或平衡湿度）。平衡水分随物品的种类而异，对同一种物品其平衡湿度与所接触的空气组成、环境的温度、湿度的变化而改变。

二、防潮包装的技术要求

为满足各个等级防潮包装的技术要求，应特别注意以下事项：

1. 时间限制

防潮包装的有效期限一般不超过两年。在有效期内，防潮包装内空气相对湿度在 25 ℃时不应超过 60%（特殊要求除外）。

2. 环境限制

物品进行防潮包装的操作环境应干燥、清洁，温度不高于 35 ℃，相对湿度不大于 75%，且温度不应有剧烈的变化，以免产生凝露。

3. 形态限制

物品若有尖凸部,应预先予以包扎,以免损伤防潮包装容器。

4. 作业限制

防潮包装操作应尽量连续进行,一次完成包装操作,若需中间停顿作业,应采取临时的防潮措施。

5. 运输限制

物品运输条件差,易发生机械损伤,此时应采用缓冲衬垫卡紧、支撑或固定,以免擦伤防潮包装容器。

6. 外包装限制

包装附件以及物品的外包装件等也应保持干燥,并充分利用它们来吸湿。碎纸或纸箱含水率不得大于12%,刨花、木材或木箱含水率不得大于14%,否则应进行干燥处理。

7. 外形限制

尽量减小防潮包装的总表面积,使包装表面积与其体积之比达到最小。

三、防潮包装的形式

防潮包装应采用密封包装,可以根据产品性质与实际流通条件,恰当地选择包装方式。常见的防潮包装方式有以下几种:

1. 绝对密封包装

采用透湿度为零的刚性容器进行包装,如将物品装入金属容器内,并检查容器壁面及焊封处有无缺焊、砂眼、破裂等造成漏气的隐患;或将物品装入玻璃、陶瓷容器或壁很厚的塑料容器内,再进行一次封口或附加二次密封。

2. 真空包装

将包装产品容器内残留的空气抽出,使其处于符合要求的负压状态,避免容器内残留的湿气影响物品的品质。同时抽真空还可以利用其负压来减小膨松物品的体积,减少物品占用的储存空间。

3. 充气包装

将包装容器内部的空气抽出,再充以惰性气体,可以防止湿气及氧气对包装物产生不良影响。充气包装除了防潮、防氧外,还可以弥补真空包装中包装容器易被物品棱角和突出部分戳穿的不足。

4. 贴体包装

用抽真空的方法使塑料薄膜紧贴在物品上并热封容器封口,降低包装内部的空气量。

5. 热收缩包装

用热收缩塑料薄膜包装物品,经加热后,薄膜可紧紧裹住物品,并使包装内部空气压力稍高于外部空气,从而减缓外部空气向包装内部的渗透。

6. 泡罩包装

采用全塑的泡罩包装结构并热封,可避免物品与外部空气直接接触,减缓空气向包装内部的渗透。

7. 泡塑包装

将物品先用纸或塑料薄膜包裹,再放入泡沫塑料盒内或就地发泡,可以有效地阻止空气的渗透。

8. 油封包装

机电产品涂以油脂或进行油浸后,金属部件不与空气直接接触,可有效地减缓湿气的侵害。

9. 多层包装

采用不同透湿度的材料进行两次或多次包装,在层与层之间形成拦截空间,不仅可减缓水蒸气的渗透,并且可以使内部气体与外界空气掺混降至最低。多层包装阻湿效果较好,但操作麻烦。

10. 使用干燥剂的包装

在装有物品的包装容器内放入干燥剂,通过吸收原有的以及透入的湿气而达到保护物品的目的。

第三节 防氧包装技术

氧气是生物赖以生存的基本条件之一,其化学性质非常活泼,可与各种物质发生化学反应。物质与氧所发生的化学反应称为氧化,物质发生氧化反应时,常放出大量热,如放出的热能立即散失于空气中,则物质温度升高不易被察觉,否则物质内部将出现发热的现象。无论氧化速度快慢,都会给物品带来诸多不利影响。

为了防止因氧气作用而降低流通物品的品质,一般采用防氧包装(或称隔氧包装或除氧包装)来保护物品,方便存储、运输、销售等活动。

防氧包装是选择气密性好、透湿度低、透氧率低的包装材料或包装容器对物品进行密封包装的方法。其主要特点是在密封前抽真空、充入惰性气体、放置适量的除氧剂与氧的指示剂等,将包装内的氧气浓度降至0.1%以下,从而防止物品长霉、锈蚀或氧化。

起初,防氧包装主要应用于食品、贵重药材、橡胶制品等物品的包装。近几年来,防氧包装应用范围逐步扩大到精加工零件、电子元器件、无线电通信整机、精密仪器、机械设备、农副产品等领域。防氧包装的方法主要有三种,即真空包装、充气包装和脱氧剂的防氧包装。

一、真空与充气包装

真空包装是将物品装入气密性包装容器,在密封之前抽真空,使密封后的容器内达到预定真空度的一种包装方法。

充气包装是在抽真空后再充入惰性气体的一种包装方法。

真空与充气包装是为了解决一个共同的问题而采取的两种不同的方法。它们同样使用高度防透氧材料,包装生产线的设备也大多相同,并且都是通过控制包装容器内的空气来推迟产品的变质。

(一) 真空包装与充气包装的特点

真空包装可降低容器内的氧气含量,对食品来讲,可减轻或避免食品氧化,并可抑制霉菌、害虫生长与生存,保持食品原有的色香味,延长保存期;对金属制品来讲,可防止锈蚀;对膨松物品来讲,可减小体积。而且,包装容器内空气排除后,可加强热传导,此时再进行高温加热,杀菌效果会更显著。但是经真空包装的包装件,内外压力不平衡,被包装物品会受到一定的压力。易结块的粉状食品、酥脆易碎的物品、形状不规则的物品、有尖角的物品等都不能用真空包装。

充气包装是在包装件抽真空后,立即充入一定量的 N_2 和 CO_2,或者不抽真空,直接用惰性气体置换出空气,使包装件内部既除去了氧气,内外的压力也趋于平衡,克服真空包装的不足。

(二) 真空包装与充气包装的机理

真空与充气包装的功能相同,工艺过程略有差异,其机理的实质可归结为三个方面:除氧、阻气、充气。

1. 除氧

包装件内除氧的方法有两种:一是机械法,即用抽真空或用惰性气体置换;二是化学法,即用各种除氧剂。真空与充气包装的除氧一般多采用机械法,有时也辅之以化学法。

2. 阻气

采用具有不同阻气性的包装材料,如塑料薄膜和塑料纸、箔等复合材料等,阻挡包装件内外的气体互相渗透。

3. 充气

向包装件内充入 N_2 和 CO_2,这两种气体本身具有抑制微生物生长、繁殖的效能,也可充入干燥空气及其他特殊气体。

部分食品包装充气的品种和作用如表 2-2 所示。

表 2-2　食品包装充气的品种和作用

食品类别	食品名称	充气种类	充气作用
大豆加工品	豆豉	N_2	减缓成熟度
	豆制品	N_2	防止氧化
壳类物及加工制品	年糕	CO_2	防止发霉
	面包	CO_2	防止发霉
	干果仁	N_2	防止氧化、吸潮、香味失散
	花生仁、杏仁	CO_2+N_2	防止氧化、吸潮、香味失散
油脂	食用油、菜油	N_2	防止氧化
水产	鱼糕	CO_2	限制微生物、霉菌的发育
	鱼肉	CO_2+N_2	限制微生物、霉菌的发育
	紫菜	N_2	防止变色、氧化、香味失散和昆虫发育
乳制品	干酪	$CO_2/(CO_2+N_2)$	防止氧化
	奶粉	N_2	防止氧化
肉	火腿、香肠	CO_2/N_2	防止氧化、变色、抑制微生物繁殖
	烧鸡	CO_2+N_2	
点心	蛋糕、点心	$CO_2/(CO_2+N_2)$	抑制微生物繁殖
饮料	可乐、雪碧	CO_2	防止氧化、香味失散、微生物破坏

二、脱氧剂的防氧包装

使用脱氧剂是继真空与充气包装之后出现的一种新的防氧包装方法,与前两者相比有更多的优点和更广的应用范围。

使用脱氧剂不仅可以节省抽真空或充气设备,还可以彻底除去物品微孔中的氧气以及包装作业完成后缓慢透进来的少量氧气。使用方法灵活,除氧彻底,被广泛地应用于食品、药品、纺织品、精密仪器、金属制品、文物等多个领域的物品包装。

（一）常见的几种脱氧剂

脱氧剂能在较短的时间内与氧气发生不可逆的化学反应，并形成稳定的化合物。常见脱氧剂有以下几种：

1. 铁系脱氧剂

目前，应用较广的是以铁或亚铁盐为主剂的脱氧剂。铁系脱氧剂的脱氧反应速度与温度有关，通常铁系脱氧剂使用温度范围为 5～40 ℃，因此铁系脱氧剂不宜在 5 ℃以下，40 ℃以上保存和使用。铁系脱氧剂的脱氧速度与包装空间的相对湿度也有关，有些被包装物在高湿度时，脱氧效果会受到一定的影响。

2. 亚硫酸盐系脱氧剂

以亚硫酸盐为主剂的常用脱氧剂。亚硫酸盐系脱氧剂在包装空间相对湿度过低时使用，脱氧速度也会大幅地降低。

3. 加氢催化剂型脱氧剂

最早使用的是以铂、铬、铑等加氢催化剂为主剂的脱氧剂，其中以铑应用较多。这种脱氧剂成本高，使用不方便，只在特殊场合使用，或配合其他脱氧剂少量使用。

4. 葡萄糖氧化酶脱氧剂

由葡萄糖和葡萄糖氧化酶组成的脱氧剂。在一定的温度、湿度条件下，在葡萄糖氧化酶的催化作用下，葡萄糖与包装容器中的氧发生反应，生成葡萄糖酸，达到脱氧的目的。

5. 抗坏血酸脱氧剂

抗坏血酸与氧发生反应形成氧化型抗坏血酸。这种脱氧剂可用于所有的食品和药品包装，但是成本较高。

除上述脱氧剂外，还有硫氢化物脱氧剂、碱性糖制剂以及非化学反应型光敏脱氧剂等，也被经常用于物品防氧包装。

（二）脱氧剂的应用范围

（1）脱氧剂可以防止脂肪氧化、天然色素氧化褪色，抑制需氧型微生物的生长和繁殖，用来保持食品的色、香、味，延长保存期。

（2）脱氧剂，特别是复合脱氧剂可以用于鲜肉、鲜鱼等的保鲜包装。

（3）脱氧剂可以使粮食呼吸减慢，抑制害虫和霉菌的繁殖，大大减缓粮食的陈化速度。

（4）脱氧剂可以防止害虫对中药材、木制品、文物、纺织品等物品的侵害，还可以防止有色物品褪色。

(5) 脱氧剂还可以用于金属制品的防锈包装。

第四节　防虫害包装技术

储运过程中的物品,除了易生霉外,有时还易遭受虫害的侵蚀,需采取恰当的防虫害包装技术对物品进行全面保护。

防虫害包装是以用包装容器将易遭虫害的物品密封起来为主要手段,并以防虫、驱虫或杀虫为辅助手段,达到使物品免遭虫害的目的。

一、害虫的分类

（一）食品害虫的分类与危害

食品害虫绝大多数体小色暗,不易被人发现。它们多可抵抗高温或严寒,有的常潜藏于阴湿的场所,有的又喜在干燥环境中栖息。食品害虫有数百种,繁殖力与适应力强,且分布广泛。常见的食品害虫主要有以下几类：

1. 昆虫类

昆虫类主要包括甲虫类、蛾类等害虫,其幼虫主要对谷物、豆类、干货类、药材等物品产生危害。例如,印度谷蛾能在食品表面大量吐丝结网,排出大量带臭味的粪便,使食品极易发霉。

2. 螨类

螨类多为白色,体小且多为圆形或椭圆形,主要危害粮食、面粉、干果、干酪、食糖、薯干等。例如,腐食酪,体长 0.3~0.4 mm,体有恶臭,会使食品带异味,危害食用脂肪与蛋白质较高的花生、干肉、干果、奶粉、油料、豆类等。

（二）木材害虫的分类与危害

危害木材的昆虫主要是白蚁与甲虫。

1. 白蚁

白蚁属鳞翅目,是一种活动隐蔽、过群体生活的昆虫。根据蚁种的不同,其单独的群体蚁数可从数百个至百万个。白蚁可将木材蛀成粉末状,还可使活的树木枯死,使木结构的建筑物倒塌,木质结构的集装箱被虫蛀而造成重大的运输事故,成箱成捆的布匹被蛀食,其危害十分严重。白蚁在世界上共有两千多种,我国也有近百种,以温暖潮湿地区为多。

2. 甲虫

甲虫属鞘翅目,主要有天牛、粉蠹和长蠹等。甲虫在木材表面产卵,新孵化的幼虫蛀入木材潜伏,因此木材会被蛀出许多通道与虫孔,不仅损害了木材的强度,且为木腐菌的侵入创造了条件。

二、影响害虫生长繁殖的主要因素

1. 温度对害虫的影响

害虫是变温动物,温度的变化对害虫幼虫的发育速度、成虫的寿命、繁殖率、死亡速度以及迁移分布都有直接的影响。

2. 湿度对害虫的影响

湿度对害虫的影响与温度同等重要。害虫体内含有大量的水分,占体重的50%~90%,害虫体内水分主要是从食物中获得的,一般害虫在食物含水量低于8%时就难以生存。

湿度对害虫的作用主要有两个方面:一方面直接影响害虫的有水分的生理活动;另一方面影响害虫食物中的含水量,起着间接作用。

3. 空气对害虫的影响

空气中的氧分对害虫的代谢繁殖有一定的影响。当空气中的氧分浓度降到一定程度,就会影响虫体的呼吸作用,影响害虫正常的新陈代谢和生长繁殖。

4. 光线对害虫的影响

光是生态系统中能量的主要来源,光的波长、强度和周期对害虫的趋性、滞育、行为等有重要影响。多数害虫都会对光刺激产生定向运动,即趋光性,可借助该特性,运用不同波长的光线,对害虫进行刺激和杀伤。

5. 人为因素对虫害的影响

在物品加工、储存、运输、销售过程中,由于人为因素导致的管理不善、检查不严、预防不及时,也会导致虫害的滋生。

三、防虫害包装技术

防虫害包装技术是通过各种物理的因素(光、热、电、冷冻等)或化学药剂作用于害虫的机体,损坏害虫的生理机能和机体结构,破坏害虫的生活条件,促使害虫死亡或抑制害虫繁殖,以达到防虫害的目的。

(一)高温防虫害包装技术

高温防虫害包装技术就是利用较高的温度来抑制害虫的发育和繁殖。当环境温度上升到40~45 ℃时,一般害虫的活动就会受到抑制;上升至45~48 ℃时,大多数害虫将处于昏迷状态;当温度上升到48 ℃以上时,害虫会被杀死。

高温杀虫包装技术可以采用烘干杀虫、蒸汽杀虫等方法来进行。

烘干杀虫一般是将待包装物品放在烘干室或烘道、烘箱内,使室内温度上升在65~110 ℃。还可以按照待包装物品的品种规格,容易滋生害虫种类的特性,来设定温度及升温时间进行烘烤处理。

蒸汽杀虫是利用高热的蒸汽杀灭害虫,一般利用蒸汽室,当蒸汽室内温度保持在80 ℃左右时,将要处理的物品放在蒸汽室内处理15~20min,害虫将会完全被杀死。

(二) 低温防虫害包装技术

低温防虫害包装技术是利用低温抑制害虫的繁殖和发育,并使其死亡。害虫一般在环境温度8~15 ℃时,开始停止活动;-4~8 ℃时,处于冷麻痹状态;如果这种状态时间持续延长,害虫就会死亡。-4 ℃是一般害虫致死的临界点。目前,各种冷冻设备,冷冻机、低温冷藏库等都能将温度降到0 ℃以下,足以满足防虫害包装的要求。

害虫对于外界低温具有一定的抗寒能力。为了破坏害虫的抗寒性、加速害虫的死亡,在对包装低温处理时,应注意以下两个问题:

1. 害虫的抗寒性与其食物的含水量有密切的关系

害虫的食物中含水量越高,其抗寒性就越强。因此,在防虫包装中要在内装物品含水量的允许范围内,尽量减少物品中的水分,以降低害虫的抗寒性,加速害虫的死亡。

2. 害虫的抗寒性与冷却速度有密切的关系

冷却越慢则害虫体内热量散失越慢,冷却状态越稳定;反之,冷却速度越快,体温在较高的温度下,体液骤然进入结晶状态,则可以加快害虫死亡。如果在短时间内一次接一次重复急剧加温、急剧冷却,也可以降低害虫的抗寒性、加速害虫的死亡。

(三) 电离辐射防虫害包装技术

电离辐射防虫害包装技术是利用X射线、γ射线、中子射线等的杀伤能力使害虫死亡或者不育,从而达到防虫害的目的。中子射线与X射线、γ射线的作用相同,但其效果比X射线、γ射线显著。

害虫对电离辐射的敏感性不同,一种害虫的不同发育时期也有差异。电离辐射对害虫的不同发育期的影响有以下几点:

1. 电离辐射对卵期的影响

经过电离射线照射的害虫的卵发育停止,不能孵化,死亡率高。例如,米象(粮食仓库中常见的害虫)的卵在产出后的1~2 h,用剂量为1千伦的X射线照射后,只有5.5%能发育到孵化。

2. 电离辐射对幼虫期的影响

电离射线对幼虫期的作用是使其食欲减慢,发育迟缓,甚至不能化蛹。

3. 电离辐射对蛹期的影响

害虫蛹期对辐射作用的敏感性明显的低于幼虫期,蛹期对射线的抗性随着蛹龄的增长而提高。

(四) 微波与远红外线防虫害包装技术

微波杀虫是害虫在高频的电磁场作用下,虫体内的水分、脂肪等物质受到微波的作用,物质分子发生振动,分子之间产生剧烈的摩擦,生成大量的热能,使虫体内部温度迅速上升到 60 ℃以上,因而致死。

微波杀虫具有处理时间短、杀虫效力高、无残害、无药害等优点。但是,微波对人体健康有一定影响,可引发贫血、嗜睡、神经衰弱、记忆力减退等病症,因此操作人员不可进入有害剂量(150 MHz 以上)的微波范围,进入时必须采取必要的防护措施。

远红外线具有与微波相似的作用,能迅速干燥储藏物品和直接杀死害虫。例如,害虫竹蠹的死亡临界温度为 48 ℃,利用远红外线的光辐射和产生的高温(可高达 150 ℃),可使竹制品内部的竹蠹全部死亡。

(五) 化学药剂防虫害包装技术

利用化学药剂进行防虫害包装,通常是将包装材料进行防虫、杀虫处理,或在包装容器中加入杀虫剂或驱虫剂,以保护内装物品免受害虫侵犯。

杀虫剂种类较多,但到目前还没有一种杀虫剂能防治所有害虫。最常用的杀虫剂是从除虫菊中提取的除虫菊醋,是一种神经毒剂。它在较高的温度条件下会快速分解,对于具有较高体温的鸟类和哺乳动物等毒性较低。除虫菊醋具有快速杀菌效能,多种害虫触及后在几秒钟内死亡,且对人畜几乎无毒性,使用安全。

第五节 防震包装技术

防震包装又称缓冲包装,是指为了减轻内装物受到的冲击和振动,避免其在运输、保管、堆码和装卸等过程中受到损坏所采取的具有一定防护措施的包装方法。

一、常用防震包装材料及其性能要求

防震包装的作用主要是克服冲击和振动对被包装物品的影响,克服冲击所采用的方

法通常称为缓冲，所用材料称为缓冲材料。克服振动而采用的方法通常称为防震、隔震，所用材料称为防震材料、隔震材料。缓冲材料与防震材料、隔震材料统称为防震包装材料。

（一）防震包装材料的分类

防震材料的种类很多，按外形可分为两大类，即无定形防震材料（屑状、丝状、颗粒状、小块或小条等形状）和定形防震材料（成型纸浆、瓦楞纸板衬垫、纸棉材料、棕垫、弹簧、合成材料等）；按材质可分为植物纤维素类、动物纤维素类、矿物纤维素类、气泡结构类、纸类及防震装置类等。

（二）防震包装材料的性能要求

防震材料的作用是用来缓和包装件中内装物在运输、装卸中所受的冲击和振动外力的，故防震材料必须具有其特定的性能。

1. 能吸收冲击能量

防震材料对冲击能量的吸收性，是指当包装物品在运输、装卸过程中受到冲击时，包装材料能把外来的冲击力衰减到不使物品受到破坏的程度的性质。

2. 能吸收振动外力

在运输过程中，当汽车或其他运输工具的振动频率与被包装物的固有频率接近时，就会发生共振。共振会使物品受到破坏，所以缓冲包装材料必须具有能将共振衰减的黏性，不会因为共振而把振动的振幅增大。

3. 具有较好的复原性

防震材料应有高的回弹能力（复原性）和低的弹性模量，当受到外力作用时产生变形；当外力取消时能恢复原形，这种能恢复原形的能力称为复原性。

4. 具有温度、湿度的安定性

一般材料都要受温度、湿度的影响。作为防震材料，应在一定的温度、湿度范围内保持防震特性。在材料的温、湿度范围内，对冲击和振动的吸收性、复原性等缓冲性能随环境温湿度的变化越小越好。特别是热塑性防震材料，温、湿度稳定性尤为重要。

5. 吸湿性小

吸湿性大的防震包装材料有两个危害：一是降低防震性能；二是引起被包装的金属制品生锈和非金属制品变形变质。

6. 酸碱性要适中

防震包装材料水溶出物的 pH 应在 $6\sim8$。与被包装物品直接接触时，pH 最好为 7，否则在潮湿条件下易使被包装物腐蚀。

此外,防震包装材料还必须有较好的挠性和抗张力,必要的耐破损性、化学稳定性和作业适性。

若使一种防震材料同时具备上述所有性能,是难以做到的,可以根据产品的具体情况选择具备其中某些特性的材料,使之满足防震包装要求,也可以灵活利用各种材料的特点搭配使用。部分包装材料及其性能如表2-3所示。

表2-3 常用防震材料的特性比较

防震材料	复原性	冲击性	密度	锈蚀性	吸水性	含水性	耐菌性	耐候性	柔软性	成型性	黏性	温度范围
聚乙烯泡沫塑料	好	优	低	无	无	无	良	良	优	良	良	大
聚苯乙烯泡沫塑料	差	优	低	无	无	无	良	良	差	优	良	小
氨酯软泡沫塑料	好	良	低	无	大	有	良	良	优	良	良	大
状泡沫塑料	因材而异	良	低	无	因材而异	—	良	良	优	—	—	因材而异
氧乙烯软泡沫塑料	差	良	低	小	无	无	良	良	优	不可	良	小
动物纤维防震成型材料	好	优	低	小	好	有	不良	差	优	优	不良	大
成型硬橡胶垫	无	优	高	小	大	小	不良	不良	优	良	良	小
木丝	差	不良	一般	小	大	小	不良	不良	优	良	良	大
瓦楞纸	差	不良	一般	无	大	无	不良	不良	优	不良	不可	小
醋酸纤维	差	良	高	无	无	无	良	良	优	优	良	小
金属弹簧	好	不良	高	无	无	无	良	良	良	不可	不可	大

二、防震包装技法

(一) 全面防震包装方法

全面防震包装方法是指内装物与外包装之间全部用防震材料填满来进行防震的包装方法。根据所用防震包装材料的不同又可分为以下几种。

1. 压缩包装法

用弹性材料把易碎物品填塞起来或进行加固,吸收振动或冲击的能量,并将其引导到内装物强度最高的部分。所用弹性材料一般为丝状、薄片状和粒状,对形状复杂的物品也能很好地填塞,有效保护内装物。

2. 浮动包装法

浮动包装法和压缩包装法基本相同,不同之处在于所用弹性材料为小块衬垫,这些材料可以位移和流动,有效地充满直接受力部分的间隙,分散内装物所受的冲击力。

3. 裹包包装法

利用各种类型的片材,把单件内装物裹包起来放入外包装箱盒内。这种方法多用于小件物品的防震包装。

4. 模盒包装法

利用模型将聚苯乙烯树脂等材料做成和制品形状一样的模盒,再用模盒来包装物品以达到的防震作用。这种方法多用于小型、轻质物品的包装。

5. 就地发泡包装法

就地发泡包装法是以内装物和外包装箱为准,在其间充填发泡材料的一种防震包装技术。这种方法很简单,主要设备包括盛有异氰酸醋和盛有多元醇树脂的容器及喷枪。使用时先将盛有两种材料的容器内的温度和压力按规定调好,然后将两种材料混合,用单管道通向喷枪,由喷头喷出。喷出的化合物形成的泡沫体为聚氨醋,经过 1 min 变成硬性和半硬性的泡沫体,这些泡沫体可将任何形状的物品包裹住。

（二）部分防震包装方法

对于整体性好的物品和有内包装容器的物品,仅在物品或内包装的拐角或局部地方使用防震材料进行衬垫即可,这种方法称为部分防震包装法。

部分防震包装主要是根据内装物特点,使用较少的防震材料,在最适合的部位进行衬垫,力求取得好的防震效果,并降低包装成本。所用防震包装材料主要有泡沫塑料的防震垫、充气塑料薄膜防震垫和橡胶弹簧等。目前广泛地应用于电视机、收录机、洗衣机、仪器仪表等物品的包装上。部分防震包装法如图 2-1 所示。

（三）悬浮式防震包装法

对于某些贵重易损的物品,为了有效地保证在流通过程中不受损害,往往采用坚固的外包装容器,把物品用带子、绳子、吊环、弹簧等吊在外包装中,不与四壁接触。这些支撑件起着弹性阻尼器的作用。悬浮式防震包装法如图 2-2 所示。

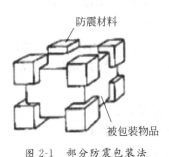

图 2-1 部分防震包装法　　图 2-2 悬浮式防震包装法

（四）充气式防震包装法

充气式防震包装是通过气垫中的空气,缓和外界的物理冲击,从而达到保护产品的目的。在包装材料选择时,应选择具有柔性和弹性的软性热封塑料薄膜材料,如可采用多层聚乙烯薄膜与高强度、耐磨损的尼龙布作为缓冲的表面材料。

由于充气式防震包装具有良好的弹性和复原性、温湿度稳定、吸湿性小等优点,且包装材料便宜,加工设备简单,因此被广泛用于军工、电子、精密仪器仪表以及易碎物品的包装。

（五）联合方法

将两种或两种以上的防震方法配合使用,称为联合方法。例如,既加铺垫,又填充无定形缓冲材料,使物品得到更充分的保护。

三、防震包装设计的原则和程序

1. 防震包装设计的原则

（1）物品在包装容器中要固定牢靠,不能活动,对其突出而又易损部位要加以支撑。同一包装容器有多件物品时,应进行有效隔离。

（2）选择合适的缓冲衬垫。缓冲衬垫的面积视物品或内包装的重量、缓冲材料的特性而定。

（3）正确选择缓冲材料。物品的品种、形状、重量、价值、易损性不同,对缓冲材料的要求也不同。

(4) 包装结构应尽量简单，便于操作、开启和从包装内取出物品。

(5) 进行包装设计时，应对各种因素进行综合考虑，如计算振动量时，既要考虑共振时包装件整体的响应，又不可忽视对关键件或易损件的响应。

2. 防震包装设计的程序

(1) 全面掌握物品的特性，包括重量、形状、大小、材质、易损部分的位置和性质、固有频率、使用目的、外壳的强度、表面状况、突出部分位置等。

(2) 了解有无与物品一起包装的附件，若有，则应清楚掌握附件的有关情况。

(3) 了解流通中包装件所受外力情况、运输方式、气候条件、环境情况、储存条件和储存时间等。

(4) 确定需要采取的包装技术，进而确定包装整体结构。

(5) 根据物品特点选择即满足包装要求又经济合理的缓冲材料。

(6) 确定内装物在包装内的固定方法，必须固定牢靠、稳定。

(7) 考虑包装材料经济性，核算包装材料费、加工费等，评价包装方案是否经济合理。

(8) 进行包装试验，检验包装的缓冲、防震性能是否符合包装设计要求。

第六节　防锈包装技术

金属由于受到周围介质的化学作用或电化学作用而发生损坏的现象称为金属锈蚀。按锈蚀介质的不同，可分为大气锈蚀、海水腐蚀、地下锈蚀、细菌锈蚀等。在包装作业中遇到最多的是大气锈蚀。锈蚀对于金属材料和金属制品有严重的破坏作用，为了防止金属及其制品锈蚀而采用一定防护措施的包装，称为防锈包装。

金属制品防锈的方法很多，根据防锈时期的长短可分为"永久性"防锈和"暂时性"防锈。因此，防锈包装也可分为永久性防锈包装和暂时性防锈包装两种。

"永久性"防锈方法是指改变金属物品内部结构、金属表面合金化、金属表面覆层（电镀、喷镀、化学镀）、金属表面施非金属涂层（搪瓷、橡胶、塑料、油漆）等。这些方法都能较好地达到防锈的目的，但它们是"永久性"的，防锈层不能除去，因而这些方法在金属产品的防锈包装中不能普遍采用。

"暂时性"防锈并不意味防锈期短，而是指金属物品经运输、储存、销售等流通环节到消费者手中这个过程的"暂时性"以及防锈层的"暂时性"。"暂时性"防锈材料的防锈期可达几个月、几年甚至十几年。"暂时性"防锈包装技术是现代防锈包装技术的主要研究对象。

"暂时性"防锈包装的工艺过程有三个方面的内容，即防锈包装的预处理技术、各种防锈材料的防锈处理技术以及防锈包装后处理技术。

一、防锈包装的预处理技术

生产的金属制品表面上常生成或附着各种物质,如油脂、锈蚀产物以及各种灰尘等。这些都是产生电化学锈蚀的因素,所以对金属制品进行防锈包装之前,必须对它们进行清洗、除锈、干燥等预处理。

1. 金属制品的清洗

金属制品常用的清洗方法主要有碱液法、表面活性剂法、有机溶剂法以及其他清洗液法等。

2. 金属制品的除锈

在实际防锈包装中,常将除锈工序与清洗油污工作合并进行,即在清洗液中加入除锈剂。金属制品的除锈方法包括物理机械除锈法和化学除锈法两类,物理机械除锈法有人工除锈法、喷射法和砂轮除锈法;化学除锈法有酸洗和碱洗除锈等,其中应用最广泛的是酸洗法。

3. 干燥

金属表面清洗后常附着水分或溶剂,应尽快除去以免再生锈。常用的干燥方法有加热法、油浴脱水法、压缩空气干燥法、用含表面活性剂的汽油排水法、红外线干燥等。不论用什么样的干燥方法都要等金属表面冷却到一定温度时才能涂防锈剂,否则会引起防锈剂分解。

金属表面处理工序是防锈包装的基础,只有金属表面处理得十分干净并完全干燥时,才能充分发挥防锈材料的作用,否则不可能得到满意的防锈效果。

二、防锈处理技术

常用的防锈处理技术主要有防锈油防锈和气相防锈两种。

(一)防锈油防锈处理

防锈油是以油脂或树脂类物质为主体,加入油溶性、缓蚀剂和其他添加剂成分所组成的暂时性防锈涂料。防锈油中的油脂或树脂类物质作为成膜物质涂布于金属表面后,对锈蚀因素具有一定的隔离作用。

但一般油脂类能溶解少量空气中的氧,并且还能溶解少量水分,单纯使用油脂不能获得满意的防锈效果,因此必须添加缓蚀剂,这类物质对防锈油的防锈效果具有很大影响。

防锈油的作用原理主要基于以下几点。

1. 在金属表面上的吸附作用

这种吸附作用一是对锈蚀因素具有屏蔽作用;二是可以提高油膜与金属表面的附

着力。

2. 能降低落在油膜上的水滴与油层的界面张力

防锈油中的缓蚀剂可使水的表面张力降低,使水滴不能呈球形状态存在于油膜上,而趋向于平摊开来,降低了水滴对油膜的压力,使其不易穿透油膜到达金属的表面。

3. 对水的置换作用

具有表面活性的缓蚀剂,借助其界面吸附作用可将金属表面吸附的水置换出来。此外油中所含的水分,可被缓蚀剂的胶粒或界面膜稳定在油中,使其不能与金属直接接触。

防锈油的种类很多,适用于包装金属制品的防锈油主要有防锈脂、溶剂稀释型防锈剂以及薄层油、仪表防锈油等。

(二)气相防锈处理

气相防锈包装技术是用气相缓蚀剂(挥发性缓蚀剂),在密封的包装容器内对金属制品进行防锈处理的技术。

气相缓蚀剂是一种能减慢或完全停止金属在侵蚀性介质中被破坏的物质,它在常温下具有挥发性,所以在密封包装容器中,气相缓蚀剂在很短时间内挥发或升华出的缓蚀气体,充满整个包装容器内的每个角落和缝隙,同时吸附在金属制品的表面上,从而起到了抑制大气对金属的锈蚀作用。

由于气相防锈包装技术不需要在金属制品的表面上涂层,所以这种防锈包装方法不会损害金属制品的外观,也会不污染包装。

气相缓蚀剂的防锈期长,有效防锈期可达 3~5 年,有的可达 10 年以上。但许多气相缓蚀剂不能用于多种金属的组合件防锈,且气相缓蚀剂的刺激性气味较大。

气相防锈包装过程中应注意以下事项:

(1) 使用气相防锈剂时,必须首先掌握缓蚀剂的特性及其对金属的适应性。应先进行防锈试验,以免不能取得满意的效果,甚至可能使金属制品受到锈蚀。

(2) 包装内的相对湿度不应过高,一般不应超过 85%,与水分长期接触,防锈膜有被溶解的可能。如果包装内湿度不易降低时,可在包装容器内加入干燥剂。

(3) 光、热会引起缓蚀剂的分解,在气相缓蚀剂的使用或保存中,应防止受光和热的作用。

(4) 要防止酸液、碱液与气相缓蚀剂接触,微量的酸液、碱液也可能引起缓蚀剂的分解,要控制使用条件的 pH。

(5) 气相缓蚀剂对手汗无置换作用,同时不能除去金属制品上原有的锈迹,因此在进行气相防锈包装前必须对金属制品进行清洁处理。包装作业时应注意个人卫生,工人应戴手套和口罩。

三、防锈包装后处理技术

金属制品的包装后处理是为了进一步加强防锈效果,而在金属制品的内包装和外包装过程中所采用的一些特殊的材料和技法。如用蜡纸、防锈纸、塑料膜、塑料袋等对已做了防锈处理的金属制品进行包封,必要时也可加入干燥剂并进行密封包装。对于容易损坏的金属制品还可以在内外包装之间用一定性能的防震材料进行缓冲包装。

除了以上防锈包装技术外,还可采用真空包装、充气包装、收缩包装等技术方法,防止包装内金属制品的锈蚀。

第七节 泡罩与贴体包装技术

泡罩包装与贴体包装又称热成型包装(国外称卡片包装)。经包装后的物品被固定在泡罩和衬底之间,在运输和销售过程中不易损坏,从而使一些形状复杂、怕压易碎的物品得到有效的保护,延长物品保质期。塑料薄片加热成型后形成的泡罩、空穴、盘盒等均为透明的,可以清楚地看到物品的外观,能起到宣传物品、扩大销售的作用。

最初,泡罩包装与贴体包装主要用于药片、胶囊、栓剂等医药方面的包装,但由于这种包装方式本身的优越性,使它在食品、化妆品、文具、小工具、机械零件以及玩具、礼品、装饰品等领域也得到越来越广泛的应用。

一、泡罩包装技术

泡罩包装技术是 20 世纪 50 年代末,德国首先发明并推广应用的,首先是用于药片和胶囊的包装,由于这种包装方式质量小、运输方便、密封性能好,可防止潮湿、尘埃、污染、偷窃和破损,能包装任何异型品,装箱不需另外使用缓冲材料以及外形美观、方便使用、便于销售等特点,使泡罩包装技术得到广泛应用。

(一)泡罩结构及材料选择

泡罩包装主要是由具有热塑性的塑料薄片和衬底组成,有的还用黏合胶或其他辅助材料。

1. 塑料薄片

能用于泡罩包装的塑料薄片的种类有许多,除了其主要材料本身所具有的特征和性能外,还由于制造工艺和所用添加剂的不同,又赋予塑料薄片其他一些特征。例如,厚度、拉伸强度、延伸率、光线透过率、透湿度、老化性、带静电、热封性、易切断性等。

目前,泡罩包装使用的硬质塑料薄片材料有纤维素、苯乙烯和乙烯树脂三大类。其中纤维素应用最普遍,有醋酸纤维素、丁酸纤维素、丙酸纤维素。它们都具有极好的透明性和最好的热成型性以及抗油脂的透过性。但纤维素的热封湿度比其他塑料片要高。

2. 衬底（盖片）

衬底也是泡罩包装的主要组成部分。衬底主要有白纸板、B型和E型涂布（主要是涂布热封涂层）瓦楞片、带涂层铝箔和多种复合材料等几种，其中最常用的是白纸板。

白纸板是用漂白亚硫酸木浆制成的，也有用废纸和废旧新闻纸为基层上复白纸的。纸板衬底的表面必须洁白有光泽，适印性好，能牢固地涂布热封涂层，同时还必须与泡罩封合后具有好的抗撕裂结合力。

同塑料薄片一样，衬底在选用时必须要考虑被包装物品的大小、形状和质量。

塑料薄片和衬底可采用黏接、热合、套装或钉装等方式组合。

（二）泡罩包装方法

泡罩包装的泡罩、空穴、盘盒等有大有小，形状因被包装物品的形状而异。有用衬底的，也有不用衬底的。同时，由于包装机械成型部分、加热部分、热封部分的多样性，造成包装机械种类的繁多，所以泡罩包装有多种，但都可以按操作方法将泡罩包装分为手工操作和自动化机械操作两大类。

1. 手工操作

手工操作适用于资金不足、劳动力充足地区的多品种小批量生产。泡罩和衬底是预先成型印刷冲切好的，包装时用手工将物品放于泡罩内，盖上衬底，然后放在热封器上封接即可。若被包装物品对潮湿和干燥不敏感，也可以直接采用订书机订封。

2. 自动化机械操作

尽管包装机械的种类繁多，但其基本结构大致是相同的，典型的泡罩包装机械都必须有热成型材料供给部位、加热部位、成型部位、充填部位、封合部位、冲切部位、成型容器的输出和余料收取的部位，以及充填检测与废品剔除装置等。

全自动机械操作适合于单一品种大批量生产，不仅生产率高、成本低，而且符合卫生要求，因此多用于药品和小件物品包装。

二、贴体包装技术

贴体包装与泡罩包装类似，是由塑料薄片、热封涂层和卡片衬底三个部分组成的。它的用途有两个方面：一方面是透明性，作为货架陈列的销售包装；另一方面是保护性，用来包装一些形状复杂或易碎、怕挤压物品，如计算机磁盘、灯具、玩具、礼品和成套瓷器等。

（一）贴体包装方法

贴体包装的基本操作过程是将单件物品或多件物品置于带有微孔的衬底上，覆上经过加热的软质透明塑料薄膜,在衬底下面抽气使塑料薄膜与物品外表紧贴,同时以热熔或胶黏的方式使塑料薄膜与涂敷黏合剂的衬底黏合,使物品紧紧地固定在其中。

贴体包装与泡罩包装在操作方法上有所不同,主要区别在以下三个方面:

(1) 贴体包装不用另做模具,是用被包装物作为原始模具。

(2) 贴体包装只能用真空吸塑法进行热成型。

(3) 衬底上必须加工许多小孔,以便抽真空。

(二)贴体包装材料和包装机

1. 贴体包装材料

目前,在贴体包装材料中最常用的塑料薄片是聚乙烯和离子聚合物。包装小而轻的物品时,用 $100\sim200~\mu m$ 厚的离子聚合物薄片;包装大而重的物品时,用 $200\sim400~\mu m$ 厚的聚乙烯薄片。衬底常用白纸板和经涂布的瓦楞纸板。

选用贴体包装材料时,应考虑物品的用途、大小、形状和质量等因素。对销售包装要强调薄片的透明度和易切断性,以及纸板的卷曲等。对以保护性为主的运输包装,则应注意薄片的外观、吸热性、耐戳穿性和深拉伸性能。

2. 贴体包装机

贴体包装机一般多为手动式,结构简单、价格便宜。因更换包装物不需要更换包装模具,所以比较灵活。在操作过程中,用手将物品放入衬底纸板,并将薄片夹于夹持器中,然后进行吸塑加工。半自动式的包装机除放置衬底和物品外,其余过程均为自动进行。

三、泡罩包装与贴体包装的选用原则

1. 保护性原则

包装的目的是保护物品、方便储运、促进销售。如果被包装物品在有效期内发生霉腐、潮解或结块、生锈,则包装的选用就是失败的。通常易潮易霉腐的物品多采用泡罩包装。

2. 方便和高效原则

贴体包装难以实现包装自动化流水线,生产效率低,但不需更换包装模具。泡罩包装容易实现包装自动化流水线生产,工人的劳动强度低、生产效率高。但更换包装物品时需要更换包装模具,费时费力,因此,单一品种的大批量生产通常采用泡罩包装。

3. 低成本原则

泡罩包装的一次性投资成本比较高,贴体包装则需人工比较多。因此,泡罩包装适用于小而轻的物品的大批量包装,贴体包装适用于大而重的物品的小批量包装。

4. 美观和方便原则

在保证物品不变质、包装方便、成本低的前提下,应尽量选用美观性好、使用方便的包装方法,有利于销售。

综上所述,泡罩包装技术在大批量药品、食品和小件物品包装方面优势明显。包装 1 000 支圆珠笔的泡罩包装费用比同样数量的贴体包装费用节省 24%;与此相反,包装一些较大的物品,如厨房用具、生产工具、电视天线等,贴体包装的费用要比泡罩包装节省许多。此外,因贴体包装不需要模具,而且塑料薄片经真空吸塑,可将物品牢固地固定在衬底上,在运输和搬运过程中不易损坏,常用于一些形状复杂或易磨损、易破碎物品的包装,但因贴体包装衬底有小孔,故其美观性和阻气性等不如泡罩包装。具体选用时应根据包装实际需要进行适当选择。

第八节 热收缩包装与拉伸包装技术

热收缩包装是用可热收缩的塑料薄膜裹包物品和包装件,然后加热使薄膜收缩包紧物品或包装件的一种包装方法。

拉伸包装是用可拉伸的塑料薄膜,在常温和收缩张力下对物品或包装件进行裹包的方法。

这两种包装方法原理不同,但产生的包装效果基本一样,选择使用热收缩包装技术还是拉伸包装技术应从材料、设备、工艺、能源和投资等各个方面综合考虑。

一、热收缩包装技术

热收缩包装技术是将经过预拉伸的塑料薄膜、薄膜套或薄膜袋,在考虑其收缩率等性能的前提下,将其裹包在被包装物品的外表面,以适当的温度加热,薄膜即在长度和宽度上产生一定程度的收缩,紧紧地包裹住物品。这种方法广泛地应用于销售包装领域。

(一)热收缩薄膜的主要性能指标

1. 收缩率与收缩比

收缩率包括纵向收缩率和横向收缩率。测试方法是先测量薄膜长度 L_1,然后将薄膜浸放在 120 ℃ 的甘油中 1~2 s,取出后用冷水冷却,再测量长度 L_2,按式(2-2)进行计算

$$收缩率 = \frac{L_1 - L_2}{L_1} \times 100\% \qquad (2\text{-}2)$$

式中 L_1——收缩前薄膜的长度;
L_2——收缩后薄膜的长度。

目前包装用的收缩薄膜一般要求纵、横两方向的收缩率相等,且均约为 50%,但在特

殊情况下也有单向收缩的,收缩率为 25%~50%。还有纵、横两个方向收缩率不相等时,产生的偏延伸薄膜。

纵、横两个方向收缩率的比值称为收缩比。

2. 收缩张力

收缩张力指薄膜收缩后施加在包装物上的张力。包装金属罐等刚性产品允许较大的收缩张力,而包装一些易碎或易褶皱物品,若收缩张力过大,就会使物品损坏或变形。因此,收缩薄膜的收缩张力必须选择恰当。

3. 收缩温度

收缩薄膜加热达到一定温度后开始收缩,温度升到一定高度时停止收缩。在此范围内的温度称为收缩温度。

对包装作业来讲,包装件在热收缩通道内加热,薄膜收缩产生预定张力时所达到的温度称该张力下的收缩温度。收缩温度与收缩率有一定的关系。

4. 热封性

收缩包装作业中,在加热收缩之前,一定要先进行两面或三面热封,而且要求封缝具有较高的强度。

（二）常用的收缩薄膜

收缩薄膜是热收缩包装材料中最主要的一种,分为片状和筒状两大类,片状薄膜是先将塑料原料制成片状,然后分别沿薄膜的纵轴和横轴方向进行拉伸,称二次拉伸法;或者同时进行两个方向拉伸,称一次拉伸法。筒状薄膜是先将塑料原料制成筒状,然后进行二次拉伸或一次拉伸。

目前使用较多的收缩薄膜是聚氯乙烯、聚乙烯、聚丙烯、聚偏二氯乙烯、聚酯、聚苯乙烯、醋酸乙烯共聚物和氯化橡胶等。

（三）热收缩包装的方法

热收缩包装有手工热收缩和机械热收缩包装两种方式。

1. 手工热收缩

手工热收缩通常是用手工对被包装物品进行裹包,然后用热风喷枪等工具,对被包装物吹热风完成热收缩包装。这种方法简单、迅速,主要用于不适合机械包装的包装件,如大型托盘集装的产品或体积较大的单件异型产品。这种方法方便、经济,值得在国内推广。

2. 机械热收缩

机械热收缩包装是目前较为常用的收缩包装方法,作业工序一般分为两步:首先是用机械的方式对物品和包装件进行预裹包,即用收缩薄膜将物品包装起来,热封必要的口与缝;其次是热收缩,将预裹包的物品放到热收缩设备中加热。

（四）热收缩包装的特点

热收缩包装能得到广泛而迅速的发展,主要是因为它具有以下几个特点。

(1) 能包装一般方法难以包装的异型物品,如蔬菜、水果、鱼类、肉类、玩具、小工具等。

(2) 收缩薄膜一般为透明的,经热收缩后紧贴于物品,能充分显示物品的外观,由于收缩比较均匀,而且材料有一定的韧性,棱角处不易撕裂。

(3) 利用收缩的性质可以把零散的多件物品很方便地包装在一起,如几个罐头、几盒录音磁带等。

(4) 可以延长食品的保鲜期,适用于食品的保鲜、低温储藏,防止冷冻食品的过分干燥,为超级市场和零售商提供了方便。

(5) 密封、防潮、防污染、可在露天堆放、节省仓库面积,如水泥、化肥等的集合包装,既牢固又方便。

(6) 包装工艺和设备简单,有通用性,便于实现机械化,节省劳力和包装费用,并能部分地代替瓦楞纸箱和木箱。

(7) 收缩包装不仅将被包装物紧固在一起,而且薄膜本身具有缓冲性和韧性,能防止运输过程中因振动和冲击而损坏物品。

(8) 体积庞大的物品,可以采用现场收缩包装方法,工艺和设备均很简单,如包装赛艇和小轿车。

热收缩包装技术虽具有上述优点,但在包装颗粒、粉末或形状规则的物品时,不如装盒、装箱、装袋和裹包的方式包装速度快,而且热收缩包装需要热收缩通道,能源消耗、占用投资和车间面积均较大,实现连续化、高速化生产比较困难。

二、拉伸包装技术

拉伸包装是20世纪70年代开始采用的一种新包装技术,它是由热收缩包装发展而来的。拉伸包装是依靠机械装置在常温下将弹性薄膜围绕被包装件拉伸、紧裹,并在其末端进行封合的一种包装方法。由于拉伸包装不需进行加热,所以消耗的能源只有收缩包装的1/20。

拉伸包装技术起初主要是用于销售包装,满足超市销售肉、禽、海鲜产品、新鲜水果和蔬菜的包装需求。随着优质拉伸薄膜,如聚氯乙烯薄膜的广泛运用,拉伸包装节省设备投资和材料、能源的优势日渐凸显,应用范围从销售包装领域迅速扩展到运输包装领域。

（一）拉伸薄膜的性能指标

1. 自黏性

自黏性指薄膜之间接触后的黏附性。在拉伸缠绕过程中和裹包之后，能使包装物品紧固而不会松散。自黏性受外界环境多种因素影响，如湿度、灰尘和污染物等。获得自黏薄膜的主要方法有两种：一是加工表面光滑具有光泽的薄膜；二是用增加黏附性的添加剂，使薄膜的表面产生湿润效果，从而提高黏附性。

2. 韧性

韧性指薄膜抗戳穿和抗撕裂的综合性质。抗撕裂能力是指薄膜在受到张力后并被戳穿时的抗撕裂程度。抗撕裂能力的危险值必须取横向的，因为在此方向撕裂包装将使包装件松散，但纵向发生撕裂，包装件仍能保持牢固。

3. 拉伸

拉伸指薄膜受拉力后产生弹性伸长的能力。纵向拉伸增加，最终将使薄膜变薄、宽度缩短。虽然纵向拉伸是有益的，但过度拉伸常常是不可取的，因为薄膜变薄、易撕裂，会使加在包装件上的收缩张力增加。

4. 应力滞留

应力滞留指在拉伸裹包过程中，对薄膜施加的收缩张力能保持的程度。薄膜常用的应力滞留程度是将薄膜原始长度拉伸至130%，在16 h中松弛至60%～65%。

5. 许用拉伸

许用拉伸指在一定用途的情况下，能保持各种必需的特性，所能施加的最大拉伸。许用拉伸越大、所用薄膜越少，包装成本也越低。

除上述性能指标外，光学性能和热封性能也是对某些特殊包装件包装时考虑的重要指标。

（二）常用的拉伸薄膜

用于拉伸包装的薄膜必须具有一定的自黏性、韧性、拉伸率、应力滞留和许用拉伸范围。

常用的拉伸薄膜有聚氯乙烯薄膜、醋酸乙烯共聚物薄膜、线性低密度聚乙烯薄膜，其薄膜的性质如表2-4所示。

表 2-4 常用拉伸薄膜的性质

拉伸薄膜	拉伸率/%	拉伸强度/MPa	自黏性/g	抗戳穿强度/Pa
线性低密度聚乙烯	55	0.412	180	960
醋酸乙烯共聚物	15	0.255	160	824
聚氯乙烯	25	0.240	130	550
低密度聚乙烯	15	0.214	60	137

(三)拉伸包装方法

拉伸包装方法按包装用途可分为销售包装和运输包装两大类。

1. 用于销售包装的方法

(1) 手工操作方法。手工操作方法一般是把被包装物放在浅盘内,特别是软而脆的物品以及多件包装的零散产品。如果物品本身有一定的刚性和牢固度,也可不用浅盘。

(2) 半自动操作。半自动操作是将包装工作中的一部分工序机械化或自动化,可节省劳力、提高生产率。机械化的部分是卷包和拉伸等重要环节。但因厂家和用户的需求各不相同,导致包装机械构造复杂、价格较高、通用性较差。因此,虽然半自动化操作能节省人力,但并不能使总体效益达到最优,使用较少。

(3) 全自动操作。由于手工操作劳动强度大,单一而频繁的动作,容易引起工人身体损伤,加上生产成本高、生产效率低,因此全自动操作方式快速地发展起来。现有的自动拉伸包装机中所采用的包装方法大体可分为两种:上推式操作法和连续直线式操作法。

2. 用于运输包装的方法

这种包装大部分用于托盘集合包装,有时也用于无托盘集合包装。

拉伸包装在用于运输包装时,按所用薄膜的不同可分为整幅薄膜包装法和窄幅薄膜缠绕式包装法两类;按操作方法的不同又分为回转式操作法和直通式操作法;按其生产率的高低又可分为手提式、平台式、运输带传递式、全自动式。

(四)拉伸包装的特点

与热收缩包装相比,拉伸包装具有以下特点:

(1) 不需要热收缩设备,节省设备投资、能源和设备维修费用。

(2) 适合包装怕热的产品,如鲜肉、蔬菜和冷冻食品等。

(3) 可以准确地控制裹包力,防止产品被挤碎。

(4) 可以防盗、防火、防冲击和防振动。

拉伸包装除具备上述优点之外,也存在自身的不足:

(1) 防潮性比热收缩包装差,在运输包装中堆集的物品顶部需要另外加一块薄膜,操作不便。

(2) 因为拉伸薄膜有自黏性,当许多包装件堆在一起搬运时,会因黏结而造成损伤。

三、收缩包装与拉伸包装的比较

(一) 收缩包装与拉伸包装的相同点

(1) 对规则形状和异形的物品均适用。
(2) 都特别适于包装新鲜水果和蔬菜。
(3) 对于单件、多件物品的销售包装均适宜。

(二) 收缩包装与拉伸包装的不同点

1. 对物品的适应性

(1) 热收缩包装不适用于冷冻的或怕受热的物品,而拉伸包装不受此限制。
(2) 热收缩包装可将物品裹包在托盘上,拉伸包装只裹包托盘上的物品。

2. 对流通环境的适应性

(1) 从包装件存放场所来看,热收缩包装不怕日晒雨淋,存放于仓库或露天均可,可节省仓库面积;拉伸包装则因薄膜受阳光照射或高温天气影响将发生松弛现象,因此只能在仓库内存放。

(2) 从运输包装的防潮性和透气性来看,热收缩包装进行了六面密封,防潮性好、透气性差;拉伸包装一般只裹包四周,有时也可裹包顶面,防潮性稍差,但透气性好。

(3) 从操作环境来看,热收缩包装不宜在低温条件下操作,拉伸包装则无此限制。

3. 设备投资和包装成本方面

收缩包装需热收缩设备,投资和维护费用较高,能源消耗和材料费用也较多,设备回收期较长;拉伸包装因无须进行加热,设备投资和维护费用较低,能源消耗少,材料消耗比收缩包装少25%,投资回收期也较短。

4. 包装应力方面

热收缩包装不易控制,但比较均匀;拉伸包装虽容易控制,但棱角处应力过大,易造成内容物受损。

5. 堆码适应性方面

热收缩包装适应性较好;拉伸包装由于薄膜有自黏性,包装件之间易黏结,搬运过程易撕裂,所以堆码性较差。

6. 库存薄膜的要求方面

热收缩包装需要有多种厚度的薄膜,而拉伸包装只要有一种厚度的薄膜即可用于不同物品的包装。

热收缩包装与拉伸包装既有相同之点,也有不同之处,且各有利弊,在进行选择时,必须结合具体物品的包装要求和特性,从材料、设备、工艺、能源和投资等方面综合考虑。

本章思考题

1. 什么是包装技术?包装技术有哪些种类?
2. 简述泡罩包装与贴体包装有哪些异同?
3. 防虫害包装技术有哪些?
4. 什么叫防霉腐包装?防霉腐包装技术有哪些?

实践课堂

1. 实践目的

通过阅读包装技术的案例,运用本章所学的包装技术知识对本章引导案例进行分析,进一步了解包装技术在物流包装中的作用。

2. 技能要求

结合本章引导案例分析在包装材料选择时应考虑哪些因素。

3. 实践学时

2学时。

4. 实践环节

以小组为单位(5~6位同学一小组)对本章引导案例进行分析。

5. 实践内容

(1) 每小组收集两种以上包装形式的实物。
(2) 各组展示并讲述该种包装形式所采用的技术方法及相关知识。
(3) 查找有关最新包装材料的信息,写一篇不少于300字的介绍文。

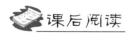

课后阅读

包装的创新——智能包装技术的发展

传统包装对早期的商品物流系统做出了巨大的贡献。但随着现代社会的发展,社会中的每一个个体（商品生产、加工、物流运营商、零售商和消费者）都需要具有创新性的包装来保障商品的安全和可追溯性。

智能包装是指对环境因素具有"控制""识别"和"判断"功能的包装，它可以识别和显示包装空间的温度、湿度、压力以及密封的程度、时间和包装内容物的泄露物质等重要参数，并能够在一定程度上代替人工，与包装内容物做出有效的沟通和合理决策，在第一时间获取、存储、处理和分享信息。

智能包装是一个多元学科的交叉应用领域，支撑智能包装的学科主要有材料科学、人工智能、现代控制理论、微电子学、计算机科学等。智能包装分为三类，分别是功能材料型智能包装、功能结构型智能包装及信息型智能包装。

1. 功能材料型智能包装

功能材料型智能包装是为了实现改善和增加包装的功能，而应用新型智能包装材料，达到和完成特定包装的目的。目前研制的功能材料型智能包装通常是采用湿敏、光电、温敏、气敏等功能材料，这些材料对环境因素具有"识别"和"判断"功能。

功能材料型智能包装一般具有时间—温度记录标志、氧气和二氧化碳等气体指示标志、光致变色标志、物理冲击记录标志、微生物污染标志等功能。

时间—温度记录标志（图2-3）是指通过机械、化学和酶的作用机理，提供产品的储存条件信息；氧气和二氧化碳等气体指示标志即通过氧化还原染色剂来监测包装是否泄漏，能够为消费者提供现场判断依据，从而确定包装食品的食用安全性，为消费者的身心健康起到保护作用，如气调包装破损后，外界氧气进入包装内，通过智能包装体系的应用，可以将与氧气反应变色的油墨印刷在包装内，随着氧气浓度的增大，油墨的颜色变化较明显，从而确定包装的完好程度；光致变色标志是将一种超薄柔软电池像油墨一样"印刷"在产品的包装上，使包装具有声音、灯光，以及其他特殊效果，从而使制造商更有效地通过产品包装来吸引消费者；物理冲击记录标志是将一种在外力作用下会变色的塑料薄膜，涂上有不同波长的反向干涉涂层，在正常情况下涂层呈明亮色彩，一旦被动用，涂层便开始产生变化，比如剥落、变成灰色、剥落部分产生花纹等，均为消费者提供了此包装曾启封过的警示信号；微生物污染标志，通过pH染色剂或与某些代谢物反应的染色剂来监测食品包装中的微生物。

2. 功能结构型智能包装

为了使包装具有某些特殊功能和智能型特点，而增加或改进部分包装结构。功能结构的增加或改进一般侧重包装的安全性、可靠性和部分自动功能，从而使包装的商品使用更加安全和便捷。

这种功能结构型智能包装表现有自动加热、自动冷却、自动报警等。这三种包装都增加了包装的部分结构，而使包装具有部分自动功能。

自动加热型包装是一种多层、无缝的容器，以注塑成型方法制成，容器内层分成多个间隔，产品可自我加热，如图2-4所示，其加热原理是：当使用者拿下容器上的箔，并按压容器底部时，容器内的水及石灰石便会产生化学反应，释放热能，进而使产品加热。比如日本自加热清酒罐和雀巢公司推出的330 ml自动加热牛奶咖啡罐；自动冷却型包装内置一个冷凝器、一个蒸发格及一包以盐做成的干燥剂，在包装的底部储藏冷却时由催化作用所产生的蒸汽及液体，它能在几分钟内将容器内物品的温度降低至17 ℃；自动报警型包装即将一个封闭的报警系统内嵌在包装袋底部，靠压力作用实现报警。当包装袋内食品胀袋产生的压力大于设计的标准压力时，报警系统就会自动报警，提醒商家和消费者食品质量已不适宜食用。

图2-3　时间—温度记录标志

图2-4　自动加热蛋的包装

3. 信息型智能包装

信息型智能包装主要是指能反映包装内容物及其内在品质和储存、运输、销售过程信息的新型包装。这种智能包装应具有记录商品在仓储、运输、销售期间，周围环境对其内在品质影响的信息及商品生产信息、销售分布信息的功能。记录和反映这些信息的技术涉及微生物、化学、动力学和电子技术。

RFID技术即是信息型智能包装的应用典范。射频识别技术RFID是一种非接触式的自动识别技术，它通过射频信号自动识别目标对象并获取相关数据，可工作于各种恶劣环境中，并且识别工作无须人工干预。此技术不仅优化整个包装供应链（产品从生产、物流到消费），而且使物流管理、反馈控制、信息识别的效率和准确度得到提高，更为重要的是可凭借其辨识读取的不可被复制性和加密设置，对基于传统材料和设计的包装防伪给予强有力的补充。它可识别高速运动物体并可同时识别多个标签，操作快捷方便，应用在包装最重要的两大领域——物流和防伪。

资料来源：智能包装研究及应用进展，《绿色包装》，2016.02.

第三章

包装机械

学习目标

熟悉各种常用包装机械的含义和图形。
掌握各种包装机械的分类、功能和结构。
掌握包装印刷机械的内容,熟悉包装印刷机械的名称和图形。
了解包装机械与包装印刷机械其他相关理论知识。

学习指导

结合案例、图片、实物等进行知识的学习,通过一定的实际操作掌握相关包装机械与包装印刷机械的使用技能。

引导案例

国外包装机械的发展现状

随着社会经济的发展,经济市场中各类产品层出不穷,促进了包装行业的发展。目前国家包装机械市场竞争日益激烈,包装机械发展呈高速、高效、高质量三个特性。国外包装机械的发展突出了现代化包装机械的高新技术,尤其是科技发展处于优势的欧美地区与日本等,包装机械的发展更具备现代化与科技化,逐渐提升生产效率与产品质量,使其极大地提升了市场竞争力。

1. 美国发展状况

美国的包装机械设备更新速度较快,其包装机械工业的主要用户可分为食品产业与非食品产业。食品产业的使用率也逐渐提升,尤其是近几年来非食品的包装使用率也逐渐提升,占据大半比例。美国的包装工业正在向系统化发展,建立涵盖了包装材料、包装工艺、包装机械的完整工业系统,而自动化的技术也逐渐加入包装机械的制造中,使其逐渐走向现代先进的包装系统。美国现阶段的各个包装企业主要的关注方向是,针对包装材料、包装设备等方面开发国际市场上具有特色的包装设备。

2. 德国发展状况

德国的包装机械产业在国际上占据了重要的地位,其生产值占据国家市场的1/5,而出口额达到了世界市场的30%。德国包装机械的优势在于计量、制造与技术性能等方面。其发展趋势为三个方向:

(1) 提升工艺流程自动化的程度;

(2) 向灵活性、柔性方向发展的包装机械设备;

(3) 加强计算机仿真设计的技术使用。

其中通过仿真技术的使用,降低了故障率,同时可以进行远程诊断,减少了对环境的污染。德国包装机械设计的原则来自市场的分析,争取为大型企业提供包装机械服务,按照用户的需求进行产品的设计,通过仿真技术可以提前为客户展示,不满意可以进行调试,极大地提升了市场竞争力。

3. 意大利发展状况

意大利包装机械的优势是性能较强、美观程度更高、价格合理。意大利是世界第四大包装机械生产国,在包装机械出口领域位居世界第二。意大利的包装机械使用方向多是食品行业,如糖果包装机、茶叶包装机、灌装机等。意大利的食品与饮料产业的需求占据了总需求的40%,是包装机械的主要服务对象。意大利现代包装机械可以按照客户的要求进行设计与生产,确保其设计质量与生产质量。近几年意大利的生产值与出口量逐渐增长,位于世界前列。

4. 日本的发展状况

日本包装机械的需求增长集中在20世纪60年代,截至目前已经位列世界包装机械产业的领先地位。日本的包装机械主要规划为三类,小包装与内包装、外包装与打包设备、配套机械。日本包装机械的发展来源于两种技术的有效利用——计算机技术与马达驱动的包装机械。通过两种技术的使用,成功地研发出世界第一台微型计算机程控卧式成型装填封口机。食品包装市场是日本包装机械的主要服务对象,食品包装机械的产值占据总产值的大半。据调查显示日本的包装机械生产企业有四百余家,其中中小型企业占据多数。虽然日本的包装机械在世界占据重要位置,但是出口量相对较少。

资料来源:陈伟亮. 国外包装机械的发展现状[J]. 山东工业技术,2016(12):188.

第一节 包装机械的概念和作用

一、包装机械的概念

在国家标准 GB/T 4122.1—2008《包装术语 第 1 部分：基础》中，包装机械的定义为："完成全部或部分包装过程的机器，包装过程包括成型、充填、裹包等主要包装工序，以及清洗、干燥、杀菌、贴标、捆扎、集装、拆卸等前后包装工序，转送、选别等其他辅助包装工序。"

从广义而言，现代包装机械的含义和领域很广，包括各种自动化和半自动化的包装机械、运输包装机械、包装容器的加工机械、装潢印刷机械等。这些相互密切联系的机械设备组成了现代化的包装机械体系。

二、包装机械的功能

现代工业生产中，所有产品都需要包装，以达到保护和美化产品、方便储存、运输、促进销售的目的。包装机械是实现产品包装机械化、自动化的根本保证，在现代包装工业生产中起着重要的作用。包装机械和其他自动机械一样，它的功能主要体现在以下几个方面。

（1）包装机械可实现包装生产的专业化和自动化，大幅度提高生产效率。例如，一条洗衣粉包装自动线，几个人操作可以替代几百人的工作；啤酒灌装机的生产能力可达到 48 000 瓶/时，这是手工灌装无法比拟的。

（2）包装机械可降低产品包装生产的劳动强度，改善劳动条件，保护环境，节约原材料，降低产品成本。例如，棉花、烟草等松散物品，采用压缩包装机打包，可以大大缩小体积，节省包装材料，还节省了仓库容积，增大储存量、减少保管费用，运输时还可以多装，从而节省运输费用。采用包装机械包装液体、粉状物品，可减少液体物品外涌、粉尘物品飞扬等，这样既能防止物品的散失又能保护环境且节约原材料，降低成本。

（3）包装机械可保证包装产品的卫生和安全，提高产品包装质量，增强市场销售的竞争力。例如，食品、药品等的卫生性和安全性要求很严格，采用机械化包装，可避免操作者与食品、药品的直接接触，减少对食品、药品的污染。同时，由于机械化包装速度快，食品、药品在空气中停留时间短，也减少食品、药品被污染的机会，有利于保障食品和药品的卫生和安全。

（4）延长产品保质期，方便产品流通。采用真空、换气、无菌等包装机械，可使产品的流通范围更加广泛，延长产品的生命周期。

（5）减少包装场地作业面积，节约基建投资。当产品采用手工包装时，包装工人多、工序不紧凑,包装作业占地面积大。采用机械包装,物品和包装材料的供给比较集中,各包装工序安排比较紧凑,可减少包装作业的占地面积,从而节约基建投资。

(6) 可以促进包装工业的发展。由于包装作业的机械化,促进包装材料、容器等领域有新的发展,从而使包装工业得到更快的发展。

三、包装机械的分类

GB 7311—2008 标准《包装机械分类与型号编制方法》替代了 GB/T 7311—2003《包装机械型号编制方法》和 GB/T 19357—2003《包装机械分类》两项标准,将原来分开的两个标准合并为一个,并对这两个标准进行了修订。

1. 按包装机械的自动化程度分类

(1) 全自动包装机。全自动包装机是自动供送包装材料和内装物,并能自动完成其他包装工序的机器。

(2) 半自动包装机。半自动包装机是由人工供送包装材料和内装物,但能自动完成其他包装工序的机器。

2. 按完成包装产品的类别分类

(1) 专用包装机。专用包装机是专门用于包装某一种产品的机器。

(2) 多用包装机。多用包装机是通过调整或更换有关工作部件,可以包装两种或两种以上产品的机器。

(3) 通用包装机。通用包装机是在指定范围内适用于包装两种或两种以上不同类型产品的机器。

3. 按包装机械的功能分类

包装机械按功能不同可分为:充填机械、灌装机械、裹包机械、封口机械、贴标机械、清洗机械、干燥机械、杀菌机械、捆扎机械、集装机械、多功能包装机械、包装材料制造机械、包装容器制造机械,以及完成其他包装作业的辅助包装机械。

四、包装机械型号编制方法

包装机械型号应反映产品的类别、系列、品种、规格、派生和改进的全部信息,型号包括主型号和辅助型号两个部分。

1. 主型号

主型号包括包装机械的分类名称代号、结构型式代号,必要时,也可在其后添加被包装产品、包装材料、包装容器或自动化程度等选加项目代号。

主型号以其有代表性汉字名称的第一个汉字的拼音字母表示,遇有重复字母时,可采用第二个汉字的拼音字母以示区别,也可用其汉字名称的几个具有代表性汉字的拼音字母组合表示。字母 I、O 一般不使用。

2. 辅助型号

辅助型号包括产品的主要技术参数、派生顺序代号和改进设计顺序代号。

主要技术参数用阿拉伯数字表示,应取其极限值。当需要表示两组以上的参数时,可用斜线"/"隔开。派生顺序代号以罗马数字 Ⅰ、Ⅱ、Ⅲ……表示。改进设计顺序代号依次采用英语字母 A、B、C……表示。当辅助型号中无主要参数时,在主型号与派生顺序代号或改进设计号之间用短画线"-"隔开。第一次设计的产品无顺序代号。

3. 包装机械型号的编制格式

1) 编制格式

编制格式组成如图 3-1 所示。

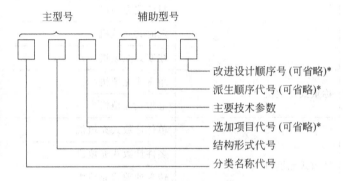

图 3-1　编制格式组成

注: * 省略部分可在合同中说明。

2) 编制示例

例 3-1　负压灌装机。

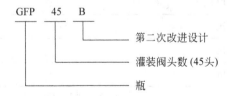

例 3-2　颗粒充填——封口机。

4. 包装机械类别代号和主要技术参数

根据 GB/T 4122.1—2008《包装术语》和 GB/T 7311—2008《包装机械分类与型号编制方法》，将包装机械分类定义及型号编制示例列表，如表 3-1 所示。

表 3-1　常用包装机械型号

机　型	种　类	功　能	型　号
充填机	容积式充填机	量杯式充填机	CLXXX
		计量泵式充填机	CAXXX
		螺杆式充填机	CGXXX
		插管式充填机	CWXXX
		料位式充填机	CDXXX
		定时式充填机	CTXXX
		柱塞式充填机	CSXXX
	称重式充填机	净重式充填机	CMXXX
		毛重式充填机	CLXXX
	计数式充填机	单件计数式充填机	CJDXXX
		多件计数式充填机	CJUXXX
		转盘计数式充填机	CJPXXX
		履带计数式充填机	CJLXXX
	重力式充填机		CJXXX
	推入式充填机		CFXXX
	拾放式充填机		CZXXX
灌装机	负压灌装机		GFXXX
	常压灌装机		GCXXX
	等压灌装机		GDXXX
封口机	无封口材料的封口机	热压式封口机	FRXXX
		熔焊式封口机	FHXXX
		压纹式封口机	FWXXX
		折叠式封口机	FZXXX
		插合式封口机	FCXXX

续表

机　型	种　类	功　能	型　号
封口机	有封口材料的封口机	滚压式封口机	FGXXX
		卷边式封口机	FBXXX
		压力式封口机	FYXXX
		旋合式封口机	FXXXX
	有辅助封口材料的封口机	结扎封口机	FAXXX
		胶带封口机	FJXXX
		黏合封口机	FNXXX
		缝合封口机	FFXXX
		钉合机	FDXXX
裹包机	半裹式裹包机		
	全裹式裹包机	折叠式裹包机	BZXXX
		扭结式裹包机	BNXXX
		单(接)缝式裹包机	BJXXX
		覆盖式裹包机	BFXXX
	缠绕式裹包机		BCXXX
	拉伸式裹包机		BLXXX
	贴体式包装机		BTXXX
	收缩包装机		BSXXX
多功能包装机	充填—封口机		DCXXX
	灌装—封口机		DGXXX
	成型—充填—封口机	箱(盒)成型—充填—封口机	DXXXXX
		袋子成型—充填—封口机	DXDXXX
		冲压成型—充填—封口机	DXCXXX
		泡罩包装机	DPXXX
		熔融成型—充填—封口机	DXRXXX
		开箱(盒)—充填—封口机	DKXXXX
		开袋—充填—封口机	DKDXXX
		开瓶—充填—封口机	DKPXXX
	真空包装机		DZXXX
	充气包装机(或真空—充气包装机)		DQXXX

续表

机　型	种　类	功　能	型　号
贴标机械	黏合贴标机		TNXXX
	收缩贴标机		TSXXX
	订标签机		TDXXX
	挂标签机		TGXXX
清洗机	干式清洗机		QGXXX
	湿式清洗机		QSXXX
	机械式清洗机		QJXXX
	电解式清洗机		QDXXX
	电离式清洗机		QLXXX
	超声波式清洗机		QCXXX
干燥机械	热式干燥机		ZRXXX
	机械式干燥机		ZJXXX
	化学式干燥机		ZHXXX
杀菌机械	热式杀菌机		SRXXX
	超声波杀菌机		SCXXX
	电离杀菌机		SLXXX
	化学杀菌机		SHXXX
捆扎机械	机械式捆扎机		KXXXX
	液压式捆扎机		KYXXX
	气动式捆扎机		KQXXX
	捆结机		KJXXX
	压缩打包机		KSXXX
集装机械	集装机		JZXXX
	堆码机		JDXXX
	集装件拆卸机		JCXXX

续表

机 型	种 类	功 能	型 号
辅助包装机械	打印机		UYXXX
	整理机		UZLXXX
	重量选别机		UXXXX
	异物检验机		UJXXX
	辅送机		USXXX

包装机械产品的名称、类别代号和主要技术参数，如表 3-2 所示。

表 3-2 包装机械产品的名称、类别代号和主要技术参数

名 称	类 别 代 号	主要技术参数内容
充填机	C	被装入产品的容量/质量/生产能力
灌装机	G	灌装阀头数/生产能力
封口机	F	封口尺寸/生产能力
裹包机	B	包装尺寸/生产能力
多功能包装机	D(可用多个字母组合表示)	主要功能的生产能力
贴标签机	T	尺寸/生产能力
清洗机	Q	生产能力
干燥机	Z	生产能力
杀菌机	S	生产能力
捆扎机	K	包装尺寸
集装机	J	规格/生产能力/按产品标准确定
辅助包装机	A(或根据机器名称第一个汉字确定)	规格/生产能力/按产品标准确定

包装容器制造机械产品的名称、类别代号和主要技术参数，如表 3-3 所示。

表 3-3 包装容器制造机械产品的名称、类别代号和主要技术参数

名 称	类 别 型 号	主要技术参数内容
制盖机	按型号编制要求的规定确定	规格/生产能力/按产品标准确定
制瓶机	按型号编制要求的规定确定	规格/生产能力/按产品标准确定
制罐机	按型号编制要求的规定确定	规格/生产能力/按产品标准确定

续表

名　称	类别型号	主要技术参数内容
制桶机	按型号编制要求的规定确定	规格/生产能力/按产品标准确定
制箱制盒机	按型号编制要求的规定确定	规格/生产能力/按产品标准确定
制袋机	按型号编制要求的规定确定	规格/生产能力/按产品标准确定

包装材料制造机械产品的名称、类型代号和主要技术参数,如表 3-4 所示。

表 3-4　包装材料制造机械产品的名称、类别代号和主要技术参数

名　称	类别型号	主要技术参数内容
制板材机	按型号编制要求的规定确定	规格/生产能力/按产品标准确定
制薄膜机	按型号编制要求的规定确定	规格/生产能力/按产品标准确定

五、包装机械的组成

包装机械属于自动机范畴,种类繁多,结构复杂,新型包装机械不断涌现,组成也不尽相同。通过对大量包装机械的工作原理和结构性能的分析,可综合出其组成的共同点。包装机械主要由动力系统、传动系统、执行机构和控制系统组成。为便于掌握和研究包装机械的工作原理和结构性能,通常将包装机械分成如下八个部分,也称为包装机械组成的八大要案,如图 3-2 所示。

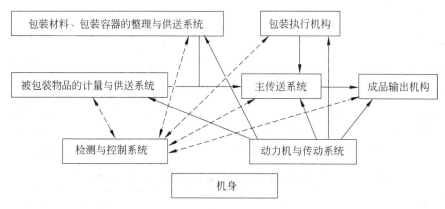

图 3-2　包装机械的组成框图

1. 包装材料、包装容器的整理与供送系统

该系统将包装材料(包括挠性、半刚性、刚性包装材料和包装容器及辅助物)进行定长

切断或整理排列,并逐个输送到预定工位。如糖果包装机中包装纸的供送、切断机构;有的机器在供送过程中还能完成制袋或包装容器的竖起、定型、定位等工作;有的封罐机的供送系统还可完成罐盖的定向、供送等工作。

2. 被包装物品的计量与供送系统

该系统将被包装物品进行计量、整理、排列,并输送到预定工位,有的还可完成被包装物品的定型与分割。如饮料灌装机的计量和液料供送系统;饼干包装机的饼干整理、排列和供送系统。

3. 主传送系统

该系统将包装材料和被包装物品由一个包装工位顺序传送到下一个包装工位。系统的运动有连续式和间歇式,单工位包装机没有传送系统。包装机的全部包装工序往往分散成几个工位来协同完成,所以必须有专门的机构来传送包装材料和被包装物品,直到完成包装把产品输出。主传送机构的形式,一般决定了包装机的形式并影响其外形。

4. 包装执行机构

包装执行机构是直接完成包装操作的机构,即完成裹包、灌装、封口、贴标、捆扎等操作的机构。如糖果裹包机的前推糖板、后接糖板、抄纸板、糖钳手和扭结手等所组成的机构就是包装执行机构,封罐机中的两道卷封滚轮也是包装执行机构。

5. 成品输出机构

成品输出机构把包装好的产品从包装机上卸下、定向排列并输出。有的包装机械的产品输出由主传送机构完成,或依靠包装产品的自重卸下。

6. 动力机与传动系统

动力机是机械工作的原动力,在包装机械中通常为电动机和空气压缩机。传动系统将动力机的动力与运动传递给执行机构和控制系统,使其实现预定动作,通常由带传动、齿轮、链轮、凸轮、涡轮涡杆等传动零件组成,或者由机、电、液、气等多种形式的传动组成。

7. 检测与控制系统

检测与控制系统由各种手动、自动装置组成。包装机动力的输出、传动系统的运转、包装执行机构的协调动作以及包装产品的输出,都由控制系统控制与操纵。也包括包装过程、包装质量、故障与安全的控制。

现代包装机械的控制方法包括机械控制、电控制、气动控制、光电控制、电子控制、射流控制、PLC 控制和智能控制等,可根据包装机械的自动化水平和生产要求进行选择。

8. 机身

机身用于安装、固定、支撑包装机所有的零部件,满足其相互运动和相互位置的要求。机身必须具有足够的强度、刚度和稳定性。

六、包装机械的特点

包装机械主要应用于食品、医药、化工及军事等多种行业,大多属于自动机械,既有一般自动机械的共性,也有自身特点。具有如下所述:

1. 种类繁多

由于包装对象、包装工艺的多样化,使包装机械在原理与结构上存在很大差异,即使是完成同样包装功能的机械,也可能具有不同的工作原理和结构。例如,颗粒药片包装可以采用热成型—充填—热封口包装机或对塑料瓶采用计数充填机和旋盖机等完成。

2. 更新换代快

由于包装机械不断地向高速化发展,机械零部件极易疲劳,并且随着社会的进步对包装机械的要求也越严格,为满足市场需求,包装机械应及时更新换代。

3. 电动机功率小

由于进行包装操作的工艺力一般都较小,所以电动机所需的功率也较小,单机一般为 0.2~20 kW。

4. 多功能性

包装机械不属于经常性消耗物品,是生产数量有限的专业机械,为提高生产效率、方便制造和维修、减少设备投资,目前包装机械大都具有通用性及多功能性。

第二节 常用包装机械

一、包装机械常用装置

(一)给料装置

包装加工过程中,须先将内装物送到机器的料仓中,再借助给料装置,将内装物送往计量装置计量后完成定量包装。物品的给料方式有重力式、振动输送式、带式输送式、螺旋输送式、链条输送式、泵送式、轮转式及辊道输送式等。

1. 重力给料装置

重力给料装置是一种简便的给料方式,位于包装机上部料仓中的内装物,在重力作用下即向低位流送,但在流送过程中应防止结拱与搭桥等堵塞现象。

2. 振动输送给料装置

振动输送给料装置是以振动输送机作为内装物的给料装置,它是运用振动技术,对松散颗粒内装物进行中、短距离输送而给料的。这种装置的优点是耗能少,能送高温物品,并可同时进行内装物的分选、定向、冷却或干燥多种作业,能防止尘土飞扬和杂物掺入;缺点是振动噪声大,输送物品有局限性。

3. 带式输送给料装置

带式输送给料装置是一种应用广泛的连续输送机,适用于输送散粒物品、块状物品及成件物品,其形式有单条输送带的输送机,多条输送带组合的输送机,串联或并列组合的输送机等。

4. 螺旋输送给料装置

螺旋输送给料装置是一种简单的连续式输送机,适用于输送松散状态的干燥物品,也适用于块状或成件物品。黏性大、温度高的物品不宜用螺旋输送机输送,因为容易造成阻塞而中断输送。

5. 链条输送给料装置

链条输送给料装置是用环形链条作为牵引构件的输送机械,环形链条在驱动装置驱动下连续运行,被输送物品由装在牵引链条上的附件推动或拖曳下前进。这种装置随牵引链条及其附件的不同而分为普通链条、滚轮链条、长链板链条、平板式链条、推板式链条和链条提升等多种输送给料装置。

6. 液态及黏稠性物料输送装置

输送各种液态或黏稠性物料均采用泵、管道及阀门等组成的管路系统。液体物料自储藏罐通过泵的抽吸加压,沿输送管道系统输送到包装机的储料箱中,而后再注入包装容器内。

7. 轮转式给料供料机

由料仓或料斗进行给料时,除利用重力作用给料外,有些情况还要使用回转式给料机。常见的有转鼓式和转盘式两种轮转式给料供料机。转鼓式给料机上口与料仓相连接,物品靠重力及其与转鼓表面的摩擦力,在转鼓转动时实现给料,咽道内装有调节闸,用以调节单位时间的给料量,适用于流动性好的松散粉粒物品给料;转盘给料机适用于干燥的流动好的松散细粒物品给料,在容积计量中得到应用。

8. 辊轴式输送装置

辊轴式输送装置又称输送辊道,它由辊子和机器构成,输送辊道按能承受的载荷大小可分为微型、轻型、中型、重型、特重型五种,可对物品作水平或倾斜输送。结构上有单排滚道和多排滚道之分。

(二)计量装置

物品定量包装时,必须根据内装物的不同而采用相适应的计量装置。

1. 计量装置

容积计量法是根据一定体积内的松散状态粉粒物品,为某个定量值这一基本原理进行计量的。常用的容积计量装置有量杯计量、转鼓计量、螺杆计量、膛腔式计量等装置。

2. 称量装置

称量装置是指用平衡器对包装物品进行计量的装置。在包装机械中常用它进行粉末、细颗粒及不规则的小块等松散物品的包装定量。

3. 连续称量等分截取计量装置

这种装置由称量检测装置(电子秤)、电子调节系统、物品截送装置、供料及其控制系统、等分截取装置等部分组成。适用于松散、散堆密度不稳定,且允许波动幅度较大又无一定规律的物品进行计量包装。

4. 规则形体物品的包装计量

规则形体的物品包括香皂、糖果、书籍等,由于其形体与量值的均一性好,给包装计量带来很大方便。

5. 液体物料的包装计量装置

液体物料有纯液体、液汁、溶液或乳浊液等,与松散态的细粉粒物品比较,液体物料具有流动性好、密度比较稳定等特性,其包装计量要比松散态细粉粒物品容易。常采用液位控制定位法、计量杯定量法和定量泵定量法等来进行包装计量。

(三)包装容器与包装材料的供给装置

包装时,物品经定量装置计量后,即装、填入包装容器中或送到裹包材料片上,由包装机完成作业。包装容器或裹包材料可以采用手工供给或自动供给方式进行,包装容器或裹包材料的自动供给采用专门的自动供给装置系统来实现。

1. 刚性包装容器的供给装置

刚性包装容器是用金属薄板、玻璃、陶瓷及塑料等制造的容器。其特点是具有特定的结构形体、刚性强、稳定性好、质地致密、质量较大等,其容器类型有瓶、罐、筒、盒等。

刚性包装容器的供给装置系统通常由容器输送装置、定距分隔装置及传送装置等组成。容器输送装置承接包装生产线上送来的容器,向自动包装机运送,经定距分隔装置将包装容器分隔开并使之定距排列,再由传送装置把容器依次定时地转送到包装机的装料工作台上。

2. 袋类包装容器的供给装置

袋类包装容器是一种应用广泛的包装容器,大多用纸、塑料薄膜、复合材料或纤维织物等制成。它具有包装适应性好、成本低、原材料丰富、废弃包装易于处理等特点。包装袋结构形式有扁平袋、中式信封袋、枕式袋、圆柱形袋、方柱形袋等。

3. 单页包装材料的供给装置

有些物品常采用裹包方式包装。裹包用的包装材料一般为单页材料,也有卷盘材料。包装生产中除了直接用来裹包的单页材料外,还有商标、标签、封签等也常为单页式。这些单页包装材料在完成其前期加工后,都按规定的尺寸裁切,经整理成叠后才供包装机使用。

4. 卷盘式包装材料的供给装置

卷盘式包装材料的应用日益广泛,常用的有纸卷、玻璃纸卷、塑料薄膜及复合材料等。卷盘包装材料在包装生产中缩短了辅助工作时间,减少了包装工时,提高了生产率,降低了包装成本,从而使包装质量得到提高。

卷盘式包装材料的供给装置从结构上包括:卷盘包装材料的支承装置、引导装置、牵引输送装置及裁切装置等。对于用作外包装或对位置有严格要求的,还必须有定位检测装置和自动控制装置。

5. 纸盒和纸箱的供给装置

在包装生产中,一般纸盒作为内包装容器,纸箱则作为外包装容器。

纸盒的制备大多用印有商标及说明图文的薄纸板,经压制折印,裁切而成盒坯,供制盒机或直接供包装机制成包装盒。

纸箱的制备是用瓦楞纸板经印刷、压制折印、切坯成箱后再经折合备用的。

(四) 充填或灌装装置

内装物的充填或灌装是指将经计量装置定量好的物品,引导充填或灌装到包装容器中的装料作业过程。

1. 松散物品的充填和灌装装置

松散物品主要是指粉末状、非规则形体的细颗粒、小块状物品以及液态物料等。其充填或灌装方式有重力式、真空式、等压式和强制加压式等。

重力式充填或灌装是包装中应用广泛的方式,如液体、粉末、颗粒、固体块状物等的包装均得到了应用。重力式充填或灌装的控制装置将物品自储料箱或计量装置中在重力作用下排出,经导管或装填漏斗的引导而装填进包装容器中。

真空自动充填或灌装是在自动包装机的充填或灌装系统中,设置机械真空装置。借助真空装置的作用使包装装载容器在进行流体物料的充填或灌料时间内,保持一定程度的真空,在储料箱与待装料容器内之间存在的压强差作用下,促使流体物料自储料箱通过阀门而灌装到容器中。

等压式充填或灌装是指含有溶解气体的饮料食品充填和灌装时,必须先建立储液箱和装料瓶之间的等压,使之相应于饮料中气体溶解的饱和压力,然后再进行装料灌注。

对牙膏、香脂、果酱等黏稠度高、流动性差的膏状物料,必须采取强制的方法,即施加机械压力进行充填或灌装,称为强制加压式充填或灌装。

2. 装箱包装的装填装置

装箱包装是对经过初次包装及中间包装后的物品进行再次包装,将它们按规定的要求装入包装箱中作为大包装的包装过程。目的在于储运保管的方便和保护物品。

装箱时,内装物的组合视其原包装特性及包装的要求而定。由于内装物的多式多样,初次包装容器的性能以及装箱时排列组合的不同,因而装箱的方式就多样化,一般而言有重力装填法、机械推送装填法和机械手装填法等几种方式。

(五)包装件的封口装置

此类装置随封口方法的不同而异,主要分类如下。

1. 刚性容器的封口装置

刚性容器的封口装置系统包括:盖或塞等封口元件的供给装置;装载了包装物品的罐、瓶、盒的输送装置;将盖、塞等封口元件加在瓶、罐、盒上以及实现封口连接的装置等。

2. 袋类容器的包装封口装置

袋类容器的封口方式和装置与容器材质直接相关。例如,纸质材料必须用黏接材料或其他材料来实施封接;塑料及有塑料膜层的复合材料制造的袋类,一般采用热熔封接方式进行直接封口,也可以用黏接材料或机械性封接方法实施封口的封接。

3. 裹包机械装置

裹包包装是一种常见的软性包装方式,能适应包装的物品范围很广。裹包用的柔性材料品种较多。裹包机械装置由折叠器具和折叠执行机械所组成,有多种多样的结构形态,常见的有底部裹包接缝,两端作折叠包封的裹包装置;冲模式折叠裹包装置;折叠成包装盒式裹包装置;卷包式裹包装置;扭接式裹包装置;等等。

4. 包装盒的封口装置

包装盒结构有多种。例如,盒盖、盒体分为两件的金属盒;封舌式的纸盒;以热成型或包装过程中成型的塑料盒;等等。

盒的材质与结构不同,封口方式与装置则各异。金属盒封口有扣盖式和旋盖式;热熔性塑料及其复合材料膜片以热成型法制成的盒体与盒盖,可采用扣压盖机械封口或热熔接封口。

5. 包装箱的封箱装置

包装箱是一种对物品已经进行了各种形式的包装后,再做集合排列包装的外包装容器。包装箱类型品种繁多,有各种木箱、铁皮箱及纸板箱等。现代包装箱中以纸板箱的应用居首位,其中以瓦楞纸板箱的用量为最多。

各种包装箱的封箱方式差别很大,木包装箱用钉及金属制件进行封箱;瓦楞纸箱主要应用黏接封箱和捆扎封箱,在纸箱内装入内装物之后,先折合封盖,再进行封箱连接作业。

（六）转位和定位机械装置

1. 转位机械

转位机械多采用周期脉动方式进行,周期脉动式多工位自动包装机的转位传送是按照包装加工工艺要求,实现转位—停止—转位—停止的周期脉动规则运动。

实现这种运动的转位机械是步进式运动机构,其运动规则应合乎自动包装和转位运动的需要。能实现周期转位的步进运动机构有：转轮式转位机构、摩擦自锁式转位机构、连杆式转位机构、槽轮转位机构、凸轮式转位机构、不完整齿轮及星形轮转位机构等。

2. 定位机构

定位机构也是多采用周期脉动方式进行,其中使用最多的是周期脉动式多工位自动工作机,大多数的加工是在工作台转位后的停息时间进行的。

为保证工作机构对被加工物品顺利进行加工,要求工作台转位后,应准确停在要求位置上,并要求在加工物品受到工作机构的加工力作用时,仍能保持在准确位置上。对定位机构设置的要求,首先是定位准确、可靠,确保工作台转位后停在所需位置上。

二、主要包装机械

（一）充填机

将物品按预订量充填到包装容器内的机器称为充填机,如图 3-3 所示。充填液体物品的机器称为灌装机。

1. 容积式充填机

将物品按预定容量充填到包装容器内的机器称为容积式充填机。适合于固体粉料或稠状物体充填的容积式充填机有量杯式、螺旋式、气流式、柱塞式、计量泵式、插管式和定时式等多种。

2. 称量式充填机

将物品按预定质量充填至包装容器内的机器称为称量式充填机,如图 3-4 所示。充填过程中,事先称出预定质量的物品,然后充填到包装容器内。对于易结块或黏滞的物品如红糖等,可采用在充填过程中物品连同包装容器一起称量的毛重式充填机。

3. 计数充填机

将物品按预定数目充填至包装容器内的机器称为计数充填机,如图 3-5 所示。按其计数方法不同,有单件计数与多件计数两类。

图 3-3　多功能容积式充填机　　图 3-4　粉料称量式充填机　　图 3-5　履带式计数充填机

(二) 封口机

封口机是指将盛有物品的包装容器封口的机器。

1. 热压封口机

用热封合的方法封闭包装容器的机器称为热压封口机,如图 3-6 所示。封口时被封接面被热板压在一起,待被封接材料在封接温度下充分黏着后,卸压冷却而完成封口操作。这种封口方法主要用于复合膜和塑料杯等。

2. 带封口材料的封口机

这种封口机的封口不是通过加热,而是通过加载使封口材料变形或变位来实现封闭的。常见的有压纹封口机、牙膏管封口的折叠式封口机、广口玻璃瓶的滚压封口机等,如图 3-7 所示等。

图 3-6　热压封口机　　　　图 3-7　半自动锁盖机

3. 带封口辅助材料的封口机

这种封口机是采用各种封口辅助材料来完成包装容器的封口。常见的有缝合机（图 3-8）、订书机、胶带封口和黏结封口等。

（三）裹包机

裹包机是用挠性包装材料完成全部或局部裹包物品的机器。裹包机有覆盖式、折叠式、接缝式、扭结式、底部折叠式、枕式、半裹式、托盘套筒式和缠绕式等。

1. 折叠式裹包机

用挠性包装材料裹包物品，并将末端伸出的裹包材料折叠封闭的机器称折叠式裹包机，如图 3-9 所示。

图 3-8　GK35-8 型双机针封口缝纫机

2. 扭结式裹包机

扭结式裹包机是将末端伸出的无反弹性的柔性包装材料进行扭结封闭，主要用于糖果的裹包，如图 3-10 所示。

图 3-9　折叠式裹包机

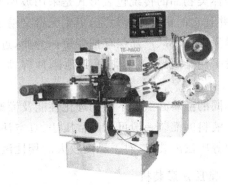

图 3-10　糖果双扭结式裹包机

3. 收缩包装机

将物品用具有热缩性的薄膜裹包后，再进行加热使薄膜收缩裹紧物品的机器称收缩包装机，如图 3-11 所示。它具有适用性广、包装性能好、生产效率高等特点，便于自动化生产。

4. 拉伸裹包机

拉伸裹包机如图 3-12 所示，其是使用拉伸薄膜，在一定作用力下裹包物品。用于将堆集在托盘或浅盘上的物品连同托盘或浅盘一起裹包。它具有热收缩裹包机的特点，不用加热,节省能源。

图 3-11　收缩包装机

图 3-12　拉伸裹包机

（四）灌装机

液体类物品的传统包装形式是采用玻璃瓶进行灌装,这不仅因为玻璃瓶的原料来源丰富,并且它的化学性能稳定,卫生无毒又易于清洗,便于多次循环使用,但它的主要缺点是重量大、易破碎、产品保存期较短。为此,近来除发展降低玻璃瓶重容比的轻量瓶外,还在开发采用金属罐、塑料瓶等其他刚性容器。采用刚性容器包装液料的机械一般为灌装机。

不同的液料必然有不同的理化性能及灌装工艺要求,故应有不同的灌装方法。对于不含气液料的灌装一般可选用常压法、真空法、虹吸法等类型的罐装机,对于含气液料一般选用等压法灌装机,对于黏度较大的稠性液料,一般选用压力法灌装机。

1. 常压法灌装机

在常压下,直接依靠被灌液料的自重流进包装容器内。这种方法的灌装机主要是用于灌装低黏度的不含气液料,如牛奶、白酒、酱油、酸醋、药水等。

2. 真空法灌装机

在低于大气压的条件下进行灌装,可有两种方法：一种是差压真空式,即储液箱内处于常压,只对包装容器抽气使之形成真空,液料依靠储液箱与待灌容器间的压差作用产生流动而完成灌装；另一种是重力真空式,即储液箱内处于真空,对包装容器首先抽气使之亦形成真空,随后液料依靠自重流进包装容器内。国内常采用前一种方式,后一种因结构复杂较少采用。

真空法灌装机应用面较广,它既适用于灌装黏度稍大的液料,如油类、糖浆等；又适用于灌装含维生素的液料,如蔬菜汁、果汁等,瓶内形成真空就意味着减少了维生素与空气的接触,延长了产品的保存期;真空法灌装机还适应于灌装有毒的液料,如农药等,以便减少毒性气体的外溢,改善操作工人的劳动条件。

3. 虹吸法灌装机

利用虹吸原理进行灌装。液料由储液箱经虹吸管流进包装容器内,直至容器内液面与储液箱内液面相平为止,只需设法维持虹吸管内能始终充满液料,就可保证灌装的正常进行。

虹吸法灌装机较之常压法可增加灌装的稳定性,较之真空法可减少被灌液料香味的损失,如用于高级葡萄酒的灌装。但这种方法的灌装机其定量精度取决于储液箱内液面的恒定,而这往往易受到供料系统各种因素的影响,故而限制了它的推广使用。

4. 等压法灌装机

在高于大气压的条件下,首先对包装容器充气,使之形成与储液箱内相等的气压,然后再依靠被灌液料的自重流进包装容器内。

等压法灌装机用于含气饮料,如啤酒、汽水等,采用等压灌装可以减少这类产品中所含二氧化碳气体的损失,防止灌装过程中过量起泡影响产品质量和定量精度。

5. 压力法灌装机

利用机械压力或气压将被灌液料挤入包装容器内;这种方法的灌装机主要用于黏度较大的稠性液料,如靠活塞压力灌装番茄酱、肉糜、牙膏、香脂等。有时也可用于汽水一类软饮料的灌装,这时靠汽水本身的气压直接灌入未经充气等压的瓶内,形成的泡沫随后经排气阀放出,灌液。排气间隔进行数次后完成灌装,当然,这样液料内二氧化碳损失较大,灌装质量势必也受到一定影响。

三、多功能包装机

多功能包装机是指在一台整机上可以完成两个或两个以上包装工序的机器。实现一机多用是现代包装机的发展趋势。

(一)筒装成型—充填—封口机

这种包装机是将片状包装材料经折叠制成筒形袋,然后进行充填和封口的机器。

1. 立式制袋充填包装机

立式制袋充填包装机如图 3-13 所示,其特点是被包装物料的供应筒设置在制袋器内侧,适用于松散体、胶体或液体的包装。被包装物料的流动性、密度、颗粒度、形态等物性,对包装的速度与质量均有很大影响。

2. 卧式制袋充填包装机

卧式制袋充填包装机如图 3-14 所示,此类包装机的制袋与充填都沿水平方向进行。可包装各种形状的固态或颗粒状物料,如点心、面包、药品、香肠、玻璃制品、小五金、日用品、化工产品等,包装尺寸可在很宽的范围内调节,包装速度可达 500 袋/分。

图 3-13　立式制袋充填包装机

图 3-14　卧式制袋充填包装机

(二) 四边封口式制袋装置

这种装置的制袋过程是由两卷薄膜经导辊引至双边纵封辊进行纵封,物料由纵封辊凹形缺口之间装入,横封器与切断刀连续回转,完成四边封口操作。

(三) 真空或充气填装机

在包装容器内盛装物品后抽出容器内部空气,达到预定真空度,并完成封口工序的机器称真空包装机。容器盛装物品后,用氮、二氧化碳等气体置换容器中的空气,并完成封口的机器称充气包装机,如图 3-15 所示。它们主要用于包装易氧化、霉变或受潮变质的物品,如延长食品包装的有效期、防止精密零件或仪器生锈等。

图 3-15　真空或充气填装机

(四) 热成型—充填—封口机

这种包装机采用热塑性片状材料,在加热条件下进行深冲成型为包装容器,然后进行充填,用纸、铝箔、复合材料等片状材料,靠黏结剂与容器边缘进行热压封口。

这种包装机是为包装药片或胶囊而设计的。服药时挤压小泡,药片便可冲破铝箔而出,故称为发泡或压出式包装。这种包装具有质量小、运输方便、密封性能好、能包装任何异型品、外形美观、便于销售、方便使用、装箱不再用缓冲材料等优点。

四、辅助包装机械

（一）集装机

集装机将物品或包装件形成集合包装的机器。集装机主要是为运输包装服务的，其作用是将若干个包装件或物品包装在一起，形成一个合适的搬运单元或销售单元。

1. 结扎机

结扎机是指使用线、绳等结扎材料，在一定作用力下缠绕物品或包装件一圈或多圈，并将两端打结连接的机器，如图 3-16 所示，主要适用于小件包装。

2. 捆扎机

捆扎是把松散的物品或数个包装物用绳、带等捆紧扎车以便保管、运输和装卸的一种包装作业。它和封箱一样，是外包装的最后一个环节。捆扎机是用来完成捆扎作业的机器，如图 3-17 所示。它适用于瓦楞纸箱等较重的包装捆扎集束。

3. 堆码机

堆码机是指将预定数量的包装件或物品，按一定规则进行堆积的机器，如图 3-18 所示。瓦楞纸箱、塑料箱、各种袋等包装，一般是堆码在木托盘上，便于运输储存，是一种方便的包装形式。

图 3-16　卧式自动结扎机

图 3-17　侧式半自动捆扎机

图 3-18　自动堆码机

4. 集装件拆卸机

集装件拆卸机是指将集合包装件拆开、卸下、分离等的机器。

（二）清洗机

采用不同的方法清洗包装容器、包装材料、包装辅助材料、包装件，达到预期清洁度的机器称为清洗机。

1. 干式清洗机

这种机器使用气体清洗剂，以压力或抽吸法清除不良物质。

2. 湿式清洗机

这种清洗机使用液体清洗剂以消除不良物质。

3. 机械清洗机

这种清洗机是借助工具（如刷子）或固体清洗剂以清除不良物质。过去多用毛刷，近来多用尼龙刷，常与浸泡相结合。

4. 其他清洗机

在特殊情况下，还有采用电离分解或通过超声波产生机械振动清除不良物质的清洗机。

（三）干燥机

干燥机是指用不同的干燥方法，减少包装容器、包装辅助物以及包装件上的水分，达到预期干燥程度的机器。常见的有：通过加热和冷却，以除去水分的热式干燥机；通过离心分离、振动、压榨、擦净等机械方法达到干燥的机械干燥机；通过化学物理作用来干燥物品的化学干燥机。

（四）杀菌消毒机

消毒机是指清除物品、包装容器、包装辅助物、包装件上的微生物，使其降低到允许范围内的机器。无菌包装由于不必冷冻储存、冷藏运输与销售，可以大量节省包装费用与能源。消毒机常常作为多功能包装机的一个组成部分，完成消毒的作用。

杀菌机常用的有热杀菌机、超声波杀菌机、电离杀菌机、化学杀菌机等。

（五）贴标机

贴标机是在包装件或物品上加上标签的机器。贴标机应用较广，品种繁多，主要与所用的标签材料和黏合剂有关。

1. 黏合贴标机

将涂有湿敏黏结剂的标签贴在包装件或物品上的机器，如图 3-19 所示。

2. 热压和热敏黏合贴标机

这种贴标机所用的标签背面涂有一种乳合剂，它只在加热的条件才起黏合作用。

图 3-19　黏合贴标机

3. 压敏黏合贴标机

这种贴标机所用的标签背面已涂好能立即黏合的黏结剂,但是被处理网保护着,通过加压达到黏合目的,如图 3-20 所示。

4. 收缩筒形贴标机

这种贴标机是用热收缩或弹性收缩的方法,将筒形标签贴放在包装件或物品上的机器,如图 3-21 所示。

图 3-20　压敏黏合贴标机　　　　　图 3-21　收缩筒形贴标机

第三节　包装印刷机械

包装印刷机械是用于生产包装印刷品的机器、设备的总称,它是现代包装印刷中不可缺少的设备。随着现代科技的发展,包装印刷机械发展非常迅速,其控制精度越来越高,运行速度越来越快,自动化程度也越来越高。

包装印刷机械的种类繁多,按其不同的特点,有不同的分类方式。

按印版的结构不同,包装印刷机有凸版印刷机、平版印刷机、凹版印刷机、孔版印刷机和其他特种印刷机等。

按其自身的结构、印刷幅面、印刷纸张的形式、印刷色数、印刷面、印刷方式等不同,包装印刷机有单面四色四开胶印机、双面八色轮转胶印机、高速八色轮转凹印机等。

一、包装印刷机的基本组成

虽然包装印刷机种类繁多,特性也各不相同,但它们的基本结构组成是相同的,即都是由输纸装置、印刷装置、干燥装置、收纸装置等构成的。

(一)输纸装置

输纸装置是将待印刷的承印物传输给印刷装置的设备,现代印刷机都采用自动输纸方式。单张纸印刷机和卷筒纸印刷机的输纸装置采用不同的工作方式。

1. 单张纸印刷机的输纸装置

单张纸印刷机的自动输纸装置有摩擦式和气动式两种输纸方式。现在主要采用气动输纸方式,即利用气泵先由吹气嘴把压缩空气吹入纸堆上面的几张纸之间,再由吸纸嘴把纸堆表面的纸张吸起与纸堆分离,送纸吸嘴向前移动输出纸张,纸张再经过输纸板送到规矩装置进行定位。

2. 卷筒纸印刷机的输纸装置

卷筒纸印刷机传输的是纸带,其输纸装置上一般装有 1～3 个卷筒纸,印刷时输纸装置将纸带输出,经传纸辊送入印刷装置。

(二) 印刷装置

印刷机的印刷装置包括装版部分、上墨部分、印刷部分及其他附属装置部分。

1. 装版部分

装版部分是印刷机中承载印版的装置。印版的材料不同,装版部分对印版的承载方式也不同。

2. 上墨部分

上墨部分在上墨时将油墨从墨斗中输出,并均匀地涂布在印版表面。

3. 印刷部分

印刷部分就是通过一定的压力将印版上的图文转移到承印物上,其基本结构和工作方式随印刷方法的不同而不同。

4. 其他附属装置部分

在胶印过程中,版面保持适当的水分是印刷能否正常进行的关键。

此外,在印刷装置中还应有规矩部件,卷筒纸轮转印刷机上还配有折页机、纸带减震器等。

(三) 干燥装置

为防止印刷过程中,印刷品背面蹭脏和保证油墨的良好转移,印刷到纸张上的油墨应尽快干燥,所以现代印刷机中都配备有各种干燥装置,而且随着现代印刷速度的不断提高,对干燥速度的要求也越来越高。

在轮转印刷中,一般采用热风干燥方式,因为轮转印刷使用热固性油墨,它含有大量溶剂,利用煤气火焰或热风能使油墨瞬时干燥,还有采用红外线或紫外线的干燥方式,使油墨迅速凝固干燥。

(四) 收纸装置

收纸装置用于将印刷、干燥后的印刷品堆放整齐，它主要由收纸台和自动理纸装置构成，收纸台可自动下降，以保持纸堆的高度；自动理纸装置则使纸张整齐地堆放在收纸台上。卷筒纸印刷机印刷后的印刷品还需进行裁切和折页处理。

二、凸版印刷机

凸版印刷机的印刷方式是直接印刷，即印刷时印版上的图文直接转印到承印物上的印刷方式。凸版印刷机按压印形式不同分为平压平型凸版印刷机、圆压平型凸版印刷机和圆压圆型凸版印刷机等类型。

（一）平压平型凸版印刷机

平压平型凸版印刷机是压印机构和装版机构均呈平面型的印刷机，印版装在版盘上，印刷时，压盘和印版全面接触并施加压力。压盘的下面有一中心压盘自由开闭，初开时输纸、闭时印刷、再开时收纸、输纸连续动作完成长吹印刷。

平压平型凸版印刷机的刷墨装置比较优良，又采用直接印刷的方法，所以印品质量好，压力均匀，墨层厚实，色彩鲜艳。但印刷时需要施加较大压力，且印刷速度很慢，只适宜印刷幅面较小的印刷品。例如，印刷封面、插图和各种彩色图片、香烟盒、物品样本等。

（二）圆压平型凸版印刷机

圆压平型凸版印刷机是压印机构呈圆形，装版机构呈平面型的凸版印刷机。印刷时压印滚筒的圆周速度与版台的平移速度相等，压印滚筒叼纸牙咬住纸张并带着旋转，当压印滚筒与印版呈线接触时加压，完成印刷，版台往复一次，完成一个印刷过程。

根据版台和压印滚筒的运动形式不同，圆压平型凸版印刷机又分为停回转式、一回转式、二回转式等多种形式。

1. 停回转式印刷机

印刷机的印版装于版台上作往复平移运动，在印刷过程中，版台前进时，压印滚筒旋转，完成印刷；版台返回时，压印滚筒抬起，停止转动，并进行收纸、给纸、着墨。

停回转式印刷机按输纸和收纸方式的不同又分为平台式凸印机和高台式凸印机。平台式凸印机的基本结构如图 3-22 所示，从压印滚筒的上侧或下侧给纸，而在给纸台的对面设置收纸台。高台式凸印机的基本结构和平台式凸印机相同，但从压印滚筒的上侧给纸，而在给纸台的下侧设置收纸台。

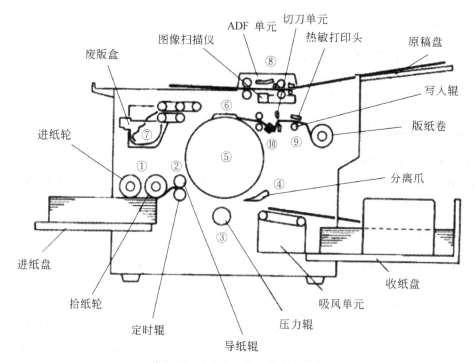

图 3-22 平台式凸印机的基本结构

2. 一回转式印刷机

一回转式印刷机的基本结构如图 3-23 所示,在印刷过程中,版台往复运动一次,压印滚筒旋转一周。

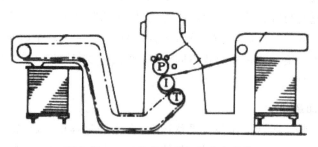

图 3-23 一回转式印刷机的基本结构

3. 二回转式印刷机

二回转式印刷机的基本结构如图 3-24 所示,版台前进时,压印滚筒旋转一周;版台在返回行程时,压印滚筒抬起,并继续旋转一周,即印版往复一次,压印滚筒旋转两周。

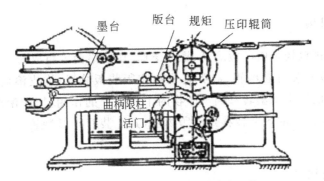

图 3-24　二回转式印刷机的基本结构

(三)圆压圆型凸版印刷机

圆压圆型凸版印刷机的压印机构和装版机构均呈圆筒形,压印滚筒上的叼纸牙咬住纸,当印版滚筒与压印滚筒滚压时,印版上的图文便转移到纸张上。圆压圆型凸版印刷机亦称为轮转印刷机,主要用于报纸、杂志、书籍的印刷。

三、平版印刷机

现代平版印刷多采用胶印方式,胶印机的种类很多,一般按纸张幅面、印刷色数、承印物的形状、滚筒排列方式、压印方式等形式分为不同的类型。但它们的基本结构组成是相同的,下面是胶印机的基本结构形式,如图 3-25 所示,由以下五大部分组成。

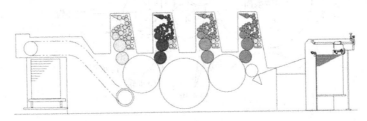

图 3-25　胶印机的基本结构

(一)给纸机构

胶印机的给纸机构由存纸和送纸装置组成。就单张纸胶印机而言,存纸的纸台可以自动升降,印刷输纸时,纸张通过纸张分离机构分离,并传送到输纸台(送纸机构),输纸台上还有自动控制装置和套准装置,以控制输纸的错误、歪斜等。

(二)印刷机构

胶印机的印刷机构是由印版滚筒、橡皮滚筒、压印滚筒等组成的。印版滚筒上安装印版,在它的周围安装有着墨辊、润版装置和印版装版装置;橡皮滚筒上包卷有橡皮,它起着将印版上的图文油墨转移到承印物的中间媒介的作用;压印滚筒通过与橡皮滚筒接触,将橡皮滚筒上的图文转移到承印物上,其上装有咬纸装置,它将印完的纸送到收纸板上。

(三)供墨机构

胶印机的供墨机构是由墨斗、墨量调节螺丝、出墨量调整板、墨斗辊、传墨辊、匀墨辊、压辊、串墨辊、靠版辊等构成的。在开印前,先由传墨辊与墨斗辊接触,使传墨辊上的墨层符合要求,当印版被润湿液充分润湿后,再使着墨辊(即靠版辊)与印版接触上墨,当停印时,传墨辊与墨斗辊停止接触,着墨辊与印版脱开。

(四)润湿机构

胶印机的润湿机构如图3-26所示,是由水斗、水斗辊、传水辊、串水辊、着水辊等组成的,主要起着将水均匀地传递到印版上,使印版均匀地润湿的作用。

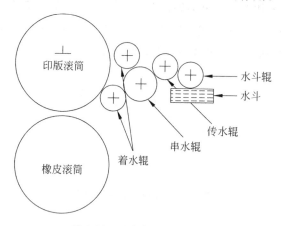

图3-26 胶印机的润湿机构

(五)收纸机构

胶印机的收纸机构由收纸链条、收纸板等组成,链条上的咬纸牙将印好的成品从压印滚筒的咬纸牙上接出,通过链条传动到收纸板上。

四、凹版印刷机

凹版印刷机种类也很繁多,但基本结构组成是相同的,都由输纸部分、着墨部分、印刷部分、干燥部分、收纸部分组成,其中输纸部分和收纸部分与胶印机类似。

(一)着墨装置

凹版印刷机的着墨装置由输墨装置和刮墨装置组成,输墨装置有直接供墨式、间接供墨式和循环供墨式等。

1. 直接供墨式

直接供墨式中印版滚筒的 $1/4 \sim 1/3$ 浸在墨槽中,当版辊旋转时完成油墨的涂布,依靠刮墨刀把印版上多余油墨刮去,承印材料从压印滚筒和印版滚筒之间传输,完成油墨的转移。

2. 间接供墨式

间接供墨式中印版滚筒由浸在墨槽中的橡胶辊供墨,传递的墨量较难控制,印品容易出现色差。

3. 循环供墨式

现代凹版印刷机的供墨系统主要使用循环供墨方式。工作时,油墨循环装置中的墨泵将储墨箱中油墨吸出,通过喷射口将油墨直接喷射在印版滚筒上,刮墨刀刮去图文以外的油墨,当墨槽中的油墨超过一定量后通过排墨口经滤网回到储墨箱中去,这个过程是封闭循环进行的。储墨箱上装有油墨黏度自动控制器,来保证油墨的黏度在印刷过程中保持相对稳定。刮墨装置由刀架、刮墨刀片和压板等组成。

(二)印刷装置

凹版印刷机的印刷装置由印版滚筒和压印滚筒组成,印版滚筒通过表面凹下的网穴来传递油墨到承印物表面,压印滚筒的作用是压迫承印材料紧贴于印版滚筒表面上,使网穴中的油墨吸附到承印材料上形成图文。

(三)干燥装置

凹版印刷机中的干燥装置,常见有红外线干燥、电热干燥和蒸汽干燥等。在机组式凹版印刷机机组间、最后一色与收卷装置之间均设有干燥装置,分别称为色间干燥装置和顶桥干燥装置。色间干燥装置的作用是保证承印材料进入下一印刷色组前,前色油墨可形成固状;顶桥干燥装置的作用是保证承印材料在复卷或分切堆叠前,所印色墨完全干燥,以免产生黏连。

五、丝网印刷机

丝网印刷机是用丝网印版施印的孔版印刷机器。

(一) 丝网印刷机的特点

丝网印刷机品种繁多,分类方式各不相同,下面介绍几种主要丝网印刷机的特点。

1. 平面丝网印刷机

平面丝网印刷机是采用平面型网版的丝网印刷机。这种丝网印刷机的承印物为单张平面型,如各类纸张、纸板、塑料薄膜、丝网金属板、织物等,是最常用的机型。

2. 圆网型丝网印刷机

圆网型丝网印刷机是采用圆筒形金属网版的丝网印刷机。刮墨板固定在圆网内,通过自动上墨装置从网内上墨。印刷时,承印物作水平移动,圆网做旋转运动,圆网的转动和卷筒承印物的移动是同步的。

刮墨板将墨从印版蚀空的部分刮出转印到承印物上,形成印刷品。圆网型丝网印刷机可实现连续印刷。

3. 曲面丝网印刷机

曲面丝网印刷机适用于印刷各种承印物材料,如圆柱或圆锥形的金属、塑料、玻璃、陶瓷的容器或其他成型的物体,印版为平面型,刮墨板固定在印版的上方。印刷时,承印物与印版作同步移动,承印物的转动一般是通过旋转滚轴来完成的。

(二) 丝网印刷机的构成

丝网印刷的特点决定了一般丝网印刷机的结构比普通印刷机要简单,速度也要低得多。丝网印刷机主要是由给料部分、印刷部分、干燥部分、收料部分和动力部分等组成的。

1. 给料、收料部分

丝网印刷机的给料、收料部分与常规印刷机的给料、收料部分基本相似,承印材料通过滚筒传动或手工实现给料和收料,特殊的丝网印刷机还可以输送立体承印材料。

2. 印刷部分

印刷部分是丝网印刷机的主体,主要是由网版、刮墨刀和支承装置所组成的。

网版有平网、圆网和异型网多种形式,印版可以通过夹持器与网版固定,并有前后、左右和高度的调整装置,以保证丝网印版与承印件之间的印刷精度。

刮墨刀是丝网印刷机将网版上的油墨传递到承印物上的主要工具。

支承装置为固定承印物用,有平网式、圆网式和座式等,其高度可以调整,并有定位装置和真空吸附设施,以保证彩色套印精度。

3. 干燥部分

丝网印刷的墨层比较厚,干燥很慢,因此油墨的干燥问题是比较突出的。

单色丝网印刷机的干燥装置一般采用晾架或烘箱即可,而自动丝网印刷生产线,由于生产速度很快,就必须配备相应的干燥装置。

对常规丝网印刷油墨的印刷,可采用远红外线热风管烘干,对紫外线固化油墨的丝网印刷,则应采用紫外线固化烘干装置。

4. 动力部分

动力部分是负责全机的传动,其主要由电动机、电气控制装置以及滚筒、皮带、链条、齿轮、凸轮和涡轮涡杆等装置组成的。

六、苯胺印刷机

苯胺印刷是利用雕刻橡胶凸版和快干液体苯胺油墨或相应的油墨进行印刷的一种轮转凸版印刷方法。苯胺印刷对印材的适应范围很广,能对平印或凹印不能进行印刷的粗糙的吸水性强的材料进行印刷;能在柔软光滑的玻璃纸、铝箔和一些塑料薄膜表面进行印刷;还应用于印刷包装水泥、肥料、水果及糕点用复合材料包装袋的卷材。总之,苯胺印刷是包装印刷中的一种重要印刷方法。

苯胺印刷用印版有雕刻橡胶版和其他胶质版。雕刻橡胶版是将需印刷的图文雕刻成橡皮凸版,再用双面黏胶纸粘贴到轮转机印刷滚筒表面上,徐墨、施压、印刷。胶质印版是用凸版型原版制作出热固性酚醛树脂模版,再用橡胶经硫化、压制成胶质印版,也可用感光树脂模版。

苯胺印刷机采用卷筒材料印刷,其主要由开卷、印刷、干燥和复卷四大部分及其有关装置组成。

1. 开卷部分

开卷部分是苯胺印刷机承印材料的输供部分,主要由卷筒材料的支承装置、张力调节控制装置、输导装置等组成。其作用是使卷筒松展成带,保持一定张力,能足以消除承印材料带上的皱纹,又能防止过度松展。

2. 印刷部分

印刷部分由若干组单色印机组成,各机组都有自己的供墨装置、印版滚筒和压印滚筒(也可共用),如图3-27所示。苯胺印刷采用快干性液体油墨,供墨路线短,墨槽中油墨由墨斗辊直接通过墨辊向印版供墨,不设匀墨辊,但设刮刀控制给墨量。

3. 干燥部分

苯胺印刷机速度快,为使多色印刷中各色间不产生混杂、污染以及复卷到收纸辊不使

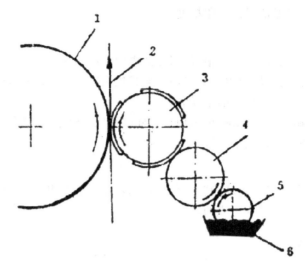

图 3-27 苯胺印刷机的印刷部分示意图
1—压印滚筒；2—承印材料；3—印版滚筒；4—着墨辊；5—墨斗辊；6—墨槽

印品发生沾污,设置干燥器来促使油墨得到干固;干燥器有色间干燥器和后干燥器两种。色间干燥器在机组之间使前色印墨迅速干固,以便进行新的叠色套印;后干燥器在完成各色印刷后,于复卷前对印品实施干燥。

4. 复卷部分

复卷部分是苯胺印刷机的印品收卷部分,主要由回转复卷轴和卷取用纸芯筒等组成。卷取用纸芯筒由定心卡具安装固定在回转复卷轴上,印品复卷在纸芯筒上。随复卷过程的进行卷径逐渐增大,要求卷径表面线速度应与印刷速度相适应,过大或过小都将带来危害。为保持承印材料在复卷时保持基本恒定的张力,应设置张力调节装置。此外,回转复卷轴的回转速度应能随卷径及张力的变化自动进行调节。

七、其他印刷机

（一）金属薄膜板印刷机

包装用金属薄板主要为镀锡钢板,俗称马口铁,也应用薄铝板、薄锌板,以及应用它们制作的各种包装容器及玻璃、陶瓷包装容器的封口盖。金属薄板制作的包装容器表面或封口盖上印制有精美的装潢彩色图案、商标、说明文字,即能防止锈蚀保护全局,又能起到装潢美化和宣传推销商品的作用。

在装潢印刷中,对薄钢铁板(简称铁皮)、薄铝板(铝皮)、薄锌板(锌皮)等的印刷统称印铁,或统称马口铁印刷。它的印刷过程为:铁皮处理—涂黑—打底—印刷。

（二）软管印刷机

所谓软管，此处系指用于包装牙膏、药膏、美术颜料、食品、化妆品等用的金属软管。这些包装用金属软管，早先用铅锡合金制造，现在主要用铝材和铝塑复合材料制造的圆柱形等薄壁管。这些包装在金属软管上都要印制装潢图文。软管印刷采用胶印转印方式，在专用的软管印刷机上进行印刷。软管在进行装潢印刷之前，先在表面上刷一层白色底漆，并进行烘干后备印刷用。

印刷时，软管套装于旋转盘上芯轴的钢管套上，并能与橡胶滚筒保持接触。各色印版滚筒配布在橡胶滚筒圆周上，各有自己的色墨供给装置。印版一般为铜版，各色印版先印在橡胶滚筒上，印刷色序先淡色，后浓色，最后集合成完整的彩色印刷图文。在橡胶滚筒与软管进行接触印刷时，将图文转印到软管上。印刷完的软管，最后进入烘干炉中加热烘干，使油墨固化。

（三）贴花印刷机

贴花印刷主要应用于工业产品装饰图案及商品装饰的商标贴花印刷。它是一种转移印刷法，先将图案印刷在涂布于纸层表面的树脂胶层上，把贴花印刷品贴到要装饰的物品表面，然后利用树脂的水溶性，用水浸泡，树脂溶解，取下纸层，图案花纹就转移到物品表面了。

贴花印刷采用平版胶印方法，用平板印刷机印刷，承印材料除前述贴花纸外，尚有薄膜贴花纸、丝网贴花纸等。商标贴花印刷首先在贴花纸上印一层透明的调墨油（可用普通屏印彩色油墨或者马口铁印刷用油墨），之后用平板胶印机进行彩印，先印透明性强的色墨，后印遮盖力强的色墨，最后一层色墨印过后，还要加印一层有钛白粉制成的不透明油墨作为底层，以防止物品颜色影响商标的色彩。

本章思考题

1. 什么是包装机械？它有哪些功能？
2. 包装机械主要由哪些部分组成？
3. 包装机械是怎样进行分类的？
4. 包装印刷机械是怎样进行分类的？
5. 试述一般包装印刷机的基本结构及各部分的作用。

实践课堂

1. 实践目的

通过阅读包装机械的案例,运用本章所学的包装机械的知识对本章引导案例进行分析,进一步了解包装机械及应用在物流包装中所起的举足轻重的作用及相关的影响。

2. 技能要求

(1) 结合本章引导案例分析如何实现包装机械现代化需要考虑的问题。

(2) 结合本章引导案例分析认识包装机械化的要求。

3. 实践学时

2 学时。

4. 实践环节

以小组为单位(3~5 人为一组)对本章引导案例进行分析。

5. 实践内容

仔细阅读并分析物流包装机械的案例,运用本章所学的包装机械与包装印刷机械的知识对本章引导案例进行分析。

课后阅读

工业 4.0 引导下的包装机械的智能化发展趋势

工业 4.0 要求智能工厂的设备更加自动化和智能化;转向个性化定制又要求设备柔性化。实际上,包装机械目前已经在朝着这些要求迈进。

1. 当今市场对包装机械的要求

随着全球新兴市场人均收入增加和城市化水平提高,各类食品及饮料日趋多样化和高端化,从而对包装机械也提出越来越高的要求。

(1) 要求生产效率越来越高。现代快节奏的生活提高了人们对于速度的要求,高生产率既可以满足交货期,又能降低生产成本;同时,高速包装机还要求与前道工序快速自动衔接,不需搬运环节;整条生产线要按生产及包装工序排列做到倒序启动、顺序停机,以保证高生产率。

(2) 要求生产具有柔性和灵活性。为适应人们对食品和饮料在口味、外形、包装等方面越来越高的要求,生产线允许产品在一定的尺寸范围内变化,允许包装材料在一定材质及厚度范围内变化,即要求生产线或设备具有较高的柔性和灵活性,使产品及包装变更时不致于更换昂贵的食品及包装生产线。

(3) 要求生产具有智能性。包装机械在高效率生产中常需自动识别包装材料的厚度、硬度、反弹力等;或通过自动识别将生产线无序传递过来形状各异的点心有规律地排列在同一盒中;还要求在生产过程中能自动识别并诊断设备故障,降低废品率。

(4) 要求生产绿色环保。在当今环保大潮的推动下,要求食品和包装机械必须保证加工的食品安全;遵守国际标准化组织《关于食品和包装机械的安全卫生规定》和欧盟《用能产品生态设计框架指令》(简称EUP)规定,实行节能和低碳生产。

2. 四大包装机械强国的发展特点

美、德、日、意是世界公认的四大包装机械强国。近年,它们引入航天、微电子、信息处理、网络、工业机器人、图像传感器、新材料等高新科技,不断研发生产出高自动化、高生产率的包装机械,其技术和用品代表了世界包装机械的发展趋势。

四大包装机械强国近年发展的共同特点是:

(1) 大力提高包装机械的自动化和智能化程度。如以创新为主导的美国生产的高度自动化、集成化的制罐及灌装生产线,通过控制系统改变灌装方式,一台设备就可实现重力灌装、压力灌装以及正压移动泵式灌装;德国包装机械以精密著称,智能化的计量设备和远程诊断及监控、高度自动化的成套啤酒灌装生产线均属世界一流。

(2) 全面进行包装机械的更新换代。更新换代步伐最快的首推日本,它将伺服电机控制的全数字型交流伺服系统应用于包装机械,实现了从机械装置为主向计算机程控为主的技术升级,在世界市场上获得了大量利润;意大利则通过采用关键技术,局部更换零部件或关键部件,使原有机型、性能、效率、生产能力和组装方式得到更新,不仅节省了原材料和大量劳动力,降低了成本,还促进了组装化和联机化。

(3) 适应大用户需求变化,使用计算机仿真设计。德国企业重视为大企业服务,根据用户要求采用计算机仿真设计,满足了大用户需求的柔性灵活、集成性好的包装机械设备。意大利包装机械更以灵活柔性见长,为用户提供个性化、多功能的包装机械,性能优良、外观考究、价格便宜,深受国际市场欢迎。

3. 世界包装机械的发展趋势

依据市场对包装机械的要求和世界四大包装机械强国的发展现状可以看出,包装机械今后的总体发展趋势是自动化、智能化、集成化、柔性化和绿色化。自动化是"五化"的基础,智能化需建立在自动化之上,而集成化、柔性化、绿色化均和智能化紧密相关。

自动化技术一般由控制系统、传动系统、运动系统、人机界面、传感器及机器视觉等五部分组成。控制系统目前主流采用可编程逻辑控制器PLC系统,通过数字输入/输出控制生产过程;同时利用现场总线网络通信技术为整个生产线的无人化智能操作及检测提供无缝衔接。传动系统用于调整主工艺速度和控制电机速度的周期性变化,常采用变频器调速系统,它的调速范围宽、精度高、响应快、节能效果好。运动系统广泛采用将电压信号转化为转矩和转速、驱动控制对象的伺服电机,它能非常精确地实现位置控制和速度同步,对要求速度、扭矩、精度和动态性极高的连续流水生产线十分重要。人机界面是系统和用户之间进行交互和信息交换的媒介。传感器及机器视觉对智能化包装机械必不可少,传感器有电感、压力、光电、电容等类型;机器视觉由1~2个图形传感器组成;常用于包装机械的灌装封缄、冷却及加温和粘贴包装标签等工作。

智能化常用于对生产线的监控和进行自动识别。如自动识别包装材料的厚度、硬度、反弹力等,通过计算机反馈到机械手,以利于调整动作幅度;又如,自动识别生产线无序传递来的不同形状物料(如巧克力或点心)的位置,再反馈到不同的机械手,即能准确无误有规律地将物品按要求的位置及方向放入托盘(或点心盒)中。智能化还用于在线监测,严格控制食品及包装材料的细菌含量,同时减少生产中人对食品的接触污染,确保食品安全。智能化也常用于排除设备故障和进行远程诊断。前者是将排除设备故障的方案预先输入计算机,出现故障时,计算机即进行自动诊断,并迅速排除故障,从而降低废品率及故障率;后者是通过无线网络建立的高速网络进行的,它由远程支援中心、维修网络中继站和远程支援终端组成;通过远程维修中心,可以实现远程监控、数据共享、文件传输、应用程序共享以及为终端用户提供简单易用的操作界面。

集成化是指将若干功能集中在一台设备上,或将具有不同功能的设备连接成一个有机整体。设备或生产线的成套完整性是保证连续作业、均衡生产以及加工性能和产品质量的重要保障。系统集成技术通过结构化的综合布线系统和计算机网络技术完成,它将各个分离的设备、功能和信息等集成为一个相互关联、统一且协调的系统之中,以实现集中、高效和方便的管理。集成系统是一个多厂商、多协议和面向各种应用的体系结构,为解决系统之间的互连和互操作性问题,各设备控制系统使用的可编程逻辑控制器PLC系统必须采用同一品牌,以保证主设备与各子设备之间的接口、协议、数据交换畅通无阻,确保生产过程中数据不丢失、信号不受干扰。目前物联网广泛流行,包装机械的自动化、集成化必将更多引入物联网技术,如语音识别和无线射频识别技术等,这就要求不同的设备或产品之间使用的标准更须趋于一致,方能建立起效率高且具有可扩充性的集成化系统。

柔性化技术是为适应产品更新周期越来越短、大批量生产方式受到挑战的形势下产生的。柔性自动化生产线一般由自动加工系统、物流系统、信息系统和软件系统四部分组成。柔性和灵活性表现在三个方面:量的灵活性:既能包装单个食品,也能适应不同批量食品的包装;构造的灵活性:整台设备采用模块单元组成,换用一个或几个单元,即可适应食品品种、形状和大小的变化;供货的灵活性:选换不同的最终包装设备,即能满足市场对应市食品的包装需求。柔性化也反映在计算机仿真设计上,仿真设计最能满足客户个性化的订货需求,设计人员可在计算机三维模型上修改并对生产率、废品率、能耗等进行演示，直到客户完全满意为止。

在保护环境、节约能源的当代，建立在高度自动化基础上的绿色化已成为包装机械的主流。模块化是包装机械实现柔性化，增加可回收和可拆卸性，节能减废的重要途径。通过模块的选择和组合构成不同的产品，或通过更换某模块而使产品升级，从而节约资源与成本，减少废弃物。安全卫生规定是食品和包装机械必须遵守的标准。

安全隐患是设备运动部件的动能、势能和不良结构造成的。为此须对运动部件的速度、质量、振动和噪声予以限制，对运动或受力部件须设计超负荷安全保护装置。卫生隐患则源自机械零部件镀（涂）层和包装材料上有害化学物质向被包装食品"迁移"，以及机械结构设计不合理导致细菌或微生物超标。为此，要求包装和机械材质符合卫生要求，机械零部件的构造应避免凹坑、折痕、裂缝等缺陷，并适应在线清洗消毒。

资料来源：戴宏民，戴佩燕. 工业4.0和包装机械智能化[J]. 中国包装，2016，36(3)：51-56.

第四章

物流包装标志

学习目标

熟悉运输包装收发货标志的内容;
掌握包装储运图示标志的名称、含义和图形;
熟悉危险货物包装标志的名称和图形;
了解各种标志的颜色、尺寸要求和使用方法。

学习指导

根据有关的国际标准、国家标准和相关法律法规,结合案例、图片进行学习,能对各类货物的包装标志进行正确选择和使用。

弹药外包装箱标志的设计

随着我军职能使命的不断拓展,部队进行多样化军事任务日趋常态化,远距离、大范围、快速的弹药运输保障已成为后勤保障的重要任务。尤其是在近年来的国际维和、跨国军演、远洋护航等非战争军事行动中,为保障部队急需,多次运用民航飞机实施弹药运输。

弹药在航空运输中属于危险品,联合国国际民航组织和国际航空运输协会为保证航空运输安全,对危险品空运有着极其严格的规定,要求各国在实施危险品空运的过程中,必须明确其危险品等级、确定联合国编号、悬挂和粘贴相应的危险品标记和标签,并使用经过联合国认证的包装箱才可以运输。

1. 弹药外包装箱标志的设计标准

目前,我军普通枪弹的外包装箱与军事信息相关的标志主要执行国家军用标准,与危险品和运输相关的标志则执行国际标准和国家标准。例如:GJB 471A—1995《通用军械装备标志》从总体上对所有通用军械装备及其外包装容器上的标志内容、位置和标记方法进行了规定;GJB 3911—1999《通用弹药标志细则》是在遵循 GJB 471A 的基础上,对通用弹药及其外包装标志内容、位置进行了详细规定;GJB 1765A—2008《军用物资包装标志》针对物资的运输、储存、交接方面规定了物资包装箱标志的种类、内容、位置、尺寸、颜色、标打方法等内容;《危险品航空安全运输技术细则》(以下简称《技术细则》)是联合国国际民航组织制定的、各成员国严格遵守的法规性文件,对弹药包装箱的规格、结构、试验、防护性能、外包装箱的标志、储运管理等均有详细规定。

2. 弹药外包装箱标志设计存在的问题

由于参考执行标准较多,且各标准中针对弹药外包装箱标志的规定略有差异,导致我军弹药外包装箱的标志存在诸多问题:缺少对运输专用名称、UN 编号(或 ID 代号)、UN 规格包装标记的标注要求,使弹药包装箱在标志方面无法满足利用民航运输弹药的需求;标准落实不彻底,导致许多弹药包装箱上缺少储运、危险货物、爆炸品、军用物资等图示标志,给运输和临时储存带来安全隐患;包装箱的性能试验检测机构不明确,导致无法按照《技术细则》的要求标注"UN 规格包装标记"。

3. 弹药外包装箱标志的创新设计

弹药包装箱的标志设计,要综合考虑国家军用标准及国际标准的所有标志规定,增加民航安全运输爆炸品的包装标记与标签,并对所有标志进行合理布局。

危险品包装箱上标记的位置应在包装箱面对读者的正立面上,即在包装箱的"面 2"上。弹药包装箱上的标志应制作在包装箱的正面(直方体的面 2)。为避免 2 两项位置重叠,将航空运输包装标记与标签设置在面 4 上。对弹药包装箱各面的标志进行重新布局,如图 4-1 所示。

(1) 面 2:弹药文字标志、军用物资图示标志、条码标志。
(2) 面 4:航空运输包装标记与标签、包装规格标记。
(3) 面 5:包装储运图示标志、方向性标签(要求对称粘贴)。
(4) 面 6:危险货物图示标志(民航的危险性标签)、操作标签。

通过以上分析与设计,将《技术细则》中的标记与标签要求完整地落实到弹药包装箱的标志中,从标志的设计布局方面,解决了我军弹药包装箱缺少民航运输包装标志的现状。

资料来源:弹药外包装箱标志的探讨,《包装工程》,2016.01.

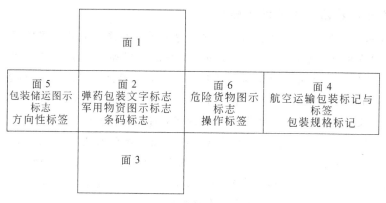

图 4-1 弹药包装箱各面的标志

第一节 物流包装标志概述

一、标志与包装标志

(一) 标志

标志(mark),是表明事物特征的记号。以单纯、显著、易识别的物象、图形或文字符号为直观语言,具有表达意义、情感和指令行动的作用。

1. 标志的基本构成要素

(1) 文字标志。直接用中文、外文或汉语拼音的单词构成,或用汉语拼音或外文单词的字首进行组合。

(2) 图形标志。图形标志指通过几何图案或象形图案来表示的标志。图形标志又可分为具象图形标志、抽象图形标志及具象抽象相结合的标志。

(3) 图文组合标志。图文组合标志指用文字和图形组合来构成的标志。图文组合标志集中了文字标志和图形标志的长处,克服了两者的不足。

2. 标志的特点

(1) 功用性。标志是人们进行生产活动、社会活动必不可少的直观工具,其主要作用不是为了供人观赏,而是为了实用。

(2) 识别性。标志最突出的特点是各具独特面貌,易于识别。

(3) 显著性。除隐形标志外,绝大多数标志的设置就是要引起人们注意。因此色彩强烈醒目、图形简练清晰,是标志通常具有的特征。

(4) 多样性。标志种类繁多、用途广泛,无论从其应用形式、构成形式、表现手段来看,都有着极其丰富的多样性。在应用形式上,不仅有平面的,还有立体的(如浮雕、圆雕、任意形立体物或利用包装、容器等的特殊式样做标志等);在构成形式上,有直接利用物象的,有以文字符号构成的,有以具象、意象或抽象图形构成的,有以色彩构成的,多数标志是由几种基本形式组合构成的;在表现手段上,其丰富性和多样性几乎难以概述,而且随着科技、文化、艺术的发展,标志总在不断创新。

(5) 艺术性。凡经过设计的非自然标志都具有某种程度的艺术性。既符合实用要求,又符合美学原则,给人以美感,是对其艺术性的基本要求。一般来说,艺术性强的标志更能吸引和感染人,给人以强烈和深刻的印象。标志的高度艺术化是时代和文明进步的需要,是人们越来越高的文化素养的体现和审美心理的需要。

(6) 准确性。标志无论要说明什么、指示什么,无论是寓意还是象征,其含义必须准确。首先要易懂,符合人们认识心理和认识能力。其次要准确,避免意料之外的多解或误解,尤应注意禁忌。

(7) 持久性。标志一般具有长期使用价值,不会轻易改动。

(二) 包装标志

包装标志通过采用特殊的图形、文字和符号来描述与传递物品信息和储运过程中的注意事项,从而有效地保护商品,加快流通速度,保障物流质量。

包装标志是随着物流管理的需要而产生的。首先,物品在流动过程中要经过多环节、多层次的运输、中转和交接,需要通过标志来识别物品信息,包装好的物品只有有了标志,才能进入流通领域;其次,物品经过密封包装后,流通作业操作人员很难了解内装物的情况,需要借助包装来标示内装物的特点和属性,便于操作人员进行物流作业;最后,流通中的物品性质不同,形态不一,轻重有别,体积各异,对运输方式和保护的要求也不同,极易造成物品的错发、错运、操作不当和保管不善,造成物品的损毁,需要通过包装标志来正确指导物流作业方法。由此可见,正确、恰当的包装标志是保护物品的完整和人身及运输工具安全的基础。

二、物流包装标志

物流包装标志是商品储存、运输、装卸过程中不可缺少的一项辅助措施,用来指明被包装物品的性质和物流活动安全以及理货、运输需要的文字和图像的说明。其作用主要包含三个方面:一是识别货物,实现货物的收发管理;二是明示货物流动过程中应采取的防护措施;三是识别危险货物,暗示应采取的防护措施,以保证物流过程的安全。因此,物流包装标志可分为三类:一是收发货标志;二是储运图示标志;三是危险货物标志。

1. 收发货标志

运输包装收发货标志是指外包装上的商品分类、图示标志、文字说明、排列格式和其他标志的总称,也叫包装识别标志。

内销产品的收发货标志包括:品名、货号、规格、颜色、毛重、净重、体积、生产厂、收货单位、发货单位等。

出口产品的收发货标志又称唛头,包括:目的地名称或代号、收货人或发货人的代用简字或代号、件号、体积、重量以及原产国等。

2. 储运图示标志

储运图示标志是指商品在储存、运输过程中为使其存放、搬运适当,根据不同商品对物流环境的适应能力,用醒目简洁的图形或文字印刷在包装的规定位置上的标志,表明在装卸运输及储存过程中应注意的事项,如小心轻放、禁用手钩、禁止翻滚、远离辐射及热源等。此类标志的图形符号按照国家标准 GB/T 191—2008《包装储运图示标志》的规定执行。

3. 危险货物标志

危险货物标志又称警告性标志,是易燃、易爆、有毒放射性等危险货物在运输包装上加印的特殊标记,是运输、生产和检验部门对危险货物运输包装质量进行性能试验和检验的依据。国家标准 GB 190—2009《危险货物包装标志》明确规定了危险货物包装标志的图形、适用范围、颜色、尺寸及使用方法等,为了能引起人们特别警惕,此类标志采用特殊的彩色或图示。

三、物流包装标志的注意事项

1. 必须按照国家有关部门的规定标识

我国对物品包装标志所使用的文字、符号、图形以及使用方法,都有统一的规定。

2. 必须简明清晰、易于辨认

物流包装标志要求文字少,图案清楚,易于制作,一目了然,方便查对。标志的文字、字母及数字号码的大小应与包装件的标记和标志的尺寸相称,笔画粗细要适当。

3. 涂刷、拴挂、粘贴标志的部位要适当

所有的物流包装标志,都应位于搬运、装卸作业时容易看得见的地方。为防止在物流过程中某些标志被抹掉或不清楚而难以辨认,应尽可能在同一包装物的不同部位制作两个相同的标志。

4. 要选用明显的颜色作标志

制作标志的颜料应具备耐温、耐晒、耐摩擦等性能,不易发生褪色、脱落等现象。

5. 要选择合适的规格尺寸

GB/T 6388—1986《运输包装收发货标志》、GB/T 191—2008《包装储运图示标志》、

GB 190—2009《危险货物包装标志》等国家标准对标志的尺寸进行了明确的规定。

第二节　运输包装收发货标志

运输包装收发货标志是用于运输过程中识别货物的标志,是外包装件上的商品分类图示标志和其他文字说明排列格式的总称。

运输包装收发货标志主要用于物流过程中物品的辨认和识别,对物品的发货、入库、装配等环节有重要作用。它也是一般贸易合同、发货单据和运输保险文件中记载有关标志事项的基本部分。国家标准 GB/T 6388—1986《运输包装收发货标志》详细规定了铁路、公路、水路和空运的货物外包装上的分类标志及其他标志和文字说明的事项及其排列的格式。

一、运输包装收发货标志的内容

收发货标志通常印刷在外包装上,其内容包括分类标志、供货号、货号、品名规格、数量、重量、生产日期、生产工厂、体积、有效期限、收货地点和单位、发货单位、运输号码、发运件数等信息,具体如表4-1所示。

表4-1　运输包装收发货标志的内容

序号	代号	项目 中文	项目 英文	含义
1	FL	商品分类图示标志	CLASSIFICATI ON MARKS	表明商品类别的特定符号
2	GH	供货号	CONTRACT NO	供应该批货物的供货清单号码（出口商品用合同号码）
3	HH	货号	ART NO	商品顺序编号,以便出入库,收发货登记和核定商品价格
4	PG	品名规格	SPECIFICA TIONS	商品名称或代号,标明单一商品的规格、型号、尺寸、花色等
5	SL	数量	QUANTITY	包装容器内含商品的数量
6	ZL	重量(毛重)(净重)	WEIGHT (GBOSS WT) (NET WT)	包装件的重量(kg),包括毛重和净重
7	CQ	生产日期	DATE OF PRODUCTION	产品生产的年、月、日
8	CC	生产工厂	MANUFACTURER	生产该产品的工厂名称

续表

序号	代号	项目 中文	项目 英文	含 义
9	TJ	体积	VOLUME	包装件的外径尺寸长×宽×高(cm)=体积(m³)
10	XQ	有效期限	TERM OF VAIIDITY	商品有效期至××××年××月
11	SH	收货地点和单位	PLACE OF DESTINATION AND CONSIGNEE	货物到达站、港和某单位(人)收(可用贴签或涂写)
12	FH	发货单位	CONSIGNOR	发货单位(人)
13	YH	运输号码	SHIPPING NO	运输单号码
14	JS	发运件数	SHIPPING PIECES	发运的件数

说明：①分类标志一定要有，其他各项合理选用。②外贸出口商品根据国外客户要求，以中、外文对照，印制相应的标志和附加标志。③国内销售的商品包装上不填英文项目。

二、运输包装商品分类图示标志

1. 标志尺寸

商品分类图示标志尺寸，如表 4-2 所示。

表 4-2 商品分类图示标志尺寸

包装件高度 (袋按长度)/mm	分类图案 尺寸/mm	图形的具体参数/mm		备 注
		外框线宽	内框线宽	
500 及以下	50×50	1	2	平视距离 5 m，包装标志清晰可见
500~1 000	80×80	1	2	平视距离 5 m，包装标志清晰可见
1 000 以上	100×100	1	2	平视距离 10 m，包装标志清晰可见

2. 标志图形

商品分类图示标志，如图 4-2 所示。

三、运输包装收发货标志的字体、颜色、涂印方式和位置

1. 标志的字体

标志的全部内容，中文都用仿宋体字；代号用汉语拼音大写字母；数码用阿拉伯数码；英文用大写的拉丁文字母。标志必须清晰、醒目，不脱落，不褪色。

图 4-2　商品分类图示标志

2. 标志的颜色

（1）纸箱、纸袋、塑料袋及钙塑箱，按表 4-3 规定的颜色用单色印刷。

表 4-3　纸箱、纸袋、塑料袋、钙塑箱规定的颜色

商品类别	颜色	商品类别	颜色
百货类	红色	医药类	红色
文化用品类	红色	食品类	绿色
五金类	黑色	农副产品类	绿色
交电类	黑色	农药	黑色
化工类	黑色	化肥	黑色
针纺类	绿色	机械	黑色

（2）麻袋、布袋用绿色或黑色印刷；木箱、木桶不分类别，一律用黑色印刷；铁桶用黑、红、绿、蓝底印白字，灰底印黑字。表内未包括的其他商品，包装标志的颜色按其属性归类。

3. 标志的涂印方式

运输包装收发货标志,按照包装容器不同等需要,可以采用印刷、刷写、粘贴、拴挂等方式。

(1) 印刷。适用于纸箱、纸袋、塑料袋、钙塑箱。在包装容器制造过程中,将需要的标志按颜色的规定印刷在包装容器上。有些不固定的文字和数字可在商品出厂和发运时填写。

(2) 刷写。适用于木箱、桶、麻袋、布袋、塑料编织袋。利用印模、镂模,按标志颜色的规定涂写在包装容器上。要求醒目、牢固。

(3) 粘贴。对于不固定内容的标志,如收货单位和到达站需要临时确定,可先将需要的项目印刷在 60 g/m² 以上的白纸或牛皮纸上,然后粘贴在包装件有关栏目内。

(4) 拴挂。对于不便印刷、刷写的运输包装件,如筐、篓、捆扎件等,将需要的项目印刷在不低于 120 g/m² 的牛皮纸或布、塑料薄膜、金属片上,拴挂在包装件上(不得用于出口商品包装)。

4. 运输包装收发货标志的位置

对于不同的包装容器,标志的位置有如下规定:

(1) 六面体包装件的分类图示标志位置,放在包装件五、六两面的左上角。收发货标志的其他各项如图 4-3~图 4-6 所示。

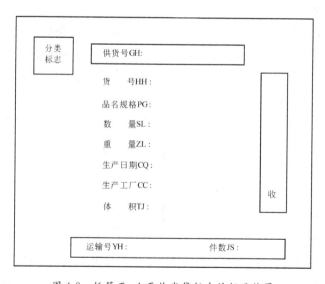

图 4-3 纸箱五、六面收发货标志的标示位置

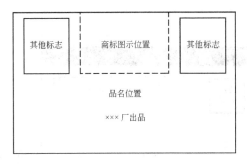

图 4-4　纸箱二、四面收发货标志的标示位置

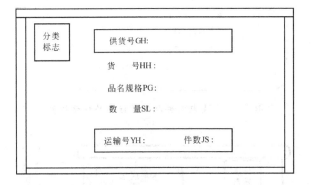

图 4-5　木箱五、六两面收发货标志的标示位置

图 4-6　木箱二、四两面收发货标志的标示位置

（2）袋类包装件的分类图示标志放在两大面的左上角，收发货标志的其他各项如图 4-7 所示。

（3）桶类包装件的分类图示标志放在左上方，收发货标志的其他各项如图 4-8 所示。

（4）筐、篓、捆扎件等拴挂式收发货标志，应拴挂在包装件的两端，草包、麻袋拴挂在包装件的两上角，如图 4-9 所示。

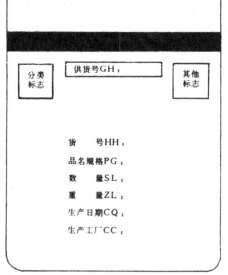

图 4-7 袋类包装件收发货标志的标示位置

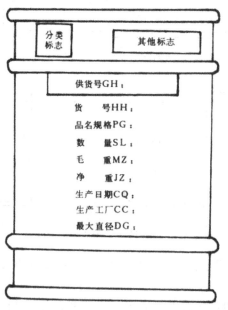

图 4-8 桶类包装件收发货标志的标示位置

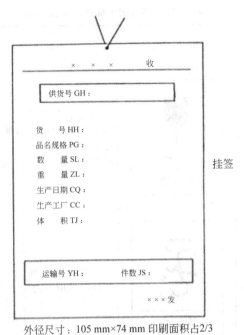

外径尺寸：105 mm×74 mm 印刷面积占2/3

图 4-9 木箱五、六两面收发货标志的标示位置

第三节 包装储运图示标志

一、包装储运图示的作用

包装储运图示标志是根据不同商品对物流环境的适应能力,用醒目简洁的图形和文字标明在装卸运输及储存过程中应注意的事项。

储运图示标志是根据物品的某些特性而确定的,如怕湿、怕震、怕热等。其目的是在货物运输、装卸搬运和储存过程中,引起作业人员的注意,指示他们按图示标志的要求进行相应的物流操作。

二、包装储运图示标志简介

（一）包装储存图示标志的分类

按照国家标准 GB/T 191—2008《包装储运图示标志》的规定,包装储运图示标志名称及图形共分为以下 17 种,如表 4-4 所示。

表 4-4　包装储运图示标志名称及图形

序号	标志名称	图形符号	标　志	含　义	说明及示例
1	易碎物品	 (高脚杯图形)	 易碎物品	表明运输包装件内装易碎物品，搬运时应小心轻放	位置示例： 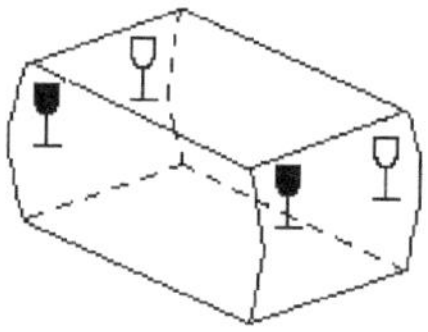
2	禁用手钩	 (手钩图形)	 禁用手钩	表明搬运运输包装件时禁用手钩	
3	向上	 (向上箭头图形)	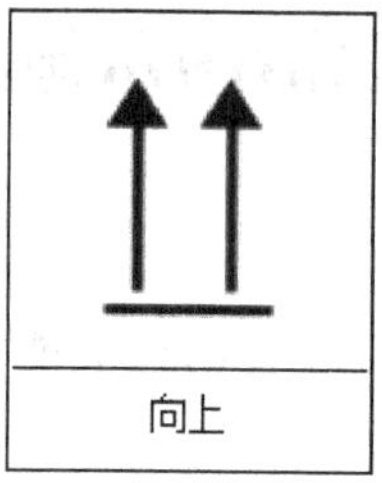 向上	表明该运输包装件在运输时应竖直向上	位置示例：(a) (b) (c) 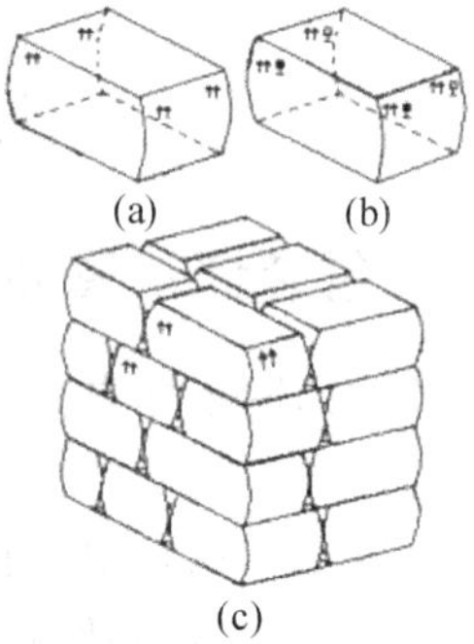
4	怕晒	 (太阳图形)	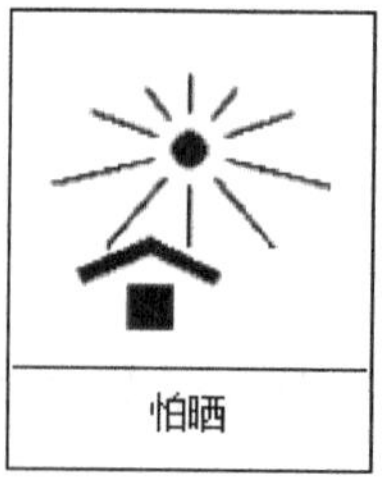 怕晒	表明该运输包装件不能直接照晒	

续表

序号	标志名称	图形符号	标志	含义	说明及示例
5	怕辐射		怕辐射	表明该物品一旦受辐射就会变质或损坏	
6	怕雨		怕雨	表明该运输包装件怕雨淋	
7	重心		重心	表明该包装件的重心位置,便于起吊	位置示例: 本标志应标在实际的重心位置上
8	禁止翻滚		禁止翻滚	表明搬运时不能翻滚该运输包装件	
9	此面禁用手推车		此面禁用手推车	表明搬运货物时此面禁止放在手推车上	

续表

序号	标志名称	图形符号	标志	含义	说明及示例
10	禁用叉车		禁用叉车	表明不能用升降叉车搬运的包装件	
11	由此夹起		由此夹起	表明搬运货物时可用夹持的面	
12	此处不能卡夹		此处不能卡夹	表明搬运货物时不能用夹持的面	
13	堆码重量极限	···kg max	···kg max 堆码质量极限	表明该运输包装件所能承受的最大质量极限	

续表

序号	标志名称	图形符号	标志	含义	说明及示例
14	堆码层数极限		堆码层数极限	表明可堆码相同运输包装件的最大层数	包含该包装件，n 表示从底层到顶层的总层数
15	禁止堆码		禁止堆码	表明该包装件只能单层放置	
16	由此吊起		由此吊起	表明起吊货物时挂绳索的位置	位置示例： 本标志应标在实际的起吊位置上
17	温度极限		温度极限	表明该运输包装件应该保持的温度范围	(a) $\cdots C_{min}$ (b) $\cdots C_{min}$

（二）包装储运标志的尺寸和颜色

1. 包装储运标志的尺寸

包装储运标志的尺寸如表 4-5 所示。

表 4-5　图形符号及标志外框尺寸

序号	图形符号外框尺寸/mm	标志外框尺寸/mm
1	50×50	50×70
2	100×100	100×140
3	150×150	150×210
4	200×200	200×280

2. 包装储存标志的颜色

包装储存标志颜色一般为黑色。如果包装的颜色使黑色标志显得不清晰，则应在印刷面上用适当的对比色，最好以白色作为图示标志的底色。

必要时，标志也可使用其他颜色。除非另有规定，一般应避免采用红色、橙色或黄色，以避免同危险品标志相混淆。

（三）包装储存标志的使用方法

1. 标志的使用

标志可采用直接印刷、粘贴、拴挂、钉附及喷涂等方法。印刷时，外框线及标志名称都要印上，出口货物可省略中文标志名称和外框线。喷涂时，外框线及标志名称可以省略。

2. 标志的数目和位置

（1）一个包装件上使用相同标志的数目，应根据包装件的尺寸和形状决定。

（2）标志应标注在显著位置上，下列标志的使用应按其规定：

① 标志 1"易碎物品"应标在包装件所有的端面和侧面的左上角处。

② 标志 3"向上"应标在与标志 1 相同的位置上。当标志 1 和标志 3 同时使用时，标志 3 应更接近包装箱角。

③ 标志 7"重心"应尽可能标在包装件所有 6 个面的重心位置上，否则至少也应标在包装件两个侧面和两个端面上。

④ 标志 11"由此夹起"只能用于可夹持的包装件上，标注位置应为可夹持位置的两个相对面上，以确保作业时标志在作业人员的视线范围内。

⑤ 标志 16"由此吊起"至少应标注在包装件的两个相对面上。

第四节　危险货物包装标志

一、危险货物及包装要求

1. 危险货物及其分类

危险货物(dangerous goods)也称危险物品或危险品,是指具有爆炸、易燃、毒害、感染、腐蚀、放射性等危险特性,在运输、储存、生产、经营、使用和处置中,容易造成人身伤亡、财产损毁或环境污染而需要特别防护的物质和物品。

国家标准 GB 6944—2012《危险货物分类和品名编号》把危险货物分为如下9类:

第1类:爆炸品

(1) 有整体爆炸危险的物质和物品;

(2) 有迸射危险,但无整体爆炸危险的物质和物品;

(3) 有燃烧危险并有局部爆炸危险或局部迸射危险或这两种危险都有,但无整体爆炸危险的物质和物品;

(4) 不呈现重大危险的物质和物品;

(5) 有整体爆炸危险的非常不敏感物质;

(6) 无整体爆炸危险的极端不敏感物品。

第2类:气体

(1) 易燃气体;

(2) 非易燃无毒气体;

(3) 毒性气体。

第3类:易燃液体

第4类:易燃固体、易于自燃的物质、遇水放出易燃气体的物质

(1) 易燃固体、自反应物质和固态退敏爆炸品;

(2) 易于自燃的物质;

(3) 遇水放出易燃气体的物质。

第5类:氧化性物质和有机过氧化物

(1) 氧化性物质;

(2) 有机过氧化物。

第6类:毒性物质和感染性物质

(1) 毒性物质;

(2) 感染性物质。

第 7 类：放射性物质
第 8 类：腐蚀性物质
第 9 类：杂项危险物质和物品，包括危害环境物质

2. 危险货物包装要求

上述危险货物，除了第 1 类、第 2 类、第 7 类以及有机过氧化物、感染性物质和自反应物质以外的物质，根据其危险程度，划分为三个包装类别：

Ⅰ类包装：具有高度危险性的物质。

Ⅱ类包装：具有中等危险性的物质。

Ⅲ类包装：具有轻度危险性的物质。

由于大部分危险货物在力、光、热的作用下，极易产生危险，因此在运输、储存、装卸各环节应严格按照有关规定执行。

（1）包装材料的材质、规格和包装结构与所装危险货物的性质和重量相适应。包装容器和与拟装物不得发生危险反应或削弱包装强度。

（2）充装液体危险货物，容器应留有正常运输过程中最高温度所需的足够膨胀余位。易燃液体容器应至少留有 5% 空隙。

（3）液体危险货物要做到液密封口，对可产生有害蒸汽及易潮解或遇酸雾能发生危险反应的应做到气密封口。对必须装有通气孔的容器，其设计和安装应能防止货物流出或进入杂质水分，排出的气体不致造成危险或污染，其他危险货物的包装应做到密封不漏。

（4）包装应坚固完好，能抗御运输、储存和装卸过程中正常冲击、振动和挤压，并便于装卸和搬运。

（5）包装的衬垫物不得与拟装物发生反应，降低安全性，应能防止内装物移动和起到减震及吸收作用。

（6）包装表面应清洁，不得黏附所装物质和其他有害物质。

二、危险货物包装标志

危险货物包装标志又称危险品标志或警告性标志，是用来标明对人体和财产安全有严重威胁的危险货物的专用标志，通常由图形、文字和数字组成。

（一）危险货物包装标志

国家标准 GB 190—2009《危险货物包装标志》规定，危险货物包装标志分为标记和标签，其中，标记 4 个，标签 26 个，如表 4-6 和表 4-7 所示，其表 4-7 标示了 9 类危险货物的主要特征。

表 4-6 危险货物包装标记

序号	标记名称	标记图形
1	危害环境物质和物品标记	(符号：黑色；底色：白色)
2	方向标记	(符号：黑色或正红色；底色：白色) (符号：黑色或正红色；底色：白色)
3	高温运输标记	(符号：正红色；底色：白色)

表 4-7　危险货物包装标签

序号	标签名称	标签图形	对应的危险货物类项号
1	爆炸性物质或物品	(符号：黑色；底色：橙红色) (符号：黑色；底色：橙红色) (符号：黑色；底色：橙红色) (符号：黑色；底色：橙红色) ** 项号的位置——如果爆炸性是次要危险性，留空白 * 配装组字母的位置——如果爆炸性是次要危险性，留空白	1.1 1.2 1.3 1.4 1.5 1.6

续表

序号	标签名称	标签图形	对应的危险货物类项号
2	易燃气体	（符号：黑色；底色：正红色） （符号：白色；底色：正红色）	2.1
	非易燃无毒气体	（符号：黑色；底色：绿色） （符号：白色；底色：绿色）	2.2
	毒性气体	（符号：黑色；底色：白色）	2.3

续表

序号	标签名称	标签图形	对应的危险货物类项号
3	易燃液体	（符号：黑色；底色：正红色） （符号：白色；底色：正红色）	3
4	易燃固体	（符号：黑色；底色：白色红条）	4.1
	易于自燃的物质	（符号：黑色；底色：上白下红）	4.2

续表

序号	标签名称	标签图形	对应的危险货物类项号
4	遇水放出易燃气体的物质	(符号：黑色；底色：蓝色) (符号：白色；底色：蓝色)	4.3
	氧化性物质	(符号：黑色；底色：柠檬黄色)	5.1
5	有机过氧化物	(符号：黑色；底色：红色和柠檬黄色) (符号：白色；底色：红色和柠檬黄色)	5.2

续表

序号	标签名称	标签图形	对应的危险货物类项号
6	毒性物质	(符号：黑色；底色：白色)	6.1
	感染性物质	(符号：黑色；底色：白色)	6.2
7	一级放射性物质	(符号：黑色；底色：白色，附一条红竖条) 黑色文字，在标签下半部分写上："放射性""内装物_____""放射性强度_____" 在"放射性"字样之后应有一条红竖条	7A
	二级放射性物质	(符号：黑色；底色：上黄下白，附两条红竖条) 黑色文字，在标签下半部分写上："放射性""内装物_____""放射性强度_____" 在一个黑色框格内写上："运输指数"在"放射性"字样之后应有两条红竖条	7B

续表

序号	标签名称	标签图形	对应的危险货物类项号
7	三级放射性物质	(符号：黑色；底色：上黄下白，附三条红竖条) 黑色文字，在标签下半部分写上："放射性""内装物_____""放射性强度_____" 在一个黑色框格内写上："运输指数"在"放射性"字样之后应有三条红竖条	7C
	裂变性物质	(符号：黑色；底色：白色) 黑色文字，在标签上半部分写上："易裂变" 在标签下半部分的一个黑边框格内写上："临界"	7E
8	腐蚀性物质	(符号：黑色；底色：上白下黑)	8
9	杂项危险物质和物品	(符号：黑色；底色：白色)	9

（二）危险货物包装标志的尺寸与颜色

1. 危险货物包装标志的尺寸

危险货物包装标志的尺寸一般分为 4 种，如表 4-8 所示。

表 4-8 危险货物包装标志的尺寸

尺寸 号别	长/mm	宽/mm
1	50	50
2	100	100
3	150	150
4	250	250

注：如遇特大或特小的运输包装件，标志的尺寸可按规定适当扩大或缩小。

2. 危险货物包装标志的颜色

危险货物包装标志的颜色按表 4-6 和表 4-7 中的规定。

（三）危险货物包装标志的使用

1. 标记的使用要求

（1）除另有规定外，GB 12268—2012《危险货物品名表》确定的危险货物正式运输名称及相应编号，应标示在每个包装件上。如果是无包装物品，标记应标示在物品上，托架上或其装卸、储存、发射装置上。

（2）要求的所有包装件标记：

① 应明显可见而且易读。

② 应能够经受日晒雨淋而不显著减弱其效果。

③ 应标示在包装件外表面的反衬底色上。

④ 不得与可能大大降低其效果的其他包装件标记放在一起。

（3）救助容器应另外标明"救助"一词。

（4）容量超过 450 L 的中型散装集装箱和大型容器，应在相应的两面作标记。

（5）对第 7 类（放射性物质）的特殊标记规定：

① 第 7 类的特殊标记、运输装置和包装形式应符合 GB 11806—2004《放射性物质安全运输规程》的规定。

② 应在每个包装件的容器外部，醒目而耐久地标上发货人或收货人或两者的识别标志。

③ 对于每个包装件(GB 11806—2004《放射性物质安全运输规程》规定的例外包装件除外),应在容器外部醒目而耐久地标上前面冠以 GB 12268—2012《危险货物品名表》的编号和正式运输名称。就例外包装件而言,只需要标上前面冠以 GB 12268—2012《危险货物品名表》的编号。

④ 总质量超过 50kg 的每个包装件应在其容器外部醒目而耐久地标上其许可总质量。

⑤ 符合运输主管部门所批准设计的每个包装件应在容器外部醒目而耐久地标上下述标记:

a. 运输主管部门为该设计所规定的识别标记。

b. 专用于识别符合该设计的每个容器的序号。

c. 如为 B(U)型或 B(M)型包装件设计,标上"B(U)型"或"B(M)型"。

d. 如为 C 型包装件设计,标上"C 型"。

⑥ 符合 B(U)型或 B(M)型或 C 型包装件设计的每个包装件应在其能防火、防水的最外层储器的外表面用压纹、压印或其他能防火、防水的方式醒目地标上三叶形标志。

⑦ 如果包装件的国际运输需要运输主管部门对设计或装运的批准,而有关国家适用的批准型号不同,那么标记应按照原设计国的批准证书做出。

(6) 危害环境物质的特殊标记规定:

① 装有符合 GB 12268—2012《危险货物品名表》和 GB 6944—2012《危险货物分类和品名编号》标准中的危害环境物质(UN 3077 和 UN 3082)的包装件,应耐久地标上危害环境物质标记,但以下容量的单容器和带内容器的组合容器除外:

a. 装载液体的容量为 5 L 或以下;

b. 装载固体的容量为 5 L 或以下。

② 危害环境物质标记,应满足标记的使用要求。

③ 危害环境物质标记,应如表 4-6 序号 1 图所示。除非包装件的尺寸只能贴较小的标记,容器的标记尺寸应符合表 4-8 的规定。对于运输装置,最小尺寸应是 250 mm×250 mm。

(7) 方向箭头使用规定:

① 除②规定的情况外:

a. 内容器装有液态危险货物的组合容器。

b. 配有通风口的单一容器。

c. 拟装运冷冻液化气体的开口低温储器。

应清楚地标上与表 4-6 序号 2 图所示的包装件方向箭头,或者符合 GB/T 191—2008《包装储运图示标志》规定的方向箭头。方向箭头应标在包装件相对的两个垂直面上,箭头显示正确的朝上方向。标识应是长方形的,大小应与包装件的大小相适应,清晰可见。

围绕箭头的长方形边框是可以任意选择的。

② 下列包装件不需要标方向箭头：

a. 压力储器。

b. 危险货物装在容积不超过 120 ml 的内容器中，内容器与外容器之间有足够的吸收材料，能够吸收全部液体内装物。

c. 感染性物质装在容积不超过 50 ml 的主储器内。

d. 第 7 类放射性物质装在 B(U) 型、B(M) 型或 C 型包装件内。

e. 任何放置方向都不漏的物品（例如装入温度计、喷雾器等的汞或酒精）。

③ 用于表明包装件正确放置方向以外的箭头，不应标示在按照本标准作标记的包装件上。

2. 标记的使用要求

(1) 表 4-7 所列出的标签，是表现内装货物危险性分类的标签。表明包装在装卸或储藏时应加小心的附加标记或符号（例如，用伞作符号表示包装件应保持干燥），也可在包装件上适当标明。

(2) 表明主要和次要危险性的标签应与表 4-7 中所示的序号 1～9 所有式样相符。"爆炸品"次要危险性标签应使用表中带爆炸式样标签图形。

(3) 如果某种物质符合几个类别的定义，而且其名称未具体列出在 GB 12268—2012《危险货物品名表》中，则应利用 GB 6944—2012《危险货物分类和品名编号》中的规定来确定货物的主要危险性类别。除了需要有该主要危险性类的标签外，还应贴次要危险性标签。

(4) 除了有特别规定的，每一标签应：

① 在包装件尺寸够大的情况下，与正式运输名称贴在包装件的同一表面与之靠近的地方。

② 贴在容器上不会被容器任何部分或容器配件或者任何其他标签或标记盖住或遮住的地方。

③ 当主要危险性标签和次要危险性标签都需要时，彼此紧挨着贴。

当包装件形状不规则或尺寸太小以致标签无法令人满意地贴上时，标签可用结牢的签条或其他装置挂在包装件上。

(5) 容量超过 450 L 的中型散货集装箱和大型容器，应在相对的两面贴标签。

(6) 标签应贴在反衬颜色的表面上。

(7) 自反应物质标签的特殊规定：

B 型自反应物质应贴有"爆炸品"次要危险性标签，除非运输主管部门已准许具体容器免贴此种标签，因为试验数据已证明自反应物质在此种容器中不显示爆炸性能。

(8) 有机过氧化物标签的特殊规定：

装有 GB 12268—2012《危险货物品名表》表明的 B、C、D、E 或 F 型有机过氧化物的包装件应贴表 4-7 中序号 5 中 5.2 项标签。这个标签也意味着产品可能易燃,因此不需要贴"易燃液体"次要危险性标签。

(9) 感染性物质包装件标签的特殊规定:

除了主要危险性标签外,感染性物质包装件还应贴其内装物的性质所要求的任何其他标签。

(10) 放射性物质标签的特殊规定:

① 除 GB 11806—2004《放射性物质安全运输规程》中大型货物集装箱和罐体规定的情况外,盛装放射性物质的每个包装件、外包装和货物集装箱应按照该包装件、外包装或货物集装箱的类别酌情贴上至少两个与 7A 号、7B 号和 7C 号式样相一致的标签。标签应贴在包装件外部两个相对的侧面上或货物集装箱外部的所有四个侧面上。盛装放射性物质的每个外包装应在外包装外部相对的侧面至少贴上两个标签。此外,盛装易裂变材料的每个包装件、外包装和货物集装箱应贴上与 7E 号式样相一致的标签;这类标签适用时应贴在放射性物质标签旁边,标签不得盖住规定的标记。任何与内装物无关的标签应除去或盖住。

② 应符合 GB 11806—2004《放射性物质安全运输规程》的规定在与 7A 号、7B 号和 7C 号式样相一致的每个标签上填写内装物、放射性活度、运输指数等信息。

③ 应在和 7E 号式样相一致的每个标签上填写与运输主管部门颁发的特殊安排批准证书或包装件设计批准证书上相同的临界安全指数(CSD)。

④ 对于外包装和货物集装箱,标签上的临界安全指数栏里应填写外包装或货物集装箱的易裂变内装物加在一起所要求的资料。

⑤ 如果包装件的国际运输需要运输主管部门对设计或装运的批准,而有关国家适用的批准型号不同,那么标记应按照原设计国的批准证书做出。

(11) 标签在颜色符号和一般格式方面与表 4-7 所示的标签式样一致。必要时,表 4-7 所示的标签可按照下列①的规定用虚线标出外缘。标签贴在反衬底色上时不需要这么做,规定如下:

① 标签形状为呈 45°角的正方形(菱形),尺寸符合表 4-8 的规定,但包装件的尺寸只能贴更小的标签和②规定的情况除外。标签上沿着边缘有一条颜色与符号相同、距边缘 5 mm 的线。标签应贴在反衬底色上,或者用虚线或实线标出外缘。

② 第 2 类气体的气瓶可根据其形状、放置方向和运输固定装置,贴表 4-7 中序号 2 所规定的标签,尺寸符合表 4-8 的规定,但在任何情况下表明主要危险的标签和任何标签的编号均应完全可见,符号易于辨认。

③ 标签分为上下两半,除个别爆炸性物质标签之外,标签的上半部分为图形符号,下半部分为文字和类号或项号和适当的配装组字母。

④ 第7类放射性物质以外的物质的标签,在符号下面的空白部分填写的文字(类号或项号除外)应限于表明危险性质的资料和搬运时应注意的事项。

⑤ 所有标签上的符号、文字和号码应用黑色表示,但下述情况除外:

a. 第8类腐蚀性物质的标签、文字和类号用白色。

b. 标签底色全部为绿色、红色或蓝色时,符号、文字和号码可用白色。

c. 贴在装液化石油气的气瓶和气筒上的易燃气体标签可以用储器的颜色作底色,但应有足够的颜色对比。

⑥ 所有标记应经受得住风吹雨打日晒,而不明显降低其效果。

对其他危险货物包装标签的特殊规定,依照 GB 190—2009《危险货物包装标志》的要求执行。

三、危险货物运输安全注意事项

除了按规定标示相应的标志之外,在危险货物运输过程中还应注意以下事项:

1. 配备符合规定的驾驶员和押运员

驾驶员和押运员必须经过专门培训并取得危险货物运输从业资格证、押运证。要学习掌握一定的化工知识,熟悉承载货物的物理化学性质、危险特性、注意事项,如货物的比重、闪燃点、毒性、膨胀系数等。出车时要带齐驾驶证、准运证、从业资格证、押运证以及行驶证、车辆年检合格证、养路费凭证和容器安全检验合格报告等证件,以备检查。

2. 车辆安全状况和安全性能合格

必须对车辆的安全技术状况进行检查,发现故障必须排除后方可投入运行。要特别注意检查容器的安全性能,逐个部位检查液位计、压力表、阀门、温度表、紧急切断阀、导静电装置等安全装置是否安全可靠,杜绝跑、冒、滴、漏,故障未处置前不得承运。要保持驾驶室干净,不得有发火用具,危险品标志灯牌完好。

3. 应急处理准备充分

要检查随车消防器材的数量及有效性。要随车携带不发火的工具、专业堵漏设备、劳动防护用品,不得穿钉子鞋和化纤服装。押运员要携带掌握承载货物的事故技术处置方案(包括危险特性、处置措施、消防处置措施)、产品生产厂家联系电话及交通事故、治安、消防、救护、环保等报警电话。

4. 装载货物应注意细节

装载货物时要详细核对货物名称、规格、数量是否与托运单证相符。要按照堆码整齐、靠紧妥帖、平整牢固、均匀平衡、易于点数的基本原则进行装载。各种危险化学品不能混装,做到一车一货。承载易燃易爆品时,车辆排气管要戴防火罩,桶装危险品的桶与桶之间要用编织袋充填空隙。容器罐装液体时,应预留容积不得少于总容量5%的膨胀余量。装载有毒有害货物时,要站在上风处。特别需要注意的是,装载的任何化工产品都要加盖雨布,以防会车时飞落的烟头。

5. 精心驾驶,平稳行车

行车时要遵守交通、消防、治安等法律法规。主动避让各种车辆,控制车速,保持与前车安全距离,严禁违法超车。不疲劳驾驶,使车辆保持平稳、中速行驶。驾驶中要尽量少用紧急刹车,以保持货物的稳定,确保行车安全。

6. 行车途中勤检查

危险品运输的事故隐患主要是从泄漏开始的。由于行车途中车辆颠簸震动,容易造成包装破损,因此,行车途中要勤于检查。当行驶 2 h 后要查看一下桶盖上有无溢出,用专用扳手拧紧,如密封圈失效应更换;铁桶之间的充填物有无跌落;车厢底部四周有无泄漏液体,如有应查出漏桶,将漏点朝上;捆绑的绳索是否松动等。

7. 选择行驶路线得当,行车时间恰当

运输危险品要选择道路平整的国道主干线,行车要远离城镇及居民区,非通过不可时,要再次检查货物安全无泄漏后再通过。不在城市街道、人口密集区停车吃饭、休息。提倡白天休息,夜间行车,以避开车辆、人员高峰期。一旦发生泄漏,个人力量无法挽回时,要迅速将车开往空旷地带,远离人群、水源。若发生交通事故,要扩大隔离范围,并立即向有关部门报警。

8. 小心卸货,防止污染

危险品大多具有毒性、腐蚀性,稍不注意就容易污染环境。特别是液、气态物品容易污染空气、土地和水源。卸货时应特别注意,经过长途运输,外包装可能会发生破损,在没有专用站台的地方卸货时要铺跳板或木杠,用绳拉住桶缓缓落地,或用废轮胎垫地,以起到缓冲作用。并告知货主,对危险品不可急于使用,需搁置一段时间,待各种性能平稳后再使用。若卸货时发现车厢里有泄漏的痕迹,应先用锯末或沙子进行清扫,待泄漏物干透、蒸发后,再到远离水源的地方用水冲洗,以免污染环境。

本章思考题

1. 什么是物品包装标志,有哪些重要作用?
2. 运输包装收发货标志应包含哪些内容?
3. 包装储运图示标志包括哪些?
4. 危险货物包装标志在使用时应注意什么?

实践课堂

1. 实践目的

通过阅读物流包装标志的案例,运用本章所学的包装知识对本章引导案例进行分析,进一步了解包装标志的意义。

2. 技能要求

结合本章引导案例分析如何进行包装标志设计和使用。

3. 实践学时

2学时。

4. 实践环节

以小组为单位(5~6人为一组)对本章引导案例进行分析。

5. 实践内容

(1) 每小组收集两个以上包装标志,并加以分析。

(2) 以一种货物为例,简述包装标志设计的依据和标志的使用方法。

课后阅读

国家标准对烟花爆竹标志的规定

GB 24426—2015《烟花爆竹 标志》已于2016年4月1日实施。该标准规定了烟花爆竹产品销售包装标志和运输包装标志的要求,适用于国内销售的烟花爆竹产品销售包装标志和运输包装标志的标注和检验。

1. 烟花爆竹产品销售包装标志(个人燃放类)

个人燃放类产品销售包装标志应符合GB 10631—2013《烟花爆竹安全与质量》的规定,基本信息应包含:产品名称、消费类别、产品级别、制造商名称及地址、含药量(总药量和单发药量)、警示语、燃放说明、生产日期、保质期、执行标准编号。计数类产品应标明数量。

1) 产品名称

应在主展示版面醒目位置,清晰标注规范的产品名称。

2) 消费类别

应在主展示版面醒目位置,用绿色字体清晰标注消费类别"个人燃放"字样。

3）产品级别

标注的产品级别应符合 GB 10631—2013《烟花爆竹安全与质量》中的分级规定。混合包装以包装中产品最高级别为该包装的标注级别。

4）产品类别

单个产品标注的产品类别应符合 GB 10631—2013《烟花爆竹安全与质量》的规定。组合类烟花除标注组合烟花外,还应标注所有组合单元的类别。

5）燃放安全区域

由"燃放安全区域:数字(m)"组成。例如:"燃放安全区域:××m(米)以外。"

6）制造商名称、地址

应标注制造商经依法登记注册的名称和地址。进口产品应标注:原产地(国家/地区)以及代理商或进口商或销售商在中国依法登记注册的名称和地址。

7）含药量

单个产品的含药量标注为:"含药量:×× g(克)"。组合烟花类产品和爆竹类结鞭爆竹产品标注为:"总药量:×××× g(克),单发(个)药量:×× g(克)"。

8）安全警示语

安全警示语字体颜色应使用区别于包装底色的字体清晰标明。

9）生产日期

应标注产品真实的生产日期。生产日期标注应采用加盖生产日期印章或加贴不易脱落的不干胶等不能篡改的方式。

应按年、月的顺序标注日期,如××××年××月。年代号一般应标注 4 位数字;难以标注 4 位数字的小包装产品,可以标注两位数字。

10）保质期

保质期应标注为:"保质期为×年"。

11）产品标准编号

应标注所执行的产品标准编号。

12）点火位置标注

应在产品引线保护装置上标明点火位置,采用摩擦头点火方式的应在摩擦头附近标明点火位置。

2. 烟花爆竹产品运输包装标志

运输包装标志应符合 GB 10631—2013《烟花爆竹安全与质量》的规定,基本信息应包含:产品名称、消费类别、产品级别、产品类别、制造商名称及地址、安全生产许可证号、箱含量、箱含药量、毛重、体积、生产日期、保质期、执行标准编号以及产品运输危险级别、产品流向登记标签、安全警示语及图示标志。

其中,产品名称、消费类别、产品级别、产品类别、制造商名称及地址、生产日期、保质期、产品标准编号的要求与销售包装标志相同。

1) 安全生产许可证号

安全生产许可证号按"（×）YH 安许证字〔20××〕×××××××"格式，标注生产企业安全生产许可证号。

2) 箱含量

箱含量指包装箱内所装产品数量。由数字和计数单位构成。例如："箱含量：××个"。

3) 箱含药量

箱含药量指包装箱内所装产品的药量总和，由数字和质量单位组成。例如："箱含药量：×× kg（千克）"。

4) 毛重

毛重指包装箱及其所装产品的质量总和，由数字和质量单位组成，例如："毛重：×× kg（千克）"。

5) 体积

包装箱的体积，用长（mm 或毫米）×宽（mm 或毫米）×高（mm 或毫米）标注。

6) 产品运输危险级别

应标注与箱内产品运输危险级别相适应的运输危险级别和相对应的危规标志。

7) 流向登记标签

运输包装应有流向登记标签，流向登记标签示例见 GB 10631—2013《烟花爆竹安全与质量》。

8) 安全警示语及图示标志

运输包装上应有"烟花爆竹""防火防潮""轻拿轻放"等安全警示语或图示标志，组合烟花除此之外还应标注"严禁倒置"等安全警示语或图案。安全图示及标志应符合 GB 190—2009《危险货物包装标志》和 GB/T 191—2008《包装储运图示标志》的有关规定。

9) 其他

当销售包装与运输包装等同时，标注的内容及字体要求应同时符合销售包装和运输包装的要求，但不应重复。

烟花爆竹运输包装还应当符合危险货物包装标志以及其他有关标准要求。

资料来源：GB 24426—2015 烟花爆竹标志.

第五章

包装标准与法规

学习目标

掌握包装标准、标准化、包装法规等有关知识；
了解国际社会对于包装的相关标准与法规及形成的技术贸易壁垒所带来的影响。

学习指导

在相关课程中认识包装的标准，在实物教学中了解包装法规的知识。

引导案例

欧盟绿色贸易壁垒对中国茶叶出口的影响

在1986年举行的乌拉圭回合谈判中，发达国家与发展中国家达成协议，为促进全球贸易自由，双方共同做出让步，发达国家将其进口工业产品的平均关税从40%降低到4.7%，发展中国家则下调到13%。同时，这次谈判承认了技术壁垒、绿色壁垒等贸易保护形式的合法性，开启了全球贸易中围绕绿色壁垒进行的贸易争端和裁决历程。

绿色壁垒产生的直接原因是人类片面追求经济发展所带来的生态破坏问题日益严重，人与自然的和谐关系被打破，物种多样性丧失，空气恶化，水土污染严重，人类生存前景堪忧。随着社会的发展和科学技术的进步，人们进一步加深了对人与自然关系的认识，在关注经济发展的同时，开始关注人类自身的健康和人类生存其中的环境的质量。于是，在国际贸易政策的制定中，发达国家纷纷将环境保护列为重要的一项。

中国是茶叶的原产地,茶叶种植有着6000年的历史。同时,茶叶也是中国农产品出口贸易中的主要贸易对象之一。中国在茶叶种植方面有着先天的资源优势,茶产量一直位居世界前列。2014年,中国茶叶年产量209.57万吨,居世界首位;年出口量30.01万吨,位于肯尼亚和斯里兰卡之后,名列世界第三。中国茶叶出口目的地相对集中,主要有非洲、欧盟和日本等国家和地区。由于非洲地区消费水平较低,茶叶价格也普遍偏低。欧盟和日本作为高端茶叶消费地区,茶叶价格较高,也具有较大的利润空间,是中国茶叶出口转型升级的一大方向市场。但是欧盟和日本也是绿色贸易壁垒制定最为严格的国家和地区,近乎严苛的进口茶叶标准给中国茶叶出口造成了极大的阻碍。

近10年间中国茶叶出口在总量和总额上都有较大增长,但世界占有率逐年下降,可见中国茶叶的市场竞争力正逐步下降。尤其当欧盟茶叶农药残留标准发生较大变动时,中国茶叶对欧盟的出口亦会随之减少,出口量明显萎缩。

欧盟不断地修改和完善绿色贸易壁垒体系,其严格的绿色包装和绿色环境标志制度,高于国际标准的绿色技术标准以及苛刻的绿色卫生检验检疫制度等已经成为我国茶叶输欧的重要障碍。尤其是2000年以来,欧盟以保护消费者安全为由,制定了严格的茶叶农药残留限量措施,使得中国的茶叶出口欧盟频遭绿色贸易壁垒,绿色贸易壁垒成为影响和制约中国茶叶出口稳定增加的主要问题之一。虽然随着近年欧盟绿色贸易壁垒冲击效应的不断释放,中国茶叶企业已渐具一定的适应性,茶叶出口量波动有减小的趋势,但时至2014年,中国茶叶对欧盟的茶叶出口量仍未恢复到1999年的水平。

资料来源:李妍月. 欧盟绿色贸易壁垒对中国茶叶出口的影响研究[D]. 东北财经大学,2015.

第一节 包装标准和标准化

一、包装标准

包装标准是围绕着具体实现包装的科学化、合理化而制定的各类标准,是保证产品在流通过程中安全可靠、性能不变,而对包装材料、包装容器、包装方式所做的统一的技术规定。

包装标准的分类有以下几种。

1. 包装基础标准和方法标准

包装基础标准和方法标准是包装工业基础性的通用标准,包括包装通用术语、包装尺寸系列、包装技术与方法、包装及包装件试验方法等。

2. 物品包装标准

物品包装标准是对物品(包括工业品和农副产品)包装的技术要求和规定。一种是物品质量标准中对物品包装、标志、运输、储存等做的规定；另一种是专门单独制定的包装标准。

3. 包装工业的产品标准

包装工业的产品标准是指包装工业产品的技术要求和规定，包括包装材料、包装容器、包装机械等。

二、包装标准化

1. 概念

包装标准化是以包装为对象开展标准化活动的全过程。

2. 包装标准化工作

包装标准化工作是整个标准化工作的重要组成部分。标准化工作的目的在于实现产品包装科学合理，确保产品安全地送到消费者手中。为此，必须制定足够数量的包装术语标准、包装标志标准、包装尺寸标准、包装件试验方法标准、包装技术标准、包装方法标准、包装管理标准、包装材料标准、包装容器标准、包装印刷标准、包装机械标准以及大量的产品包装标准，这些产品相互制约、补充，构成了一个独立完整的包装标准体系。

在做好包装标准化工作的同时，应做好包装标准及法规的完善、宣传贯彻和服务工作，并不断完善包装标准体系，服务于包装领域的产品生产、国际贸易和国民经济建设。

随着生产的发展、贸易的扩大、人们生活水平的提高，物品包装必定会朝着科学合理、技术要求准确、美观实用的方向发展。这就赋予了包装标准化新的使命和新的功能，特别是加入WTO（世界贸易组织）以后，搞好包装标准化对改善产品包装的质量，减少包装的经济损失，提高我国产品在国际、国内市场上的竞争力，将起到十分重要的作用。

三、包装标准和包装标准化的关系

贯彻实施包装标准是包装标准化过程的关键，修订包装标准则使包装标准化进一步完善。一般来说，包装标准和包装标准化之间存在以下几种关系。

1. 包装标准化的基本任务是制定包装标准

包装标准化的目的和作用，必须通过制定具体的产品标准来体现。

2. 包装标准化的效果，要通过包装标准的贯彻实施来体现

包装标准是一些具体量化的指标，它的贯彻实施也就体现了标准化的设想。因此，贯彻实施包装标准是一个关键环节。

3. 包装标准化是一个定性概念

包装标准化是人们对产品包装的一致追求，因此它是没有止境的。随着生产流通的现代化，包装也被赋予了新的内容。因此，包装标准必须随之相应地修改或重新制定，以适应时代的发展。

从以上三个关系可以看出，包装标准所包括的范围是极为广泛的，包装标准化工作是包装工业的技术基础，包装标准是实现包装科学、合理的技术依据。

第二节　包装标准化的作用和意义

一、包装标准化的作用

包装标准化在包装产品的生产和质量控制中起到了极其重要的作用，并且得到了越来越多的包装企业的重视。具体来说，标准化的作用有以下几个方面。

1. 稳定和提高包装产品的质量

包装产品的某些性能受到原材料、环境、设备、操作人员和操作方法等因素的影响，如果不对这些影响因素制定某种标准加以控制，就不可能保证包装产品的质量。包装企业应该充分认识到这些影响因素就是使包装产品性能发生波动的原因，进而把这些因素逐一制定成标准，就可减少包装产品质量的波动，成为加强质量管理的一个有效对策。

2. 明确责任与权限

一个企业是通过组织来运营的，如果只注意整顿组织、赋予一定的责任与权限，而不注意开展标准化活动，经营好这个企业就较困难。所谓责任与权限，是指规定在何处一定要进行何种工作，制定出标准以后，就可以明确地提出权限来。

3. 降低成本、提高经济效益

标准化带来的最大利益就是降低成本，在大量生产标准化产品时，其效益将进一步提高。例如，经过标准化对包装产品规格做了统一，在批量生产中，就可缩减库存量，提高生产效率，使成本大大降低，从而收到显著的效益。

另外，一个包装产品有时往往不是一个企业或一个部门自己独立生产出来的，而是若干个部门或企业分工协作的结果，靠统一的标准将它们有机地联系起来，从而保证它们之间的统一协调。因此，包装企业应当充分运用标准化这个手段，开展生产分工与协作，实现生产要素的优化配置，提高劳动生产率和经济效益。

4. 有效地判断产品包装的适宜性

包装技术人员常常要迅速地判断产品包装的适宜性。例如，判断产品是否适宜某种包装材料，在没有材料标准时，就得每次都进行试验，然后再根据试验结果进行判断，而且这种判断往往缺乏系统性和全面性，容易造成错误的结论。再如，在产品包装系统特性评价时，通过运用标准化列出设计图案、保护性能、运输性能、保管性能和销售性能，做出具体的检验一览表,就可以防止漏检,并且通过这些标准资料,还可以大大提高判断产品包装适宜性的准确性和效率。

5. 避免个人因素的影响

每个包装企业都会有一些有经验的优秀技术工人,在迅速发展的现代化企业中,这些优秀技术工人的技术和技能都是属于个人的,不容易成为不管什么时候、谁都能掌握的、归公司所有的精神财富。因此,以这些优秀工人的技术与技能为基础,归纳为一种成文的、谁都能运用的更高级的形式即标准,实现个人技术的均衡化。符合这些技术要领的标准,也就可以理解为企业的技术水平。标准可以避免因个人因素而对企业的包装产品质量及产品生产造成影响。

6. 促进包装产品技术水平的提高

技术是不断进步的,特别是现代化包装企业,这种技术进步的步伐是很快的。因此,企业必须经常致力于引用新技术以求得持续的发展。但是也有人在担心,标准这个形式既然是使现有技术水平文字化后的产物,那么会不会阻碍技术的进步,使其停滞不前。

事实上,标准绝不是一种一成不变的东西,标准是阶段性技术进步的基础。可以说正是通过标准的采用,才可以顺应技术的进步,不断地把技术推向一个更高的阶段。

二、包装标准化的意义

1. 包装标准化是提高包装质量的技术保证

任何包装标准都是从实践经验和技术研究成果中总结出来而制定的,代表着当前的较好的、普遍的生产水平。因此,标准质量的好坏与是否实行标准化是紧密相关的,如包装容器的使用效果和价值一般与其结构形式、物理和机械性能等因素密切相关。

包装容器性能的这些最低要求,在标准中均做出了具体的规定,可以保证生产过程中质量的控制、评价和检验,从而保证了包装的质量。

2. 包装标准化是实现企业间经济横向联合的纽带

随着科学技术的发展,生产的社会化程度越来越高,生产规模越来越大,技术要求也越来越高,分工越来越细,生产协作越来越广泛。包装这一既简单又复杂的事情,不但涉及被包装的对象,还涉及仓储、装卸、运输等物流的各个部门。这些部门之间在技术上的统一与协调一致,要通过制定和执行许多包装标准和相关标准才能达到。

3. 包装标准化是企业合理利用资源和原材料的有效手段

标准化对象的主要特征之一就是重复性,标准化的重要功能就是对重复发生的事情尽量减少或消除不必要的劳动耗费,并促使以往的劳动成果重复利用。包装标准化有利于合理利用包装材料和包装制品的回收利用,如大部分的酒瓶,除形状可以各具特色外,其高度、外径、瓶口尺寸按标准统一后,瓶盖机和灌装机就能通用了。

4. 包装标准化可以提高包装制品的生产效率

实现统一的包装标准,有利于减少包装的规格型号,使同类产品相互通用,促使包装制品的生产厂家由零星分散的小批量生产转变为集中的大批量生产,有利于生产的机械化和连续化,从而不断提高包装制品的生产效率。同时,实现统一的包装标准,还可以避免生产厂家对包装的形状、规格、图案和质量各行其是所造成的人力、物力的浪费。

5. 包装标准化能够促进包装技术和对外贸易的发展,增强产品在市场的竞争能力

随着国内外贸易的不断扩大和发展,包装标准化已成为国际、国内贸易的组成部分和互相遵守的技术准则。特别是出口商品,只有实行与国际标准化相一致的标准,才能便于在国际港口采用机械化装卸、集合包装和集装箱运输,扩大物资流通范围,从而降低包装破损、减少运输费、提高运输效率以及产品在国际市场的竞争能力。

推行标准化是世界各国的一项重要技术经济政策,因为它适应于日益扩大的国际贸易发展的需要,所以也就成为产品走向国际市场的重要条件之一。

三、提高包装企业标准质量的对策

1. 加强产品标准化的意识

企业的效益一般是通过销售产品来获得的,而产品销售的好坏依赖于产品的质量和特性。产品质量是企业的根本,而产品的标准则是全面衡量产品质量和特性的基础,是更好地参与国内外市场竞争的保证。因此,包装企业,特别是企业的管理者和决策者应当重视这项工作,加强产品标准化的意识,按照标准来组织包装新产品的开发和生产,使企业在激烈的市场竞争中立于不败之地,从而获取最大的经济利益。

2. 积极制定或采用先进的产品质量标准

产品生产应该有章可循,杜绝无标产品。国家允许包装企业依据供需双方和市场需求,决定采用什么样的标准来组织生产。包装产品的特性除了必须符合有关法律、法规及强制标准的要求外,企业还可自主决定衡量产品质量的依据。

国家允许并鼓励包装企业制定满足市场和用户的需求、水平先进的产品质量标准,并且鼓励企业采用国际标准和国外先进标准来组织生产。包装企业应积极制定或采用先进的产品质量标准,很多国内外先进的包装标准是经过长期实践、研究、探索而确定的,并且得到了普遍的公认。

企业应该充分了解和采用这些标准,结合企业自身水平和发展的要求,确定自己生产的产品质量要求。标准制定时应使标准技术水平既先进又合理,以最大限度地满足用户的要求为原则,以提高包装产品的竞争力为目的。企业标准应积极进行审查和备案,以确保其质量和地位。

3. 加强标准化人员的落实和能力的培养

标准化工作既是技术工作又是管理工作。标准化人员应该熟悉包装产品的生产过程、技术要求以及品质控制，了解国内外同类产品的标准、相关法律法规和标准编写方法。标准化人员应该是专职人员或主要从事者，并应尽量保持长期从事稳定的标准化工作。

企业应安排业务素质好、知识面广、经验丰富的专业技术人员到标准化岗位上工作，必要时应安排技术培训，只有确保标准化人员的水平，并让他们直接参与标准的编写，才能确保标准的质量和标准化执行的水平。

4. 发挥标准化在包装新产品研制中的作用

运用标准化可以加快新产品的开发，提高开发的效率，降低开发的成本。企业在包装新产品开发中，应该尽可能地推行产品系列化、组合化的设计，并且采用标准件、通用件和组合件来提高通用化的程度，从而可以大大缩短新产品的设计、试制周期，并开发出适应市场需求、用户满意的多样化、系列化的新产品。

5. 加强与包装专业标准化管理部门和包装科研质检部门的合作

很多包装企业由于质量意识、人员素质、技术手段、工作经验等因素的制约，在制定标准中会存在诸多问题，这些问题包括标准编写不规范、不完整，技术项目不全，试验方法不完善、不合理，审查不仔细等。

为了弥补包装企业技术人员经验不足和试验设备不足的缺陷，熟悉标准化相关法律、法规和标准编写的方法，包装企业应积极与包装专业标准化管理部门和科研质检部门合作，获得必要的专业指导和技术支持，从而提高自身的技术水平和产品质量的标准。

6. 运用标准化来提高包装企业的现代化管理水平

在包装企业的发展过程中，既要重视技术进步又要重视提高管理水平。包装企业应该通过运用标准化来建立现代化的企业制度，实施有效的管理，使权、责、利相统一，从而达到节约资源、降低成本、提高效率、在同行业中具有竞争力、获得更大的利益的目的。

7. 积极参与包装行业标准和包装国家标准的制定和修订工作

包装企业应积极提升自身产品的质量水平和标准水平，在此基础上，积极向包装专业标准化管理部门申报并参与包装行业标准和包装国家标准的制定和修订工作，以此锻炼标准化人员队伍、提升企业形象、确立行业地位、提高市场竞争力。

标准化已成为包装企业组织生产和科学管理的重要组成部分，它不仅是提高产品质量的技术保证，也是推广应用新技术的桥梁。包装企业要有长远的眼光，在现阶段国内外激烈的市场竞争中，只有不断地提高技术水平和质量标准，才能满足社会的需求，永远拥有竞争力而在市场经济大潮中立于不败之地。

第三节 我国的包装标准化体系

包装标准体系是包装标准化的主要内容,编制包装标准体系表是包装标准化工作的主要工作任务之一。

一、包装标准体系的有关术语

1. 包装标准体系

包装标准体系是包装标准按其内在联系所形成的一个科学的有机整体,它的组成单元是包装标准。

2. 包装标准体系表

包装标准体系表是包装标准体系中的标准按一定形式排列起来的图表,它的组成单元是用包装标准的名称来表示的。

3. 个性标准

个性标准是直接表达一种标准化对象(产品或系列产品、过程、服务、管理)所具有的个性特征的标准。

4. 共性标准

共性标准是同时表达存在于若干种标准化对象间所共有的共性特征的标准。共性标准构成标准体系中的一个层次,放在有关个性标准之上。

5. 相关标准

相关标准是属于其他标准体系而本标准体系直接采用的标准。

二、包装标准体系的形成基础

标准体系是一个完整、独立的有机整体。国家标准体系由互相制约的多层次的子标准体系所组成。包装标准体系是国家标准体系中的一个子标准体系,包装国家标准体系又是我国包装标准体系中的一个子标准体系。

包装标准体系的建立必须遵循标准化原理,标准化的三维空间是包装标准体系的形成基础,它直接影响到包装标准体系的系统性、科学性、合理性和发展要求。

建立"与国际水平相当、具有中国特色的包装标准体系"是我国广大包装标准化工作者的奋斗目标。包装标准化工作是整个标准化工作的重要组成部分,建立和完善包装标准体系、制定足够数量的包装标准是包装标准化工作的主要内容。这些标准相互制约、补充,构成一个完整、独立的包装标准体系。

编制包装标准体系特别要掌握包装行业和相关专业的特点和规律,注意跨行业的协调;要分析和比较包装领域中的国际标准和国外先进标准,研究和完善我国的包装标准;包装标准化技术组织应在包装标准体系编制工作中起到领导和组织协调的作用。

三、我国包装标准体系表

(一)编制包装标准体系表的目的

包装标准体系表是用图表的形式把包装专业所需要的各种标准项目,按照标准的性质、类别、通用面积大小以及标准间相互从属配套和协调关系等逐项列到图表上,编制包装标准体系表的目的。

1. 了解包装专业的标准概貌

通过包装标准体系表就能获得一个总的概念,可以比较形象、直观、系统地了解包装专业的标准概貌。

2. 完善包装标准及其体系

由于包装标准体系不仅包括现行的包装标准,而且还包括正在组织制定中的包装标准以及将来要制定的包装标准。因此,通过包装标准体系表可以清楚地了解包装专业正在执行哪些标准,已在制定和修订哪些标准以及还有哪些标准需要制定等情况。

3. 形成科学管理的方法

编制包装标准体系表是包装标准化工作进行科学管理的一种好方法,对于我们进行分析研究、综合平衡、确定各个项目的轻重缓急以及组织协调等都是很有必要的。

4. 为制定和修订标准的项目计划提供科学的依据

编制包装的标准体系表是编制好包装标准计划、规划的一项重要的基础工作,它给制定和修订包装标准的项目计划提供了科学的依据。

(二)包装标准体系表和包装规划的关系

标准体系表和标准规划有着密切的关系,两者在对项目划分的原则上是一致的,反映的内容则有所不同:标准规划确定的是今后要进行的项目,包括完成这项目的负责单位、参加单位以及标准的主要内容等;而标准体系表则不仅包含今后要进行规划的项目,还包括已经批准、发布、还在执行的标准和已列入计划正在组织制定和修订的标准项目。

编制包装标准体系表是编制包装标准规划的基础,在编制包装标准规划前,应先编出包装标准体系表。在审议包装标准规划项目前应先对包装标准体系表的构成状况和各包装标准项目进行逐项的审定,也就是先确定哪些项目是重点、哪些是配套;哪些要先编、哪些要后编等,然后再按照实际可能编制规划,从而使编制出来的规划科学合理。

(三) 编制包装标准体系表的原则

根据标准体系表的编制原则,结合包装行业及相关专业特点,提出包装标准体系表的以下几点编制原则。

1. 全面配套

标准体系是一个系统工程,包装标准化工作是要为发展工业服务,包装行业需要的标准要全面配套。包装标准化为之奋斗的最终目的,是使产品包装科学合理。

包装综合基础标准(包装术语、包装尺寸、包装标志、包装技术、包装试验方法等)以及包装专业通用标准(包装材料、包装容器、包装机械等)都是为产品包装标准科学合理服务的。

2. 层次恰当

根据标准的适用范围恰当地将各项包装标准安排在不同的层次上。一般要尽量扩大标准的适用范围,或者说尽量安排在高层次上。

3. 划分明确

同一包装标准不要同时列入两个以上体系或分体系内,避免重复制定,同时注意包装共性标准和个性标准的准确划分。

(四) 我国包装标准体系表

我国包装标准体系按其性质、类别、通用面积大小和标准间相互从属以及配套协调关系等分为三个层次。根据专业标准体系的层次机构,在包装标准体系表中最底层的个性标准就是产品的包装标准;上一层为门类通用标准,只适用于包装专业的某一门类,即包装专业通用标准;最上层是专业基础标准,适用于整个包装专业,即包装综合基础标准。我国包装标准体系表如图 5-1 所示。为了简化图表,小门类不在总表上表示出来,可编制相应的包装标准体系明细表进行分类表示。

1. 包装综合基础标准(第一层)

包装综合基础标准是包装行业最广泛、最基本、最有指导意义的标准,其中的每一个标准对整个包装专业都适用。包装综合基础标准包括以下几项内容。

(1) 包装标准化工作导则。
(2) 包装术语。
(3) 包装尺寸。
(4) 包装标志与代码。
(5) 包装技术与方法。
(6) 包装设计。

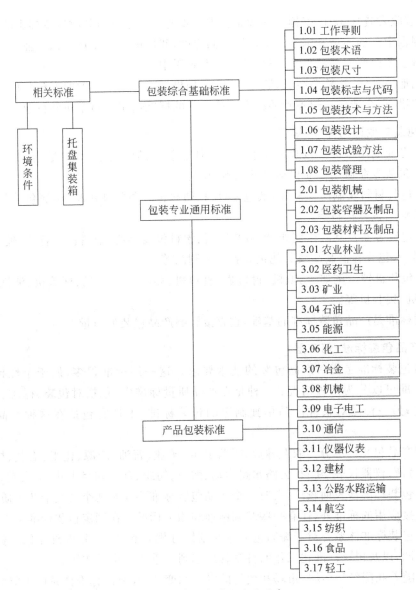

图 5-1　我国包装标准体系表

（7）包装试验方法。

（8）包装管理。

环境条件、托盘、集装箱及相关运载工具等方面的标准，作为包装标准体系的相关标准也列入了第一层。

包装综合基础标准是包装行业的基础标准，每一个产品包装几乎都要应用到。例如，

《运输包装收发货标志》国家标准的颁布就进一步统一了运输包装收发货标志的问题。该标准是根据中国的国情和国家经济体制而制定的,我国的产品生产是由工业部门生产的,流通领域主要由商业部门负责,然后到达消费者手中。

我国地域辽阔、运输路线长、装卸环节多,如果没有一个统一的收发包装标志,不仅容易出现差错,还会造成意想不到的损失。第一层的标准适用于整个包装行业。

2. 包装专业通用标准(第二层)

包装专业通用标准指包装工业生产的各种包装产品的技术标准,适用于包装专业某一方面。包装专业通用标准包括以下几项内容:

(1)包装材料及制品。例如,纸包装材料、塑料包装薄膜和片材、金属包装材料、木包装材料及辅助包装材料等。

(2)包装容器及制品。例如,纸包装容器、塑料包装容器、金属包装容器、玻璃和陶瓷包装容器、木包装容器制品及其他包装容器和制品等。

(3)包装机械。例如,充填机、封口机、裹包机、多功能包装机、标签机、清洗机、干燥机、杀菌机、集装机等。

这类标准是产品包装标准的基础,它直接影响产品包装的质量。

3. 产品包装标准(第三层)

产品包装标准是指对产品包装的技术要求。这一层标准很多,属于个性标准。产品包装标准可以分为两种情况:一种是在产品质量标准中,包括对包装、标志、运输、储运的规定;另一种是对某种产品单独制定的包装标准,不把它包括在这种产品的质量标准中。

我国产品包装标准分为农业林业、医药卫生、矿业、石油、能源、化工、冶金、机械、电子电工、通信、仪器仪表、建材、公路水路运输、航空、纺织、食品和轻工共17大类。

产品包装标准涉及面较广,有时一个产品包装标准要涉及几个甚至十几个质量标准。除这些直接应用的标准外,还有一些基础标准和相关标准要在制定包装标准中参照执行。

我国包装标准体系曾对于编制包装标准制修订规划和计划、分析研究包装标准项目和组织协调,以及包装标准化工作的科学管理起到了重要的指导作用。

但是随着我国经济体制、市场和贸易的发展和变化,现有的标准体系已不能满足现阶段国民经济的需求,其主要目的是从生产和技术角度对有关包装技术、试验、工艺、管理等提出要求,比较适合计划经济体制。

但对于目前我国的市场经济环境,尤其是加入WTO后,参与国际贸易竞争,该体系就显得软弱无力,尤其是在贸易方面和市场方面,几乎无所作为。因此,我国应尽快完善现有的包装标准体系。

第四节 包装法规

一、技术贸易壁垒

随着时代的发展，人类环保意识的增强，世界政治经济格局发生重大的分化重组，国际贸易领域也呈现出了引人注目的新特色。关贸总协定在削减关税方面所取得的节节胜利、世界贸易组织的正式成立，以及国际经济一体化运动，使得整个国际贸易呈现出贸易自由化的趋势。在这种趋势之下，国际贸易中的保护措施发生了较大的变化，特别是近几年来，西方发达国家如美国、日本等主要资本主义国家纷纷采用隐蔽性较强、透明度较低、不易监督和预测的保护措施——技术壁垒，给我国及其他国家尤其是发展中国家的对外贸易造成很大的障碍，同时也成为阻挡外国产品进入本国市场的屏障，是当今国际贸易中最隐蔽、最难对付的一种贸易壁垒。

技术壁垒主要是指商品进口国家所制定的那些强制性和非强制性的商品标准、法规以及检验商品的合格性评定所形成的贸易障碍，即通过颁布法律、法令、条例、规定、建立技术标准、认证制度、检验制度等方式，对外国进口商品制定苛刻的技术、卫生检疫、商品包装和标签等标准，从而提高产品技术要求，增加进口难度，最终达到限制进口的目的。这些措施的本身并没有设置贸易障碍，它是各国更合理、更有序地交易生产成果的有效措施，是贸易文明的标志之一，但是如果将这些措施或规定有意地复杂化，并经常变动，甚至规定内外有别的双重标准，使外国进口的商品难以符合这些规定要求，就会成为严重的贸易保护壁垒。

从目前国际贸易中技术壁垒的具体情况来看，主要是发达国家如美、日、欧盟等国凭借其自身的技术、经济优势，制定了苛刻的技术标准、技术法规和技术认证制度等，对发展中国家的出口贸易产生了巨大的限制作用。

在经济全球化、科技日新月异、国际竞争日趋激烈的形势下，以技术法规、技术标准为重要内容的技术性贸易壁垒已经成为世界各国调整贸易利益的重要手段，其影响和作用已经远远超出一般的贸易措施。因此，在新的经济形势下正确地认识贸易壁垒，认清在技术性贸易保护工作中存在的问题，了解发达国家在国际贸易中所实施的技术壁垒的状况，建立和完善自己的技术件贸易壁垒，无论是对我国的出口贸易还是企业的生产都具有十分重要的意义。

二、发达国家技术标准和法规的技术壁垒

（一）技术标准和法规为发达国家广泛用来设置技术壁垒

在国际贸易中用来设置技术壁垒最为广泛的是技术标准和技术法规：凭借技术标

准、技术法规很容易达到使所实施的技术壁垒,具有名义上的合理性,提法上的巧妙性,形式上的合法性,手段上的隐蔽性,从而使得出口国望之兴叹,主要体现在以下几个方面:

1. 技术标准和法规繁多,让出口国防不胜防

为了阻碍外国产品的进口、保护本国市场,很多国家制定了许多严格的标准、法规,甚至用法律明确规定进口商品必须符合进口国标准。目前,欧盟拥有的技术标准就有10多万个,德国的工业标准约有15万种。据日本1994年3月调查的结果就有8 184个工业标准,397个农产品标准。美国是目前公认的法制、法规比较健全的国家,其技术标准和法规之多显而易见。

2. 技术标准要求严格,让发展中国家很难达到

发达国家凭借其经济、技术优势,制定出非常严格苛刻的标准,有的标准甚至让发展中国家望尘莫及,如西欧有些国家规定,面条内的鸡蛋含量要在13.5%以上,食盐含量不能超过1%,不准加颜色等。欧盟的OKO——生态纺织品标准100中对服装和纺织品中的某些物质的含量要求高达PPb级,如对苯乙烯的要求是不超过5 PPb,乙烯环乙烷不超过2 PPb,这无疑给发展中国家的纺织品出口贸易造成很大的难度。一方面由于技术有限,很难控制到PPb级;另一方面由于经济、实验条件有限,而无法检测出PPb级的物质。如果让发达国家的检测机构检测,费用相当昂贵,成本增高,从而起到了技术壁垒的作用。

3. 有些标准经过精心设计和研究,专门用来对某些国家的产品形成技术壁垒

例如,法国为了阻止英国糖果的进口而规定禁止含有红霉素的糖果进口,而英国的糖果是普遍采用红霉素染色剂制作的;法国禁止含有葡萄糖的果汁进口,这一规定的意图就在于抵制美国货物,因为美国出口的果汁普遍含有葡萄糖这一添加剂。

4. 利用各国的标准的不一致性,灵活机动地选择对自己有利的标准

例如,法国规定纯毛服装的含毛率只需达到85%以上,就可以算作纯毛服装了,而比利时规定的纯毛含毛率必须达到97%,德国则要求更高,只有当纯毛含毛率达到99%时,才能成为纯毛的服装,这样对于德国来说,它出口时就选择对方的标准,而防止纯毛服装的进口时就选择自己的标准,从而使得法国的羊毛制品在德国和比利时就难以销售。

5. 技术标准、法规不仅在条文上可以限制外国产品的销售,而且在实施过程中也可以对外国产品的销售设置重重障碍

例如,一些国家利用商品的包装和标签标准、法规给进口商品增加技术和费用负担,设置技术壁垒,如德国和法国禁止进口外形尺寸与本国不同的食品罐头;美国和新西兰禁止利用干草、稻草、谷糠等作为包装或填充材料,在这些情况下,这类包装材料只有在提供了消毒证明后才允许使用。又如,有一年,澳大利亚准备从我国某企业进口白油,澳方对产品质量表示满意,但因我国包装规格高为900 cm,与它们的包装规格高为914 cm不符,不便于流通周转,这样,包装规格便成了贸易的壁垒,使100 t白油的出口未能成交。总之,利用技术标准和法规而设置技术壁垒的方法很多,而且形式各异。

(二)日本的技术标准、法规的技术壁垒状况

战后的日本以贸易立国,通过发展贸易,成功地促进了经济发展,同时也成功地保护了民族工业,这与日本带有强烈保护色彩的技术标准和法规是分不开的。日本有名目繁多的技术法规和标准,其中,只有极少数是与国际标准一致的,当外国产品进入日本市场时,不仅要求符合国际标准,还要求与日本的标准相吻合,如化妆品,要与日本的化妆品成分标准(JSCL)、添加剂标准(JSFA)、药理标准(JP)的要求一致。只要其中一项指标不合格,日方就能以质量不达标为由拒之门外。

日本工业标准调查协会(JISC)是日本国际标准化工作的主管机构。日本的技术标准、法规及合格评定程序,一方面促进了企业提高产品质量,保护了消费者的利益;另一方面阻止了外国商品的进口,日本依据各种法规,如《食品卫生法》《药品法》《蚕丝法》《消费生活用品安全法》《电器使用与材料控制法》等以及检验与检疫要求、自动标准等对进口商品进行严格管制,日本对很多商品的技术标准要求都是强制性的,并且通常要求在合同上体现,还要求附在信用证上,进口货物入境时要由日本官员检验是否符合各种技术性标准。

(三)美国的技术标准、法规的技术壁垒状况

美国表面上极力倡导贸易自由化,而实际上为了维护自身利益,在技术标准、法规等方面又具有较强的保护主义色彩,如美国利用安全、卫生检疫及各种包装、标签规定对进口商品进行严格的检查。美国在要求进口商品满足ISO 9000系列标准之外,还附加了许多进口商品特定的条例,如关于药品方面,美国食品及药物管理局(FDA)制定了相应的法规,该法规对各种药物的认证、包装标识及检测试验的方法等都逐一进行了规定,就连非处方销售的药品和器械上的警告词句都做了具体规定。

美国对进口商品的要求,专门制定了各种法律条例。据了解,由于各种原因每月被FDA扣留的各国进口商品平均高达3 500批左右;对进口食品的管理,除了市场抽样外,主要在口岸检验,不合要求的将被扣留,然后以改进、退回或销毁等方式处理。我国从1987年以来,每年被美国海关扣留的食品批次中,25%左右是由于标签不符合"美国食品标签法"的规定,另有约8%的批次是因使用了未经FDA认可的添加剂。

此外,美国职业安全与健康管理局、消费者产品安全委员会、环境保护局、联邦贸易委员会、商业部、能源效率标准局等部各自颁布法规包括《联邦危险品法》《家庭冷藏法》等。对电子产品的进口限制规定主要有《控制放射性的健康与安全法》,对植物检疫最重要的联邦法律有《植物检疫法》《联邦植物虫害法》《动物福利法》等。

(四)欧盟的技术标准、法规的技术壁垒状况

欧盟是最先意识到国际贸易中技术壁垒的国家,同时这些成员国也是设置技术壁垒最严重的国家,尤其在有关汽车、电机、机械和制药产业更为明显。

欧盟各国由于普遍经济、技术实力较高,因而各国的技术标准水平较高,法规较严,尤其是对产品的环境标准要求,让一般发展中国家的产品望尘莫及。以欧盟进口的肉类食品为例,不但要求检验农药的残留量,还要求检验出国车生产厂家的卫生条件。此外,欧盟理事会 92-5EEC 指令还对工作间温度、肉制品配方及容器、包装等做出了严格的规定。欧盟不仅有统一的技术标准、法规,而且各国也有各自的严格标准,它们对进口商品可以随时选择对自己有利的标准。从总体来看,要进入欧盟市场的产品必须至少达到三个条件中的一个条件,即

(1) 符合欧洲标准 EN,取得欧洲标准化委员会 CEN 认证标志。

(2) 与人身安全有关的产品,要取得欧盟安全认证标志 CE。

(3) 进入欧盟市场的产品厂商,要取得 ISO 9000 合格证书。同时,欧盟还明确要求进入欧盟市场的产品凡涉及欧盟指令的,必须符合指令的要求并通过一定的认证,才允许在欧洲统一市场流通。

欧盟各国对卫生、安全技术要求不尽相同,质量一般要求较高,特别是对不同形态纺织品的耐燃性要求不同。建筑物使用的纺织品材料必须满足欧盟建筑产品的指令和各种防火试验;目前欧盟对家用纺织尚无统一的安全规则。意大利制定了旅馆家具覆盖物、褥(垫)和地板覆盖物等纺织品的安全法规。英国、爱尔兰制定了安全法规的依据是香烟试验和火柴试验,并禁止使用聚氨酯材料。

在质量标准方面,欧盟规定对进口商品的质量必须符合 ISO 9000 国际质量标准体系。

三、发达国家包装与标签的技术壁垒

美国是世界各国食品标签法规最为完备、严谨的国家,新法规的研究制定处于领先地位。美国的食品标签在 1992 年 12 月 12 日实施。新的食品标签于 1993 年开始出现,而从 1994 年 5 月起,美国所有包装食品,包括全部进口食品都必须强制使用新的标签,但新鲜肉类、家禽、鱼类和果菜可不受其限。食品中使用的食品添加剂(防腐剂、品质改良剂、合成色素等)必须在配料标示中如实标明经政府批准使用的专用名称。

欧盟一直通过产品包装、标签的立法来设置外国产品的进口障碍,如对易燃、易爆、腐蚀品、有毒品,法律规定其包装和标签都要符合一系列特殊标志要求。法国根据 1975 年 12 月 31 日颁布的第 75-1349 号法规,所有商品的标签说明书、广告传单、使用手册、保修单及其他情报材料都要强制性地使用法文。对于加工食品法国法律规定必须在食品包装

的外包装上用法文印刷明确的产品说明书,包括厂商名称、包装者和销售商、原产国、数量成分单等,有添加剂也必须注明,罐头或半成品罐头的盒外须标明日期。

关于食品标签,英国在 1990 年公布了《食品标签通用规则》,德国于 1984 年公布的《食用标签条例》在 1993 年做了修改。欧盟于 1979 年发布的《食品标签说明及广告法规的指令》(79/112/EEC),为食品标签制定了总则,并于 1986 年和 1989 年做了两次修订,1990 年又发布了《关于食品营养标签指令》(90/496/EEC),还有一些有关食品标签专项指示的指令。欧盟发布这些技术法规的目的是协调、推动其成员国制定统一的食品标签法规。

四、发达国家的绿色技术壁垒

随着人类环境意识的提高,发达国家利用自己的经济、技术优势,以环保要求,实施贸易保护,对其他国家特别是发展中国家设置"绿色技术壁垒"。这种壁垒已经越来越成为发达国家在国际贸易中所使用的主要技术壁垒,具体表现在以下几个方面:

1. 保护环境与卫生安全

发达国家以保护环境、人类动植物的卫生、安全健康之名,对商品中的有害物含量制定较高的指标,从而限制了商品的进口。

例如,1994 年,美国环保署规定,在美国九大城市出售的汽油中含有的硫、苯等有害物质必须低于一定水平,国内生产商可逐步达到有关标准,但进口汽油必须在 1995 年 1 月 1 日生效时达到,否则禁止进口。美国为保护汽车工业,出台了《防污染法》,要求所有进口汽车必须装有防污染装置,并制定了近乎苛刻的技术标准。上述内外有别,明显带有歧视性的规定引起了其他国家,尤其是发展中国家的强烈反对。委内瑞拉、墨西哥等国为此曾上诉关贸总协定和世界贸易组织,加拿大、欧盟也曾与美国"对簿公堂"。

2. 绿色技术标准

发达国家的科技水平较高,处于技术垄断地位。它们在保护环境的名义下,通过立法手段,制定严格的强制性技术标准,限制国外商品进口。这些标准都是根据发达国家生产和技术水平制定的,对于发达国家来说,是可以达到的,但对于发展中国家来说,是很难达到的。这些势必导致发展中国家产品被排斥在发达国家市场之外。

1995 年 4 月,由发达国家控制的国际标准化组织开始实施《国际环境监察标准制度》,要求产品达到 ISO 9000 系列质量标准体系。欧盟最近也启动一项名为 ISO 14000 的环境管理系统,要求进入欧盟国家的产品从生产前到制造、销售、使用以及最后的处理阶段都要达到规定的技术标准,一般以消费品为主,不含服务业和已有严格环保标准的药品及食品,优先考虑的是纺织品、纸制品、电池、家庭清洁用品、洗衣机、鞋类、建材、洗护发用品、包装材料等 26 类产品。目前,美国、德国、日本、加拿大、挪威、瑞典、瑞士、法国、澳大利亚等西方发达国家纷纷制定环保技术标准,并趋向协调一致,相互承认。

3. 绿色环境标志

绿色环境标志是一种在产品或其包装上的图形。它表明该产品不但质量符合标准,而且在生产、使用、消费、处理过程中符合环保要求,对生态环境和人类健康均无损害。发展中国家产品为了进入发达国家市场,必须提出申请,经批准才能得到"绿色通行证",即"绿色环境标志"。这便于发达国家对发展中国家产品进行严格控制。

1978年,德国率先推出"蓝色天使"计划,以一种画着蓝色天使的标签作为产品达到一定生态环境标准的标志。发达国家纷纷效仿,在加拿大叫"环境选择",在日本叫"生态标志"。美国于1988年开始实行环境标志制度,有36个州联合立法,在塑料制品、包装袋、容器上使用绿色标志,甚至还率先使用"再生标志",说明它可重复回收,再生使用。

欧盟于1993年7月正式推出欧洲环境标志。凡有此标志者,可在欧盟成员国自由通行,各国可自由申请。美国食品与药品管理局规定,从1995年6月1日起,凡是出口到美国的鱼类及其制品,都必须贴上有美方证明的来自未污染水域的标签。它犹如无形的层层屏障,使发展中国家产品进入发达国家市场步履维艰,甚至受到巨大冲击。据我国外经贸部门估计,由于发达国家环境标志的广泛使用,将影响我国40亿美元的出口。

4. 绿色包装制度

绿色包装指能节约资源,减少废弃物,用后易于回收再用或再生,易于自然分解,不污染环境的包装。它在发达国家市场广泛流行。一种由聚酯、尼龙、铝箔、聚乙烯复合制成的软包装容器cheer pack在日本和欧洲市场大受青睐,已广泛用于饮料、食品、医药、化妆、清洁剂、工业用品的包装,其使用后的体积仅为传统容器的3%~10%。

简化包装、可再生回收再循环包装、多功能包装、以纸代塑料包装为推动"绿色包装"的进一步发展,纷纷制定有关法规。德国1992年6月公布了《德国包装废弃物处理的法令》。奥地利于1993年10月开始实行新包装法规。美国规定了废弃物处理的减量、重复利用、再生、焚化、填埋5项优先顺序指标。这些"绿色包装"法规,虽然有利于环境保护,但却为发达国家制造"绿色壁垒"提供了可能。尤其是发展中国家产品包装不符合其要求而限制进口,由此引起的贸易摩擦不断。

5. 绿色卫生检疫制度

海关的卫生检疫制度一直存在。乌拉圭回合通过的《卫生与动植物卫生措施协议》建议使用国际标准,规定成员国政府有权采取措施,保护人类与动植物的健康,其中确保人畜食物免遭污染物、毒素、添加剂影响,确保人类健康免遭进口动植物携带疾病而造成的伤害。但是,各国有很高的自由度,要求成员国政府以非歧视方式,按科学原则,保证对贸易的限制不超过环保目标所需程度,而且要有高透明度。实际上,发达国家往往以此作为控制从发展中国家进口的重要工具。它们对食品的安全卫生指标十分敏感,尤其对农药残留、放射性残留、重金属含量的要求日趋严格。由于生产条件和水平的限制,发展中国家很多产品达不到标准,其出口到发达国家市场的农产品和食品将受到很大影响。例如,由于日本、韩国对进口水产品的细菌指标已开始逐批化验,河豚逐条检验,我国某些出口日本、韩国的虾仁、鱿鱼均因细菌超标而被提出退货。

6. 绿色补贴

为了保护环境和资源,有必要将环境和资源费用计算在成本之内,使环境和资源成本内在化。发达国家将严重污染环境的产业转移到发展中国家,以降低环境成本。发展中国家的环境成本却因此提高。更为严重的是,发展中国家绝大部分企业本身无力承担治理环境污染的费用,政府为此有时给予一定的环境补贴。发达国家认为发展中国家的"补贴"违反关贸总协定和世界贸易组织的规定,因而以此限制其产品进口。美国曾就以环境保护补贴为由,对来自巴西的人造橡胶鞋和来自加拿大的速冻猪肉提出了反补贴起诉。这种"绿色补贴"壁垒有日益增加之势。

五、标准化法律、法规体系

标准化法律、法规体系是国家在标准化方面的法律、法规和国家行政机关发布的标准化规章制度以及纳入国家法律、法规要强制执行的各类标准之总和。它们具有法的所有属性,并且是标准化管理的依据。

1. 我国的标准化法律、法规体系

中国目前与包装有关的法律、法规正在陆续发布和施行,对规范商品包装的生产、流通、销售和保护消费者的利益起着重要的法律依据的作用。同时,已颁布和实施的作为技术法规的国家包装标准达500余项,其中国家强制性标准以及一些地方强制性标准不断在加大实施力度。中国在包装方面所涉及的法律依据包括:国家法律、行政法规和司法解释;政府部门规章;地方性法规和地方政府规章;消费者利益保护;国际/国家/行业/地方标准;生产者责任;反不正当竞争、反欺诈、反假冒;进出口贸易、商品检验检疫、关税。起草和颁布包装法规的主要原则和推动力是基于安全、卫生、环境、流通和经济等要求。

中国有关部门正在研究如何进一步利用法律法规来指导包装行业的发展,包装行业也在相应地研究其建立和完善国家包装法律法规的有关建议和实施步骤。起草和颁布用于指导包装工业发展、保护资源与环境、促进可持续发展、维护国内市场秩序、推进产品充分参与国际市场竞争的包装法律法规是中国包装界和消费者普遍关注的事情。

虽然中国目前尚无完整的综合性的包装法律和行政法规,但就现行的国家食品安全法、药品管理法、进出口食品包装容器和包装材料实施检验监管工作管理规定、定量包装商品生产企业计量保证能力评价规定、危险化学品包装物,容器定点生产管理办法、包装资源回收利用暂行管理办法、环境保护法、进出口商品检验法、清洁生产促进法、铁路货物运输规程、固体废物污染环境防治法等多项法规以及其他相关法规,给出了与商品包装密切相关的法律条款。同时有些地方性法规和地方政府规章及地方强制性标准也正在陆续出台。

标准化法律、法规体系的构架如图 5-2 所示。随着我国政治经济体制的改革和社会的发展,标准化法律、法规也将得到不断的修改和完善。因此,对于标准化工作者来说需要密切关注并积极按照新的法律、法规开展标准化工作。

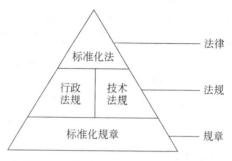

图 5-2 我国标准化法律、法规体系的构架

2. 各国的包装法令、法规

欧盟致力于产品的循环利用系统,而在该系统中,包装废弃物的回收与利用被列为重点,并于 1991 年颁布了包装废弃物的指令,即欧盟包装与环境法规。1994 年年底开始实施"包装指南方案",正式颁布了《包装和包装废弃物的指令》,1996 年在所属国家立法方面体现出来。该法规确立了项目繁多的目标,还规定了"指南"适用于各种包装。欧盟《94/62/EC 法规》规定,严格限制包装产品中的重金属含量,其中对铅、镉、汞、六价铬四种重金属的检测和计算方法做了详细的解释。

欧美制定了相应标准,以确保化学物质不影响包装食品,并规定了用于食品包装的油墨和黏合剂要求。软包装用油墨向水性、醇溶性方向发展,取代苯溶性油墨,黏合剂也向水性、醇溶性、无溶剂方向发展。欧盟的新法律对食品公司可以使用什么样的塑料来包装食品提出了更严厉的要求。这份法律对从塑料中进入食品中的化学品做出了限制,并提出了一份禁止食品公司使用的材料的名单。

美国在 20 世纪 80 年代末由各州相继颁布了各自的《包装限制法规》;1993 年由 36 个州立法通过一项塑料回收标志方法。从 1993 年 12 月 31 日起禁止使用铅冲压的封瓶盖。美国一向积极鼓励再生塑料包装材料的再利用,但将再生塑料应用到食品包装上,会涉及很多健康和安全的问题。美国食品和药品管理局制定了"再生塑料应用于食品包装中的注意要点——化学关注",其中强调了再生塑料在食品包装中应用的注意事项。

加拿大 1990 年由该国环委会和行业组织共同起草制定了"包装协议书",同时还颁布了"加拿大优选包装法规",明确规定要减少包装材料用量和开展包装废弃物的回收利用。

日本政府于1993年6月制定的"能源保护和促进回收法"强调:有选择地收集可回收的包装废弃物,生产可回收的包装产品。同时提出了消费者免费将废弃物的包装物分类,市政府负责收集已分类的包装废弃物,企业经政府允许对包装废弃物进行再处理。1994年1月,又实施了"包装容器回收利用法"。

丹麦在1990年以前71%的家庭废弃物作为焚烧垃圾发电厂的燃料,在1990年年初,该国制定的"废弃物再循环处理"法规生效,这一法规明确规定包装废弃物内循环处理是第一位,焚烧发电是第二位。

奥地利1993年1月制定的"包装法规"要求生产者与销售者免费接受和回收运输包装二手包装和销售包装,并要求80%回收包装材料必须进行再循环处理或再生利用。1994年11月,该国环境部门又发布了一项"再制造法规",这一法规充实了欧盟"包装指南"的内容,使包装法更加完善。

荷兰于1991年由该国各有关行业与政财签署了一项"包装盟约",规定必须减少包装材料的消耗,同时盟约承担国家环保计划的60%。

英国食品标准署最近起草了一份法规,以执行欧盟现行的有关塑料和其他与食品接触材料的最新法律,并存一份对旨在执行欧盟指令的新法律的咨询文件中说它还将把其他3项有关塑料材料的法律和修正案合并为一个单一的新法案。

法国1993年制定的《包装法规》要求必须减少以填埋方式处理家用废弃物的数量,1994年还颁布了《运输包装法规》,明确规定除家用包装外的所有包装的最后使用者要把产品与包装分开,公司和零售商进行回收处理。

德国是当前发达国家中最重视环境与包装的国家,1996年制定的"垃圾法"生效,明确规定要减少包装废弃物与开展回收利用。在该国包装废弃物占城市垃圾的1/3,为解决这一难题,他们早在1991年颁布了《包装—包装废弃物处理法令》,指出管理目标是包装材料能再利用与回收和减少包装废弃物的产生,是一项世界上第一个结合负责处理包装废弃物的法律。

韩国食药厅表示,考虑到乙基己基胺可能损害人的内分泌系统,韩国计划修改"食具及容器包装标准",严禁使用含有乙基己基胺的食品包装保鲜膜,该标准也将适用于进口产品。乙基己基胺是一种添加在合成树脂材料中可增加产品柔韧性和弹性的化学物质,在聚氯乙烯中的含量为40%~50%。美国、日本和世界自然基金会已经将该物质列为可能会损害人体内分泌系统的物质。

俄罗斯对进口中国蔬果包装定下了新的标准。俄方与中方就中国蔬果包装标准进行了会谈,俄方要求在所有从中国输俄的蔬果包装上,必须注明详细的中俄文对照的产品标识,列明货物品名、产地、数量、重量等有关信息。另外,不可用报纸、杂志等印刷品以及油浸纸作为内包装;不可用旧的竹筐作为容器,同时木包装不可带有树皮或虫眼。以前出口俄罗斯的蔬果普遍存在包装标识不完整的问题,这个问题不解决,将会直接影响到中国蔬果产品在国际市场上的信誉度和竞争力。

小贴士

我国于 1995 年颁布了《中华人民共和国固体废弃物处理法》,从 1996 年 4 月起执行。其中规定,对地膜、一次性包装材料制品应当采用易回收利用品处理的产品。铁道部也从 1996 年起规定在铁路上禁用相非降解性的塑料快餐盒,在此期间北京、武汉、杭州、汕头、厦门、广州、福州、大连、长春、呼和浩特等 20 多个大城市纷纷行动起来,禁止使用一次性塑料包装袋、EPS 餐具等非降解塑料制品。

在国际大环境的影响下,我国也加紧了食品包装标准的制定,早在多年前我国就对食品包装做出过规定。1990 年我国已出台《食品用塑料制品及原材料卫生管理办法》,并开始实施对食品包装袋的卫生状况管理,当时规定:凡加工塑料食具、容器、食品包装材料,不得使用回收塑料;食品用塑料制品必须在明显处印上"食品用"字样。最近,国家认监委将对食品包装袋安全提出更为严格的要求。认监委有关人士表示,包括塑料袋、饮料包装等在内的食品包装产品将实行强制件产品认证管理制度,即 3C 认证。届时,所有的食品包装材料必须像家电产品那样,只有通过国家认证才能投放市场,以确保食品安全。食品包装强制执行 CQC 标准,其图形是地球图案以及 C、Q、C 三个英文字母:CQC 标志认证类型涉及产品安全、性能、环保、食机产品等,认证范围包括百余种产品。

食品包装问题多主要是指目前市场上众多的食品包装材料难以符合国家对食品安全、卫生和环保方面的要求,主要问题包括苯超标、细菌超标、重金属残留等。例如,苯是一种强烈致癌物,主要存在于涂料、胶黏剂中,在制作食品包装时被广泛使用。由于许多企业缺乏控制与检测手段,食品包装物苯超标现象比较严更。不合格的包装材料会使食品受到污染,从而危害到消费者的健康。

针对食品包装中普遍存在的苯超标问题,我国食品包装系列标准将出台,如《食品包装用复合膜、袋通则》《绿色食品包装通用准则》。根据规定,塑料制品不允许使用发泡聚苯乙烯、聚氨酯等产品;金属类包装、玻璃制品不应使用对人体和环境造成危害的密封材料和内涂料;塑料制品不允许使用发泡聚苯乙烯、聚氨酯等产品;外包装应有明示材料使用说明及重复使用、回收利用说明及绿色食品标志;印刷外包装的油墨或贴标签的黏合剂应无毒,且不应直接与食品接触;有关罐头食品包装材料的"环氧酚醛型涂料的镀锡(或铬)薄钢板"等六项标准也会出台。

随着相关食品包装标准的出台,对食品行业是一种规范。对消费者来说,这些标准将为健康生活提供新的保障。但总体来说,我国的食品包装标准还不完善,甚至还有很多缺陷,项目设置大多比较简单,对食品包装的安全控制,特别是食品包装材料所用添加剂对食品污染方面的控制缺少详细的规定。虽然陆续有关食品包装准则正在制定,但食品包装标准的完善仍然迫在眉睫。

3. 对包装影响环境的法律限制

包装影响环境主要是指包装废弃物对环境的影响,世界上20多个国家已经采用了包装生产者责任原则并建立了相关的包装及包装废弃物的法律法规。

德国政府为了提高纸箱回收与再生率,规定制造商和销售商有义务回收使用过的运输包装,实行"谁生产,谁回收;谁销售,谁回收",同时,有义务会同公共废弃物处理组织对这些运输包装物实施再使用和再循环。该法令规定,对于拒不回收,或不配合公共废弃物处理组织,实施运输包装再使用、再循环者,将追究责任。

欧盟在1992年公布的《包装、包装废弃物欧盟委员会有关指令》中规定,包装用品的设计、生产、商品化,必须使其能再利用和再生。对不可回收及不可分解的原料将制定管制新协议。

小贴士

在包装材料方面,各国主要限制那些原始的包装材料和部分回收复用的包装材料,如木材、稻草、竹片、柳条、原麻及以此为材料的包装制品(如木箱、草袋、竹篓、柳条筐篓、麻袋等)。

我国曾向美国出口一批瓷器,因用稻草包装,被美国海关发现,稻草当场烧毁,并需付烧稻草费和重新包装费,造成了不必要的损失。

1999年6月1日,欧盟欧委会公布决议(1999/355/EC),要求欧盟15个国家施行紧急措施,防止中国(不包括香港特别行政区)货物木质包装中携带的霉菌传入欧盟国家。具体要求为来自中国(除香港外)的木材或非针叶树木质包装不得带有树皮,不能有直径大于3 mm的虫蛀洞;或者必须对木质包装进行烘干处理,使木材含水量低于20%。

2005年1月,国家质检总局发布69号令,规定我国自2005年3月1日起采用国际植物检疫措施标准第15号《国际贸易中木质包装材料管理准则》,该标准的实施,统一了我国出口木包装除害处理方法,规范了木质包装企业行为,简化了出口木质包装的检疫和处理程序。

在包装辅助材料方面,如作为填充料的纸屑、木丝,作为固定用的衬垫、支撑件等,要事先进行消毒、除鼠、除虫或其他必要的卫生处理。

在包装容器方面,除上述原始材料制成的容器需要进行必要的限制或处理外,对那些实际上起包装作用的运输设备,如集装箱和其他大型货物容器,国际卫生组织规定,必须实施检疫。

本章思考题

1. 从包装标准化的不同定义看出它们的内涵是什么?
2. 从自己的理解出发,写出包装标准化的重要意义。
3. 包装标准化是怎样一个的活动过程?
4. 在日常工作和生活中可以看出在包装行业法规方面主要有哪些规定?

实践课堂

1. 实践目的

阅读有关标准、法规文件,完成物流包装标准化案例分析。

2. 技能要求

(1) 结合本章引导案例分析如何看待目前包装标准化、现代化的发展趋势?
(2) 结合本章引导案例分析学习包装法规主要包括哪几方面的内容?

3. 实践学时

2 学时。

4. 实践环节

以小组为单位(3~5人为一组)对本章引导案例进行分析。

5. 实践内容

(1) 包装标准的表现形式。
(2) 包装标准化是如何体现的?
(3) 包装法规是如何制定的?

课后阅读

我国塑料食品包装的标准体系及安全隐患

1. 我国塑料食品包装材料的标准体系

《中华人民共和国食品安全法》第二十七条对食品包装的要求是:储存、运输和装载食品的容器、工具和设备应当安全、无害,保持清洁,防止食品污染。由此可见,食品包装材料作为食品相关产品,已被纳入食品安全的监管之下。2006年,我国公布的《关于对塑料食品包装、容器、工具等制品实施市场准入制度的公告》中要求食品包装企业进行相应的检测认证,产品必须获得生产许可证并标上"QS"标志方可上市销售或使用。近几年来出现的食品安全得到社会各界的关注,卫生部依据《食品卫生法》相继制定和更新了多项与食品塑料包装相关的法规和标准。GB 9685—2008《食品容器、包装材料用添加剂使用卫生标准》便明确规定了我国食品包装塑料、纸制品、橡胶等材料用到的增塑剂、增韧剂、固化剂、引发剂、防老剂等有关胶黏剂、油墨、颜料等质量规格标准。

质量检测是防止不合格食品包装材料进入市场、保护消费者健康的重要环节,也可帮助企业发现问题来源以减少经济损失。我国现有的塑料食品包装材料及制品的国家标准大致包含四大类型:第一类是塑料食品包装材料及制品的质量标准;第二类是塑料食品包装材料及制品的卫生标准;第三类是塑料食品包装材料及制品的检测标准;第四类是塑料食品包装材料及制品的管理与控制标准。目前我国塑料食品包装材料的卫生标准包括树脂卫生标准和成型品卫生标准。树脂卫生标准包括:GB 9691—1988《食品用聚乙烯树脂卫生标准》、GB 9692—1988《食品用聚苯乙烯树脂卫生标准》、GB 9693—1988《食品用聚丙烯树脂卫生标准》等8项;成型品卫生标准包括:GB 9683—1988《复合食品袋卫生标准》、GB 9687—1988《食品用聚乙烯成型品卫生标准》、GB 9688—1988《食品用聚丙烯成型品卫生标准》等12项。

树脂和成型品卫生标准包括蒸发残渣、高锰酸钾消耗量、重金属、溶剂残留量、有机残留单体含量、脱色实验等卫生指标。根据食品包装材料和容器的不同用途,分别采用相应的食品模拟物(水、4%乙酸、65%乙醇、正己烷)浸泡,然后测定包装材料中相关成分在这些模拟物中的迁移量。蒸发残渣,用来反映食品包装材料在使用过程中析出残渣、重金属、荧光性物质、残留毒素的可能性;高锰酸钾消耗量,用来反映材料中有机物质对水性食品的迁移情况;重金属主要包括铅、镉、锑、锗、钴、铬等;溶剂残留的检测项目是生产中使用的油墨、黏合剂、溶剂等成分,主要检测苯、甲苯及二甲苯等残留量的苯系物和乙醇、乙酸乙酯、丙酮、乙酸丁酯、异丙醇、丁酮、正丁醇等残留量的有害物质;有机残留单体包括原材料残留单体或材料裂解物,主要检测氯乙烯单体、乙醛、甲苯二胺、苯乙烯、游离甲醛、三聚氰胺等。

2. 塑料食品包装的安全隐患

从理论上讲,塑料本身是无毒的。由于原料或生产工艺的问题,在适宜的环境条件下,塑料包装材料中有机物、重金属等有毒有害物质容易通过渗透、吸收、溶解等过程迁移进入接触的食品中。塑料食品包装中造成食品安全的有害物质来源主要有以下内容。

1) 原料中未聚合的单体

塑料及其合成树脂是由小分子单体聚合而成的有机高分子材料,其中未聚合的游离单体大多有毒,甚至是致癌物。例如,聚氯乙烯树脂的单体氯乙烯有明显的致癌和致畸作用,它可引起人体四肢血管收缩而产生疼痛,可在肝脏中形成氧化氯乙烯,与DNA结合产生肿瘤;三聚氰胺-甲醛树脂中存在的游离甲醛有致癌性。当包装材料与食品接触,内部残留的单体、低聚物迁移至食品,会导致食品安全问题。

2) 加工过程引入添加剂

为改良塑料包装材料的使用性能,人们在加工包装材料的过程中常加入添加剂,如增塑剂、稳定剂、润滑剂、抗静电剂、着色剂等。这些添加剂或者其降解物也存在向食品迁移溶出的问题。比如我国常用的邻苯二甲酸酯类增塑剂,它可改善成型加工时树脂的流动性,也可增强材料的柔韧性,可它与塑料高分子间结合力较低,极易迁移溶出到塑料包装的食品和水中。若它在人体内长期积累会损害内脏,干扰人体激素分泌,降低生育能力。

3) 生产过程使用油墨和胶黏剂

几乎所有的食品包装都离不开印刷油墨,用以装饰产品外观和宣传企业信息。一直被公认为致癌物质的苯类,被广泛用于塑料印刷油墨的溶剂。印刷过程中未完全挥发的苯类物质残留在包装材料中,残留量越大越容易渗透到食品中造成污染。复合包装材料中通常用的聚氨酯类黏合剂由多羟基化合物和芳香族异氰酸酯聚合而成,它带来的甲苯二异氰酸酯在蒸煮时会水解生成致癌的甲苯二胺。另外,油墨和胶黏剂中的铅、镉、汞、铬等重金属,在人体内难以代谢,对人体神经、内分泌系统及内脏产生危害,尤其会阻碍胎儿、婴儿身体和智力的发育。

4) 被污染的回收材料

按国家相关规定,食品包装材料需要达到食品级别,我国食品包装生产企业门槛低,大企业少,小企业多,市场竞争激烈,企业间常通过降低价格来占取市场份额,导致产品质量保证能力较差。部分中小型企业,非法使用含有大量残留添加剂、重金属、病毒的回收塑料,并未完全处理干净这些有毒有害物质便投入生产。这些原材料生产得到的食品包装材料接触食品,对食品造成二次污染不可避免。

资料来源:张清,彭全,宋磊,等. 浅谈我国塑料食品包装的安全隐患及监管现状[J]. 中国包装工业,2014(22):3-4.

第六章

包装的合理化、现代化和规范化

学习目标

认识包装合理化和现代化的重要性,理解包装合理化对物流流通所起的作用;

掌握不合理包装的表现形式及如何实现包装的合理化;

了解包装测试评估标准、包装件测试方法、掌握包装现代化的表现形式。

学习指导

掌握包装合理化的概念、包装合理化和不合理化的表现形式,如何利用当今的科学技术实现包装的现代化。

引导案例

无死角牙膏包装

很多人在使用牙膏时,知道里面还有,但却挤不出来,往往都直接扔掉了,或者尝试各种方式跟牙膏盒里最后一点牙膏较劲的经历,如图6-1所示。

当然,也可以采用智慧的网友们出的这些小妙招:

方法一:当牙膏快用完时,把牙膏放进热水里浸泡10 min左右,然后再把牙膏取出来进行拧挤,这样剩余的牙膏就很容易被挤出来啦。

方法二:用剪刀在"用完"的牙膏皮底部剪开一个小口,大小为0.5~1 cm。刷牙时,用手从牙膏口的一端向剪开小口的底部挤,能将剩余牙膏全部挤完。

方法三：用剪刀把牙膏的身体和头分离，然后用牙刷去蹭牙膏。

方法四：用钢制的发夹或者是那种咬合度比较紧的夹子把牙膏从底部慢慢地挤出来，直到牙膏头的部分。

方法五：把快用完的牙膏放在桌子边缘，一只手拿着牙膏底部向后拉，一只手放在牙膏上用力按住一直拉到牙膏的最前端 这样基本上膏管里的牙膏就都挤到前面去了……

可是，高明的包装设计师Sang Min Yu和Wong Sang Lee会这样做：在这款"无死角牙膏包装（savepaste）"，设计师用类似饮料的利乐包装取代了典型的管状包装，当然，为了便于挤出最后那一点点牙膏，它不能和饮料盒一样做成长方体。总之它挤到最后能变成一块平板就是啦，至于管口则做成了拉边文件袋上那种拉链的样子，而且位置从中间转移到了边角，虽然这样没法挤出花花绿绿的彩条牙膏，却绝对可以做到全部挤出无死角，并且比圆形牙膏口的挤出量少多了，如图6-2所示。

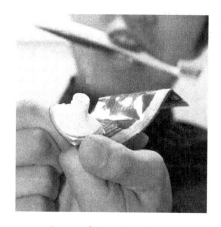

图6-1　常见的挤牙膏方式

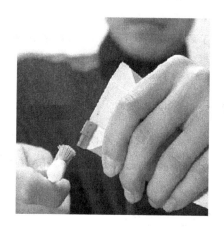

图6-2　savepaste挤牙膏方式

那么这款牙膏包装要怎么用呢？

除了能挤尽最后一点牙膏之外，这样的包装设计还能省去牙膏的二次包装，直接就能排排坐装箱运输了。根据设计师的计算，比传统包装的牙膏节省2/3的运输空间，当然处理垃圾的空间也减小了，如图6-3和图6-4所示，就像它的名字一样，把"save"做到了极致。

资料来源：包装设计：把牙膏挤得一点不剩，http://www.blueidea.com/design/gallery/2011/8513.asp，2011-07-19。

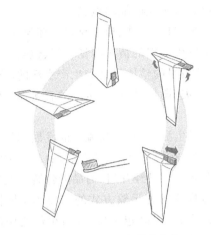

图 6-3　savepaste 的使用方式

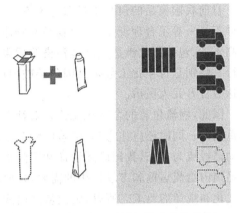

图 6-4　savepaste 对运输成本的节约

第一节　物流包装合理化

包装作为产品的"外衣",主要起防护和辨识作用,包装方式不合适或包装质量不佳,一方面给物流运输带来不便;另一方面将直接造成产品的锈蚀、压痕、破损等缺陷,从而影响用户的使用,严重时可能导致商品材质降级或报废,给供需双方造成损失。商品的运输包装不但要能够保证商品在运输过程中不改变其物理化学性质,不破损、不散失、不渗漏、不降低使用价值,而且还要能够保证运输工具、装卸人员的安全,并提高运输、装卸作业效率。

一、包装合理化的意义

包装质量是指产品包装能满足生产、储运、销售至消费整个生产流通过程的需要及其满足程度的属性。合理的包装具有提高服务水平、降低费用、提高物流效率的作用。包装质量的好坏,不仅影响到包装的综合成本效益、产品质量,而且影响到商品市场竞争能力及企业品牌的整体形象。

在市场经济中,产品质量是竞争的焦点,而产品外观及包装质量作为产品质量重要组成部分,在某种程度上也反映了一个企业的整体质量管理水平,代表着企业的形象。此外,外观质量还体现了企业的产品形象,是客户接触企业的第一印象,会起到先入为主的效果。同样的产品看质量,同样的质量比价格,同样的价格看包装。如果用户对产品表面的包装印象不佳,就很难对企业有一个优秀正面的评价,即使产品的内在质量比其他企业好,要得到用户的认可,也得需要一段时间的磨合。因此,产品的实物质量和包装标识质量对于树立企业的产品形象、提高产品的市场占有率具有重大的战略意义。

目前我国商品的包装质量参差不齐,存在包装不足、过度包装、包装材料不环保、包装标准不统一等不合理现象,导致物品在物流运输途中发生破损的情况屡见不鲜,包装成本居高不下,包装回收难造成环境污染等后果,影响物流质量的整体提升和生产生活的高效运行。特别是每年化工危险品因包装破损而导致的火灾、爆炸、腐蚀等事故的直接损失就高达数百万元人民币。

因此,物流包装的合理化无论是对社会生产和人民生活,还是对物流业的发展都是极为重要的。同时还应注意到,随着国际分工的深化和全球经济一体化的发展,商品的国际流动已经成为常态,我国国际快递和国际物流的大发展时代已经开启,商品的包装不但要满足国内物流运输和市场销售的需要,还要迎合国际物流各种运输方式的需要和不同国别文化和规章的要求。所以,无论从当前或长远利益来看,提高包装质量、减少储运中的质量事故,提高物流运输效率,都是一个刻不容缓和亟待解决的问题。

二、包装不合理的表现

从包装质量的含义来看,物流包装不合理指的就是产品包装不能满足生产、储运、销售至消费整个生产流通过程的需要,或其满足程度不高;从社会效益来看,包装不合理还应考虑包装材料对环境的影响;从经济效益来看,包装不合理则更多是从成本控制的角度出发。

常见的物流包装不合理表现形式有以下几个方面。

(一)物流包装的标准不一致

包装标准化是关于各种包装标志、包装所用的材料规格、质量、技术规范和要求。标准化影响着物流产业链的整体发展。标准化中的材料规格、质量、技术要求和物流供应链有着密不可分的关系。如果物流器皿不配套,产品规格不统一,行业规范非标准化,都会导致物流成本上升,物流时间延长、速度降低、事故增多、服务质量下降等。物流包装标准化是提高物流包装质量的技术保证和物质保证,同时它也是供应链管理中核心企业与节点企业及节点企业之间无缝链接的基础。物流包装的标准化可以保证资源和原材料的合理利用,并提高包装制品的生产效率,保证在物流整个供应链中的畅通。

由于没有建立企业物流统一的包装和运作标准,使得现有的物料包装各具特色,物流容器和工位器具彼此不相容,无法做到单元化、标准化和通用化。另外,不同时期的包装标准不同,并且随着企业发展而不断地变化;不同物品物料的包装标准不一;相同物品的不同供应商包装标准不一;相同供应商不同时期所采用的包装标准亦不统一。这些问题都增加了包装在物流流通过程中的管理难度,从而也会降低物流系统的效益。

在现阶段,我国很多行业物流运作的通常惯例是:上游供应商给下游企业发货,常常使用一次性纸箱、木箱进行货物包装与运输,即使采用带板运输方式,也经常由于托盘标准不统一或者没有在整个供应链上实现托盘循环共用,货物在送达目的地后需要人工卸车、重新码盘再入库存放。这样由于物流包装标准不一致的情况,使得货物运输、搬运、堆垛、存储等流通环节的作业量增加,不但耗费了时间和人力,也加大了货物损坏的风险,导致物流作业效率降低,成本升高。

(二)物流包装不足

物流包装的第一作用是保护商品。但在物流实践中,由于包装不足而造成货物损坏却占比最高。据统计,2015年的前11个月,厦门海沧检验检疫局共退运(销毁)因包装破损而造成污染的进口食品395 t,货值126万美元,同比去年分别增长220.1%和430.2%,占退运(销毁)不合格进口食品比例的18.8%,产品种类包括啤酒、葡萄酒、碳酸饮料、果蔬汁浆、巧克力原料等。包装不足,在流通过程中直接造成的损失以及促销能力的下降,不能不引起社会的关注。

物流包装不足主要指以下几个方面。

1. 包装强度不足

物流包装强度与包装堆码、装卸搬运有密切关系,强度不足,使物流中保护性能不足,容易造成被包装物在物流环节中破损。如易碎商品的包装不够坚固,导致进出口商品在运输流通途中破碎损坏;贵重商品因包装过于简易或封口不严受损或丢失;危险品包装容器结构薄弱与密封不良,造成危害环境与人身的严重后果等。

案例

劣质麻袋撒落两吨大豆　卖方包装不当应承担责任

一炼油厂与某县粮食公司签订了一份购买10万kg大豆的买卖合同。可是,当炼油厂去领取大豆时,检查发现包装破损,大豆总重量缺损2 000 kg。经炼油厂与相关部门调查得知,粮食公司包装大豆所用麻袋是劣质产品,缝隙很大,运输过程中,大豆从缝隙中流失,导致总重量减少。

提交仲裁后,炼油厂提出:大豆流失是因为粮食公司的包装不当导致,损失的2 000 kg大豆价款应该扣除。但是,该粮食公司提出,双方在合同中并未约定大豆的包装方式,大豆流失属于自然损耗,要求炼油厂仍按10万kg大豆付款。请问,炼油厂是否可以拒绝支付损失的2 000 kg大豆价款?

仲裁专家回复:根据《合同法》第一百五十六条规定:"出卖人应当按照约定的包装方式交付标的物。对包装方式没有约定或者约定不明确的,依照本法第六十一条的规定仍不能确定的,应当按照通用的方式包装,没有通用方式的,应当采取足以保护标的物的包装方式。"本案中双方在合同中未约定货物的包装方式,但粮食公司使用劣质麻袋,不符合通常的包装标准或足以保护货物的包装标准,造成了标的物的重大损失。因此,本案中 2 000 kg 大豆流失的责任应由粮食公司承担。

资料来源:http://www.changsha.cn/news/chsh/csdsh/200611/t20061110_534208.htm.

2. 物流包装材料与被包装物不相容

物流包装材料的选择应遵循以下原则:包装材料应与包装物的性能相适应,否则会造成被包装物的性能受影响,或者降低包装材料的保护性。包装材料与被包装物的相互作用一般分为三大类。

(1) 包装材料中的物质迁移到了包装物中,使被包装物受到了污染,从而影响了被包装物的品质和卫生性能。属于这一类的有溶剂残留量、蒸发残渣(分别用水、4%乙酸、65%乙醇、正己烷来模拟包装材料与水、酸、醇、油接触时的相容性)、高锰酸钾消耗量、重金属含量、二氨基甲苯含量等。

(2) 由于包装材料的阻隔性能不够,环境中的物质透过包装材料迁移到被包装物中或被包装物中的组分透过包装材料迁移到外界使被包装物的有效成分(如芳香族化合物)降低,如氧气透过率、水蒸气透过率和透油性就属于这一类。

(3) 被包装物中的组分渗透进入了包装材料中,引起包装材料的性质发生了改变,破坏了包装材料的结构或腐蚀了包装材料,如包装物中的一些物质迁移到胶黏剂层破坏了胶黏剂的结构,降低了黏合强度,或被包装物中的一些腐蚀性物质迁移到了铝箔或镀铝层引起铝箔或镀铝层腐蚀。

3. 物流包装容器的层次容积不足或者容积过大

在包装选择、设计、使用过程中要考虑到内装物的膨胀系数,灌装后容器内要留有一定空间,保证内装物受热膨胀不会引起包装质量变化或内装物溢出。例如,某外贸公司出口到哈萨克斯坦的羽绒服,该批货物系冬天生产,在装箱时用打包机将羽绒服捆扎后,满实满载地装入纸箱内,时隔几个月后该批货物运到口岸,正是炎热天气,内装物受热后剧烈膨胀,将方正的纸箱撑得像皮球,有些纸箱严重破损,造成该批货物不能正常出口,滞留在口岸库房。

(三) 物流包装过度

《2014 年中国商品包装规范标准》对过度包装(excessive package)的定义:超出正常的包装功能需求,其包装空隙率、包装层数、包装成本超过必要程度的包装。过度包装是一种功能与价值过剩的商品包装。其表现为耗用过多材料、过大体积、高档用料、奢华装饰等,使之超出了保护商品、美化商品的功能要求,给消费者一种名不符实的感觉,增加了经济负担。故过度包装是保护功能的过剩、方便功能的过剩、传达功能的过剩和装饰功能的过剩。

包装过剩的危害有以下几点:

1. 严重浪费资源

包装用品的原材料有多种多样,其中主要取自树木。据有关部门的统计,每生产1 000 盒月饼,就需要消耗至少 400~600 棵直径在 10 cm 以上的树木。我国每年生产的衬衫其包装盒用纸量达 24 万 t,相当于砍掉了 168 棵碗口粗的树木。现在成片的森林不断地变成包装纸,商品过度包装使濒临枯竭的森林资源雪上加霜。据中国再生资源回收利用协会估算,每 1 t 废纸回炉化浆能生产 0.8 t 的再生好纸。也就是说,1 t 可重复利用多次的纸箱如果用一次就扔掉,即使能 100% 回收纸浆,最后也只能得到 0.8 t 的新纸盒纸箱,剩余 0.2 t 的缺口,仍要靠砍树伐木来解决。

2. 加重环境污染

包装多属一次性使用物品,我国物流业大量存在过度包装的现象,产品包装产生的废弃物,使环境污染变得更加严重。国家邮政局于 2016 年 10 月发布的《中国快递领域绿色包装发展现状及趋势报告》显示,目前我国快递业的包装主要集中在快递运单、编织袋、塑料袋、封套、包装箱(瓦楞纸箱)、胶带以及内部缓冲物(填充物)七大类。

2015 年,我国快递业共消耗快递运单约 207 亿张、编织袋约 31 亿条、塑料袋约 82.68 亿个、封套约 31.05 亿个、包装箱约 99.22 亿个、胶带约 169.85 亿 m、内部缓冲物约 29.77 亿个。其中,近 170 亿 m 的包装用胶带,可绕赤道 425 圈,这些不可自然降解塑料袋、胶带,排放的二氧化碳每年近 3 000 万 t。

另外,空气囊、塑料袋等包装物,其主要原料为聚氯乙烯,这一物质埋在土里,需要上百年才能降解,如果焚烧,会产生大量污染物,危害人体健康。而生产过程中还会消耗煤、电等能源,对水、大气等环境造成新的污染。国家邮政局的预测,到 2018 年中国将产生 500 亿个包裹。如果按照每件快递需要 0.2 kg 包装材料估算,2016 年全年新增的快递包装垃圾将重达 600 多万 t。按照北京生活垃圾处理成本计算,如果将 600 多 t 的包装垃圾全部处理掉,所耗费社会成本 91.84 亿元。

3. 不利于商品的运输、储存,增加物流成本

商品包装的目的之一,就是方便运输、储存。但是,有许多商品的包装很不方便运输和储存。现在,特别是食品类的包装,本来不需要包装盒的用上了包装盒,本来用很小的包装盒就可以的,偏偏用体积大好几倍的包装盒,故意夸大包装尺寸。包装尺寸大了,空隙就多,再用纸板或者泡沫填充。有的食品必须在低温下储存。有时只能把外包装箱撕开扔掉。有的生产厂家也发现这种不便,为了节约运输成本,他们把外包装箱和产品分离,让商家自己进行包装。这是违反《中华人民共和国产品质量法》的行为,如果被发现,就会受到处罚。原本可以用小包装的物件用了更大、更重的包装,体积变大、重量变重,从而使得同样的运输工具单位次数内运送的有效货物量大为减少。运送一趟货物,其中运送真正的货物的比重下降,运送没有什么用处的包装物的比重却在上升,物流业所运输的相当一部分是将来必须要扔掉的华而不实的包装物,必然造成了无价值的物流成本支出。

4. 增加物流成本,加重消费者负担

在不增加商品价值的情况下,商家借标准化、提高质量之名通过降低被包装产品的质量或数量来补偿过度包装的成本,抬高商品的价格。或者同样的商品,更换包装或以包装升级为由提高价格。而对于消费者而言,购买的只是内装物的使用价值,而包装物大多数成为废物而丢弃,过度包装加重了消费者负担,直接损害了消费者利益,而且在一定程度上引导着一种不正确的消费心理和不正当的竞争行为。

三、包装的合理化

包装合理化,指的是产品在包装过程中使用适当的材料和适当的技术,以达到节约包装费用,降低包装成本的目的;同时要满足储运的方便,还能起到对商品保护的作用和有利于销售的要求,最终提高包装的经济效益的综合管理活动。总的来说,合理的包装是指能适应和克服流通过程中的各种障碍,是在成本合理范围内的最好包装。

包装合理化一方面包括包装总体的合理化,这种合理化往往用整体物流效益与微观包装效益的统一来衡量;另一方面也包括包装材料、包装技术、包装方式的合理组合及运用。

(一)包装合理化的表现

(1) 包装的轻薄化。由于包装只是起保护作用,对产品使用价值没有任何意义,因此在强度、寿命、成本相同的条件下,更轻、更薄、更短、更小的包装,可以提高装卸搬运的效率,更节约运输空间和成本。

(2) 包装的单纯化。为了提高包装作业的效率,包装材料及规格应力求单纯化,包装规格还应标准化,包装形状和种类也应单纯化。

(3) 符合集装单元化和标准化的要求。包装的规格与托盘、集装箱关系密切,也应考虑到与运输车辆、搬运机械的匹配,从系统的观点制定包装的尺寸标准。

(4) 包装的机械化与自动化。为了提高作业效率和包装现代化水平,各种包装机械的开发和应用是很重要的。

(5) 注意与其他环节的配合。包装是物流系统组成的一部分,需要和装卸搬运、运输、仓储等环节一起综合考虑、全面协调。

(6) 有利于环保。包装是产生大量废弃物的环节,处理不好可能造成环境污染。包装材料最好可反复多次使用并能回收再生利用;在包装材料的选择上,还要考虑不对人体健康产生影响,对环境不造成污染,即所谓的"绿色包装"。

(二)包装合理化的要求

合理的包装应满足以下 9 个方面的要求。

(1) 包装应妥善保护内装的商品,使其不受损伤。这就要制定相应的适宜的标准,使包装物的强度恰到好处地保护商品免受损伤。使其除了要在运输、装卸时经受住冲击、振动外,还要具有防潮、防水、防霉、防锈等功能。

在运输过程中,包装基本目的就是保证产品在使用时能实现其预定的功能,必须使被包装物的形态、功能、结构等从出厂开始,在经运输、存储、装卸最终送到用户手中为止的全过程中得到可靠保护。

设计合理的运输包装不仅能够防止产品因压力、振动、冲击而造成损坏,而且能防止因盗窃受损,可避免受自然因素的有害影响。运输包装在很大程度上影响着现代物流的运作效率和货物在运输过程中的保全与减损程度。

(2) 包装材料和包装容器应当安全无害。包装材料要避免有聚氯联苯之类的有害物质,包装容器的造型要避免对人体引起伤害。

(3) 包装的设计与制造工艺的合理化。如有的木箱尽管材质很好,但由于箱体设计失当没有侧挡板,在运输和堆码过程中箱体散架或者破损,使好的材质没有发挥应有的作用。

有些纸箱在设计方面没有考虑与内装物品的配套,装箱后内装物超出或填充不满箱体容积,导致内装商品在运输途中相互碰撞而损坏。另外,包装设计中没有充分考虑到各种化工危险品的不同特点,也是造成包装发生破损的原因之一。

(4) 包装的容量要适当,要便于装卸和搬运。

(5) 包装的标志要清楚、明了。

(6) 包装内商品外围空闲容积不应过大。

(7) 包装费用要与内装商品相适应。

(8) 提倡节省资源的包装。

(9) 包装要便于废弃物的治理。

(三)影响包装合理化的因素

物流包装在应对物流作业过程对物品的不良影响,保护商品使用价值的同时,也带来了商品成本的增加和对环境的污染,所以在思考影响物流包装合理化因素时,除了从物流系统的相关作业功能出发之外,还要考虑商品物流成本和环境保护的因素。

1. 装卸搬运

装卸搬运是物流过程中发生频率最高的作业,也是直接接触物品包装的环节,对物流包装强度的要求最高。不同的运输方式中当前采用的装卸手段不同,从而对包装要求也不同。例如,国际航运中采用大型机械化装卸手段,就要求包装强度要大、规格尺寸标准符合常用吊车规格要求;铁路运输和公路运输中,如果是手工装卸,包装的外形和尺寸就要适合于人工操作,如现代管理科学对人工装卸最佳重量进行研究的结果显示:包装的重量为工人体重40%较为合适,以及男劳力20~25 kg,女劳力15~20 kg较为合适。如果是叉车配合托盘作业,则要求包装规格要符合常用托盘标准尺寸;如果用皮带输送机装卸,货物则大多是散货或简单包装。所以在确定物流包装时一定要根据装卸搬运的手段,合理选择不同强度的包装材料和包装规格。

另外,装卸人员素质低,作业不规范也直接引发商品损失。在一次例会上,广州某快运公司的总经理曾谈起这样一件案例:从香港报关进口的一件大木箱,内装精密设备,要求运输途中不能倾斜。当木箱运至客户手中时,货主肯定地认为货物已被倾斜了,因为木箱外包装上有一个标识变成了红色——原来该货物倾斜45°时,外包装上的标识就会变色。因此,引进装卸技术,提高装卸人员素质,规范装卸作业标准等都会相应地促进包装、物流的合理化。

2. 仓储保管

尽管随着现代物流管理水平的提升,物流信息化的普及和"零库存"、精益物流思想和理念的深入,物流过程中的货物停滞的时间整体呈缩减态势。但是为保证生产、销售、生活的正常运营,必要的物品仓储保管往往是不可缺少的。物品在仓储期间,不像搬卸搬运会频繁接触外包装,但是不同的储存环境对物品包装要求不同。

例如,露天存放的货物要求包装物防风、防水、耐高温,如集装箱常常采用金属材质制成。仓库温度、湿度、货架安排等储存条件的差异也对物流包装有着相应的要求。在确定包装时,应根据不同的保管条件和方式而采用与之相适应的包装物。

3. 运输作业

对包装有影响的第三个因素是运输。运送工具类型、输送距离长短、道路情况等对包装都有影响。如航空运输,速度快、货物在途时间短、中转较少,所以对货物包装强度要求较低;海洋运输,货物在途时间长、作业环节多、内容复杂、途中风险多,对包装强度要求很高,当前主要采用集装箱为外包装物;铁路运输中,国际铁路联运多采用集装箱方式,国内运输方面对包装强度的要求相对较低;公路运输,运输速度较快、运距较短,且客户接近末端消费者,所以物流包装选用常见的纸箱作为包装材料。在考虑包装材料和工艺时,应满足以上不同的运送方式对包装的要求和影响。

4. 物流成本

包装费用包括材料费用、制作费用、封装费用、运输搬运费用、储存保管费用、回收处理费用等,这些费用基本上都与包装的尺寸、包装形式及复杂程度有关。包装的材料选取、结构形式等直接影响着包装成本。包装综合成本可以分成三个部分:其一为包装物的价格;其二为包装的使用成本;其三为包装的管理成本。包装成本还包括管理、存储、运输、人工等的成本。这些成本构成了包装的直接成本。包装的直接成本指的是为了形成产品这个有机体系而需要花费在包装方面的成本。

比如,由于纸箱设计的尺寸偏大,使得商品的运输、存储和搬运成本升高;再如由于纸箱设计的物理指标问题,造成运输过程中的商品损坏,产生报废的费用;又如,纸箱的箱型设计的问题,造成装箱作业的困难,产生的"额外"劳动费用。这些成本都组成了包装的间接成本。商品的最佳包装,不仅要求达到理想的技术性能指标,充分发挥其功能效果,而且还要求费用少,成本低。

5. 环境保护

近年来,随着网购的迅猛发展,快递业迅速崛起,中国成为"快递大国"。但随之而来的是快递过度包装、循环利用率低等问题,有些包装物甚至会产生大量污染,给环境带来巨大压力和沉重负担。据统计,我国目前快递纸箱回收率不到20%。而包括透明胶带、空气囊、塑料袋等在内的包装物,则是直接被送进垃圾桶。以包装材料为例,2016年我国快递行业使用约120亿个塑料袋、144亿个包装箱和247亿m封箱胶带,这些材料大多无法有效回收。

这些包装物的主要原料为聚氯乙烯(PVC),如果填埋在地下,需上百年才能降解;如果焚烧,则会产生大量污染物,危害大气或土壤环境。而快递包装只是物流包装的一部分,正和其他形式的物流包装一起为我国的生态环境带来巨大的压力。所以从环境保护和可持续发展的角度出发,要求开发更加环保或可降解的包装材料、可循环使用的包装技术,制定可行的包装回收制度等,以达到物流包装的合理化。

6. 物流范围

由于各国国情不同,以及文化差异的存在,对商品的包装材料、结构、图案及文字标识等要求不同。因此,在国际贸易中,商品包装除了要满足在国际物流过程中应对各种作业对商品的影响,保护商品使用价值之外;要特别注意,严格按照目标国对商品包装的规定,采用合适的包装材料、包装技术和包装工艺、履行必要的包装过程,对出口商品进行合理化的包装。避免因为出口商品包装不合理,造成国际物流过程对商品的损坏,或是包装不合规定而遭遇更换包装或退货的后果,不但影响了环境,而且造成了物流成本的增加。所以,物流的范围也是影响物流包装合理化的因素。

小贴士

不同国家和地区对于销售包装有不同的要求。

美国食品药物局规定,所有医疗健身及美容药品都要具备能防止掺假、掺毒等防污能力的包装。美国环保保护局规定,为了防止儿童误服,必须使用保护儿童的安全盖。美国加利福尼亚、弗吉尼亚等 11 个州以及欧洲共同体负责环境和消费部门规定,在人体吸收的全部铅中,有 14% 来自马口铁罐焊锡料,因此,对焊缝含铅量的最高含量做出了限制。我国香港卫生条例规定,固体食物的最高铅含量不得超过 6 ppm,也提示无含铅量不得超过 1 ppm。

除了对于包装物本身的要求外,有的国家还对使用的文种做出了相应的规定。加拿大政府规定进口商品必须英法文对照。销往香港的食品标签,必须使用中文,但食品名称及成分须同时用英文注明。希腊政府正式公布,凡出口到希腊产品包装上必须用希腊文字写明公司名称、代理商名称及产品质量、数量等项目。销往法国的产品装箱单及商业发票须用法文,包括标志说明,不以法文书写的应附译文。销往阿拉伯地区的食品、饮料必须使用阿拉伯文说明。

(四)包装合理化的措施

为能够很好地实现包装在物流中的各项功能,满足物流主要环节对包装的要求,同时又能使包装成本最低,必须使物流包装合理化。物流包装合理化通常可采用以下措施:

1. 深入了解产品因素和物流因素

深入了解产品因素和物流因素是搞好合理包装的重要前提,否则就无法进一步确定保护等级要求和进一步选择包装材料、容器、技法、标志等。一般来说,在合理包装设计中,应考虑下列因素:了解产品的性质、尺寸、结构、重量、组合数等来决定采用什么类型的包装或者决定是否需要包装;了解产品的形状、脆性、表面光洁度、耐蚀性、电镀油漆类别等性质来决定采用什么样的内衬件或缓冲件;了解产品的价值或贵重程度,来决定如何选择保护措施;了解内装物与包装材料之间有什么互相作用,是否可能产生什么有害物质,以合理选择包装材料和容器;了解不同内装物放在一起,有无造成污染的可能性,来决定包装的方法;了解是否有必要提供空间或空隙;了解是否有必要提供防盗措施。

2. 了解流通环境和运输目的地

了解产品从生产厂到目的地之间整个路途,是国内运输还是国际运输,是热带地区还是寒带地区,是车站还是港口,是城市还是村庄等。了解运输方式,是公路、铁路、海运、江河、空运,还是人工或畜力运输,弄清楚运输工具的类型、振动、冲击等量值,道路路面情况,是否使用集装箱运输,是按体积计算货物运价还是按重量计算。

了解搬运、装卸及库存情况,弄清楚装货和卸货的预计次数和特点,流通途中中转及目的地装卸条件的机械化,搬运操作的文明程度,运输前后及中途存放日期和条件等。了解运输途中或目的地的气候条件,弄清楚温度、相对湿度的可能范围,有无凝结水珠的可能性,是否会受暴雨袭击,是否会受海水侵害,所经受大气压的范围,尘土、空气污染等情况。

3. 注意包装与物流功能间的平衡

包装的合理化,就是要做到在合理地保护产品安全的基础上,尽量降低包装成本和减少物流费用。这一问题实质上是搞好包装各种功能之间的综合平衡。例如,运输包装的保护功能的提高,将导致运输、储存为包装的不可靠而支付费用的降低;而运输包装方便,传达功能的提高,也将导致物流管理费用的降低。

另外,包装保护功能的提高,将导致材料费、设备费、人工费、技术引进等费用的增加,结果是包装费用的增加。因此,为了求得上述功能间的合理平衡,就需要设计出在技术经济上最优的运输包装,也就是使产品可靠地从生产厂到达用户手中,在包装费用与物流费用之间保持平衡。合理包装并不是可靠度最高的包装,而是运输包装各功能之间平衡的一种包装。

第二节　物流包装现代化

一、包装发展的现代化

包装现代化,是指在包装产品的包装设计、制造、印刷、信息传递等各个环节上,采用先进、适用的技术和管理方法,以最低的包装费用,使物资产品经过包装顺利地进入消费领域。要实现包装的现代化,就需要大力发展现代化的包装产品,加快开发现代化的包装机械设备和推广普及先进的包装技术,加快新型包装材料的研制和生产。

包装现代化包括以下几方面的内容。

1. 包装设计的现代化

包装设计的现代化,要求包装设计具有科学性和理性化,也就是要求包装的经济效益与社会效益的完美结合,即功能包装和生态包装及以符合人类共性文化心理特征为设计原则的国际文化包装的结合。包装设计的现代化包括以下内容:

适合于环境保护的绿色包装设计。研究新的包装材料和环保型设计方法来减少包装固体废物带来的环境问题。在设计上力求减少后期不易分解的材料用于包装上,尽量采用质量轻、体积小、易压碎或压扁、易分离的材料;尽量多采用不受生物及化学作用就易退化的材料,在保证包装的保护、运输、储藏和销售功能时,尽量减少材料的使用总量等。

适合于电子商务销售的现代商品的包装设计。网络作为传递信息的载体,已渗透到全球的每一个角落,需求与分配的组织化已不分国家、市场、投资、贸易的大小,一律将通过网络来完成,按照网络秩序来活动。网络技术彻底改变了顾客的消费行为和消费方式,包装装潢的促销功能也将随之被淡化,失去了它昔日耀眼的光环。社会进入电子商务时代,对包装的功能提出了新的要求,商品的包装设计也随之遇到了新的问题。

安全防伪的包装设计。现代科技的高速发展,一般的包装设计防伪技术对造假者已产生不了作用。研究远东包装设计与技术的专家克里斯廷·罗梅尔指出中国大陆在包装设计中的模仿抄袭已成为很多小型企业实际操作中所采取的策略。强化包装设计的视觉效果和加强包装印刷工业技术已成为打假维权行动中的一个有力的武器。可以在包装设计中采用特殊纹理的纸张、特定的颜料与包装设计工艺技术，如全息图像、正品检验封印、浅浮雕压纹等来获得特定的效果，使那些假冒伪劣商品因复制成本过高或效果不逼真，知难而退。因此，包装设计的创新方法与融汇高新科技成果的印刷工业技术强强联手，追求精辟独到的原创性和独特视觉效果是未来包装设计业可持续发展的又一方向。

2. 包装材料、工艺的现代化

包装材料是整个包装行业中最为活跃的研究方向。包装质量的好坏，绝大部分取决于包装材料的性能。包装新材料与包装新技术都是每一个包装企业或科研院所首选的方向。不利于环保的包装材料，急需取代。新型的包装材料正需开发，有的已初见成效。主要有下面几大类：

（1）以 EPS 快餐盒为代表的塑料包装将被新型的纸质类包装所取代。EPS 类包装制品急需研制替代的还有 EPS 工业包装衬垫。

（2）塑料袋类包装材料正朝水溶性无污染方向发展。

（3）木包装正在寻求替代包装材料。由于美国等西方国家以中国出口产品中的木包装发现"天牛"为借口，限制中国产品出口，凡是用木包装的产品必须进行复杂的特殊处理或用其他材料的包装。即使是用重型瓦楞纸箱包装也难以胜任，因此目前中国已在进行攻关，推荐用蜂窝瓦楞纸代替，但必须解决承重受重力和装卸强度问题。

（4）其他新型的辅助包装材料也急待研究，如黏合剂、表现处理剂、油墨等。在包装材料上的革新，如用于隔热、防震、防冲击和易腐烂的纸浆模塑包装材料；植物果壳合成树脂混合物制成的易分解的材料；天然淀粉包装材料；自动降解的包装材料。

小贴士

包装工艺主要指包装制作过程中的制造工艺，包装工艺的发展是依赖于相关科学的发展得以实现的。例如，包装的成型工艺、包装的黏合工艺、包装的印刷工艺、包装的整饰工艺等，都经历了一个改进完善的过程。

包装工艺的现代化可以降低包装的费用，而且还可以提高包装工序的效率，使包装的性能及效果发生显著的变化。现代科技应用于包装领域，使很多包装工艺得以简化，更加科学合理。例如，过去塑料包装的挤压、热压、冲压等成型，已逐渐用到纸包装的成型上；过去的纸板类纸板包装压凸（凹）成型较为困难，现在已基本解决；塑料发泡成型技术已被广泛用于纸模包装制品的发泡与成型，使一些过去不能用纸包装的产品也用上了纸类包装。

3. 包装机械现代化

目前包装机械的特征趋于"三高"——高速、高效、高质量。发展重点趋于能耗低、自重轻、结构紧凑、占地空间小、效率高以及外观造型适应环境和操作人员心理需求、环保需求等。包装机械在我国包装行业发展中应当占有重要位置,但由于受国家整体经济及技术实力局限的影响,包装机械的发展一直处于低水平状态。

国外包装机械发展的趋势体现了现代化先进包装机械的高新技术,特别是科技及经济发达的欧美及日本等国家生产的包装机械及设备,其技术随着科技和商品经济的发展,已处于国际领先地位。

近些年,发达国家一方面为满足现代商品包装多样化的需求,发展多品种、小批量的通用包装技术及设备;另一方面又紧跟高科技发展步伐,不断应用先进技术,发展和开发应用高新技术的现代化专用型包装机械。所应用到的新技术有,航天工业技术(热管类)、微电子技术、磁性技术、信息处理技术、传感技术(光电及化学)、激光技术、生物技术及新的加工工艺、新的机械部件结构(如锥形同步齿形带传动等)、新的光纤材料等,使多种包装机械趋于智能化。

目前,中国在包装机械方面与先进发达国家相比,某些加工工艺和元器件还有差距,有些关键性的材料还达不到要求,这些将是中国包装机械领域未来应重点突破和解决的问题。

4. 包装技术的现代化

很多包装新技术是建立在包装新思维之上的。包装新思维是超脱现有的包装技术与产品,将其他相关技术组合应用到包装上形成新的包装技术。这方面的技术有几大类:包装固化技术:固化与干燥能源在更新,从热能转向光能;包装切割成型技术:新型切割与成型器械;包装与加工结合技术;包装功能借用技术:包装功能超出包装,增值作用;包装功能保护技术:在包装材料中加入保鲜、杀菌、防潮、防静电、防异味等功能性成分。上述最有前途的是包装与加工结合技术。它解决了很多处理工艺,直接借用包装机械,实现包装加工一体化,使包装更具潜力和作用。

物联网技术在物流包装中的工作原理

物联网技术在物流包装中开发应用的核心技术是RFID技术,一般会将集成了RFID电子标签的芯片嵌入物流包装的材料中,利用射频识别信号及其空间耦合、传输的特性,实现对静止或移动的待识别物品进行自动识别、数据通信、身份查验等相关互联活动。一个典型的物联网RFID系统一般由RFID电子标签、RFID阅读器以及应用软件系统等组成。其工作原理为:由RFID阅读器发射出特定频率的无线电波能量或信号并传输给

RFID电子标签,用以驱动RFID电子标签内的集成电路,并将其内部已经存储的数据信息自动送出,此时RFID阅读器便可依序接收解读相应的数据信息,再传送给相应的应用程序进行信息处理与控制。

电子标签一旦进入磁场范围,接收解读器就发出射频信号,并凭借感应电流中获得的能量发送出存储在芯片中的商品信息与数据,或由标签主动发送某一频率的信号,并经解读器读取数据信息且解码后,送至相应的中央信息系统进行数据处理与管理。然后,结合通信技术、互联网技术、数据库技术等信息技术构建一个基于RFID物流包装的供应链系统物联网,通过与供应链系统中生产、供应、运输、仓储、销售等各个环节的物联网智能设备进行信息通信、控制与信息处理,进而实现对供应链系统内物流活动过程的信息化管理。

二、包装现代化的措施

1. 重视包装质量

世界上经济发达的国家都具备完整的物流包装和测试设备及检测手段,在包装进入流通阶段之前就可以对其进行合格的检测。

2. 重视开发新型包装及包装材料、新技术

根据市场调查不断开发消费者喜好的新型包装,并不断开发新材料、新技术,使物流包装科学化。特别是运用计算机控制包装技术及包装经济活动,是世界各国包装行业共同努力的方向。

3. 重视发展集合化包装和运输

集合化包装既可有效保护商品又可弥补包装本身的不足。集合化包装与先进的机械化作业相配合特别是实行"门到门"的集装箱运输是综合治理包装破损的有效措施。

集合化包装还可以节约包装费用,降低包装成本,促进对外销售,使危险品包装标准化、规格化、系列化。目前世界上发达国家和地区都采用集合化包装和运输。为了适应发展的趋势及与国际接轨,应大力发展集合包装和运输。

4. 重视包装规划方法及有效的包装管理

物流包装业需要一种有效的包装规划方法和一套现代化的包装管理方法,以使包装材料和物流成本达到最低。如考虑:选用更好、更经济的初始包装;减少需要作二次包装的物量;研究新的集装运输模式;优化运输组件中的托盘位置和提高集装箱的空间利用率等。

5. 重视包装评价体系的建设

由于缺少公开发表的研究材料,缺乏有效、可靠的包装评价数据收集技术,包装多因素评价技术上还存在困难,加上物流链中的合作单位缺少提高整个物流供应链运作

效率的热情和迫切性,目前国际上基于现代物流平台的运输包装设计与管理方面尚缺乏统一而有效的技术方法和评价工具,这就是需要物流包装界进一步努力研究的重点问题。

三、包装工业现代化在我国的发展

包装工业已经成为国民经济的一个重要产业,以先进的科学技术对包装工业进行技术改革,是促进我国包装工业发展的主要途径。包装工业分布在国民经济的 20 多个部门中,是一个横向型的跨部门、跨地区的大行业。因此,实现包装现代化有利于推动包装工业的发展,进而促进物流的现代化。

强化和提升中国包装工业整体水平的办法主要是抓紧对中小包装企业的集约整合,实施"联合发展"战略;加大力度,建立我国绿色包装工业体系,加快与国际标准接轨的进程;加快振兴包装装备制造业;以信息化促进包装工业化。

1. 中国包装工业未来 10~15 年的发展趋势

(1) 2006—2010 年,包装工业的总产值预计达到 4 500 亿元,保持平均每年的增速为 7%。其中,纸包装制品将达到 2 200 万 t,塑料包装制品预计达到 604 万 t,金属包装制品预计达到 388 万 t,玻璃包装制品可望达到 1 250 万 t,包装机械将达到 90 万台套。

(2) 2011—2015 年,包装工业总产值可达到 6 000 亿元,平均每年以 6% 的速度增长。到 2015 年,纸包装制品可达到 3 600 万 t,玻璃包装制品将达到 1 550 万 t,包装机械将达到 120 万台套。

(3) 包装工业结合产业结构调整,会更多地体现在产品的消耗降低、结构优化、品种改善、质量提高和竞争力的增强等方面。符合消费升级、科技进步和可持续发展的产品将加速增长。中国将对中高档包装原辅材料和高档机械设备的进出口给予足够的重视。

(4) 到 2020 年,中国包装工业将满足中国全面建设小康社会的需求,建成一个科技含量高、经济效益好、资源消耗低、环境污染少、人才资源优势得到充分发挥的新型中国包装工业。

2. 中国包装行业未来 10~15 年的发展重点

(1) 着力开发新型包装原辅材料。

(2) 发展包装机械制造业,提高包装机械的科技水平,加速新产品的研制与开发。

(3) 完善包装产业整体布局,配合国家的西部开发和振兴东北老工业基地战略,努力提高中国西部地区和东北老工业基地的包装配套能力。

(4) 加强包装的资源综合利用,保持中国包装工业的竞争优势和发展后劲。

(5)积极发展集装化运输,减少商品破损和实现商品包装减量化。

(6)提高出口商品包装的质量和档次,增加中国商品的竞争力。

(7)增加国内短缺原材料、关键技术和重大设备的进口。

(8)充分利用包装行业的信息资源,逐步走上产业化的道路,以信息化促进包装工业的发展。

随着农副产品深加工包装的发展及出口商品包装需求的迅速增加,我国包装产业发展的重点如下:

(1)抓好保证有效供给的包装,主要是国民经济生产、建设中急需产品的包装,人民生活必需品的包装,特别是搞好运输包装的开发和推广。

(2)搞好出口商品的包装。出口商品要在包装外形设计、材料选择、图案构思、色彩线条运用上跨上新台阶。

(3)进一步改进商品包装,减少因包装不善而造成的经济损失。

(4)包装产品的发展,要以纸包装技术的开发利用为基础,控制发展塑料包装制品,稳定提高玻璃包装制品,合理开发金属包装制品。

(5)发展"绿色包装"。所谓绿色包装,是指对生态环境和人体健康无害,能循环使用和再生利用,促进可持续发展的包装。从发展的角度出发,绿色包装将成为21世纪包装产业发展的一个主要趋势。因此,要重点开发绿色包装材料,改进包装工艺,加大包装材料的回收和综合利用。

物流的现代化,离不开包装的现代化。因此,只要从发展社会主义市场经济的高度来认识包装在现代经济中的功能,实现观念更新,按照经济规律办事,我国的包装工业一定会得到更大、更快的发展,在促进国民经济增长中发挥重大作用。

第三节　物流包装规范化

一、包装规范化的概念

包装规范化则是以包装为研究对象,对复杂多样、有着相似关联的产品采取统一、应用简化、协调和通用最优化等标准化原理的一系列活动的全过程,制定、实施和修改包装标准、规范,使之统一化、通用化、系列化、组合化和综合化,这一过程称为包装规范化。具体来说,产品包装规范化的实现是根据产品包装缓冲材料类型、大小规格,物流包装环境,存储和包装测试方法及要求等来达到的。因此,对于不同的对象,使用规范化、标准化的原理,对之分类、统一相似或者类似的包装,使之系列化、通用化,符合国际通用标准,适应产品包装容器运输、产品装卸机械自动化和运输存储现代化。

二、包装规范化的意义

包装规范化就是使复杂多样、相似或相近的产品实现统一化、系列化、通用化、综合化。因此,在保证产品包装安全的情况下,通过实施包装规范化,有利于减少包装规格和料号,确保合理使用资源和原材料,促进包装容器及其他包装辅助物的尺寸规范化,从而提高运输空间利用率及运输效率,更有利于同国际包装规范化接轨,扩大对外贸易。

鉴于物流包装规范化对物流的发展起着举足轻重的作用,世界上各个国家都十分重视物流标准化建设,并且十分强调本国的物流标准与国际物流标准的有效衔接,而包装规范化是物流标准化的基础和重要组成部分,发达国家物流标准化的工作的绝大部分都是从包装规范化开始的。即要实现物流标准化,必须先实现包装规范化。

目前,欧洲、美国、日本、澳大利亚等发达国家都很重视包装规范化的建设及发展,并各自在国家内部建立了比较完善的物流标准和包装规范标准,然而对于整个物流体系来说,实现全球化统一标准的工作还需进一步的努力。因此,接下来就要求各个国家在修改完善自己国家原有的标准外,更为迫切、更为重要的是逐步建立起一个全球统一的与物流标准接轨的物流包装规范标准,进而实现整个物流系统无国界,减少由于贸易技术壁垒中的各种国际物流纠纷。

随着近几年来我国物流业的迅速发展,我国在物流标准化建设方面也制定了不少相关标准(如物流信息管理标准、包装标准、集装箱标准等),并取得了一定成绩。然而,目前还处于发展的低级阶段,必定会有很多问题有待逐步发展。尤其是我国与"一带一路"沿线国家和地区开展国际物流协作过程中,更凸显出了很多问题:如运输设备不配套且与包装规范标准之间缺乏有效衔接,各种运输方式之间装备标准不统一,等等。

三、实现我国物流包装规范化的思路

1. 借鉴发达国家的经验并消化吸收

发达国家在制定、组织监督实施以及修订物流包装规范标准等技术方面长期的探索及努力研究成果,给我国物流包装规范化的发展提供了非常丰富的经验。对于物流包装的标准制定、实施以及监督这些规律方面基本是大同小异的,我国可以借鉴他们许多成功和失败的经验、方法,并从中得到学习,进而研究及消化吸收,然后再结合我国的实际情况,制定出有中国特色、又符合国际通用标准的物流包装规范。此外,还应该跟踪国际上关于物流包装的发展趋势,以便及时修订我国的物流标准。

2. 政府强制执行、实施和监督

国家政府以及各行业及企业对规范化工作重要程度认识不足,是导致我国现有物流标准化工作的开展缓慢和相对落后的一个重要原因。物流包装规范化工作是一个由政府主导，然后各个行业及企业结合，共同努力实现的工作，而建立、实施和监督这些物流包装规范化工作的平台，必须由政府出面，形成一种强制性的执行机制，从行业法规的角度通过国家政府强制执行，并进行普及性宣传和教育工作，使各行业及企业的广大从业者认识到规范化工作的重要性。只有这样，才能保证物流包装规范化工作顺利进行，并有效、有序地稳步进展。

3. 加快建设物流包装规范化信息网络平台

信息化是一切的基础，如果在物流和运输过程中存在物流信息不对称，信息就得不到及时的反馈，这样就难以及时地调度、管理和平衡物流系统中的资源。随着计算机互联网的发展以及普及，信息传递也越来越迅速，同时也显得更加重要。同样现代化的物流包装规范化工作也需要各种新信息技术能够更迅速、更有效地利用电子手段[如射频识别技术（RFID）、条码识别技术、全球定位系统、红外线感应器、语音识别技术、激光扫描器等]作为物流包装信息集成化载体，使物流信息在人与人、人与物、物与物之间随时随地地连接、流动、交换和共享，从而达到物联网的实现，推动物流包装系统信息集成化的迅速发展，使各个行业及企业与国家之间的信息共享和无缝链接，来帮助提高物流运输的运行效率。

物流信息化有多种表现形式，如物流信息存储的数字化、物流信息的商品化、物流信息传递的实时化和规范化、物流信息处理的计算机化和电子化、物流信息收集的代码化和数据库化等。例如，目前在物联网应用中的射频识别技术（RFID）、条码识别技术（Bar Code）、传感器等技术与观念能够随时随地采集物体的动态信息，然后利用互联网技术，及时对大量数据及信息智能处理，从而达到实时可靠传送。我国物流信息化建设正在依靠成熟的通用性信息技术循序渐进，通过互动发展的应用技术研究和开发，从而使物联网的产业得到进一步发展，所以，作为我国的重点业务应用，政府也应该加强关键技术的研究，加快建设物流包装规范化信息网络平台，实现我国各企业、物流行业与政府之间的物流包装规范化工作的信息共享。

4. 加强培养高层次的物流包装专业技术人才

我国比较缺乏高层次的物流包装专业技术人才。专业人才是所有工作的基础和根本保证，只有真正懂得包装、现代物流、国际贸易、WTO规则、规范化的高层次人才，才能胜任和适应物流及物流包装规范化工作的要求。因此，要努力建立起合理的物流人才的教育培训系统，在大学设置物流管理本科专业和物流方向的研究生课程，形成具有一定规模的研究生教育系统。另外，国家政府或各个行业及企业等都应积极选派一些人员，组织专门的机构，协调统筹、规划和管理物流及物流包装规范化工作，尽快加强和完善高层次的物流包装专业技术人才的培养。

四、实现物流包装规范化的具体措施

1. 包装标识规范化

物流包装标志是指在物流包装外部制作的特定记号或说明。每一种产品在完成包装后必须依靠包装标志,才能进入现代物流,继而成为现代物流包装。为了避免不必要错误事故,以便于运输部门及保管部门能够正确无误的工作,国家对包装标志应做出标准规定,各个部门在运输过程的每个环节都必须按照统一的标准规定使用。

2. 物流包装规格尺寸规范化

物流包装件要实现规范化,就必须使物流包装尺寸规范化,因为物流包装尺寸规范化是推进物流包装规范化的必由之路,是物流包装规范化的基础。在国际贸易频繁的今天,实现物流包装尺寸规范化,已成为物流包装的发展趋势,各个国家及企业都在努力通过规范化包装尺寸及与货物流通有关的一切空间尺寸,来实现物流包装尺寸规范化,使物流系统各环节协调统一,进而使物流运输效率得到提高,而且在同国际标准接轨的同时,能争取更大的海外市场。

确定物流包装的尺寸,就是要使之规范化,这主要是通过包装模数化。包装模数尺寸是确定物流包装尺寸的基础。包装模数是为了使包装货物在物流过程中的合理化和标准化,而以数值关系表示的包装容器长度乘宽度的系列尺寸。一般用国际通用的集装基础模数尺寸(600 mm×400 mm)以分割及组合的方法确定物流包装系列尺寸。

3. 包装材料规范化

随着社会的进步及技术的发展,产品的包装材料也越来越多。但为了适应现代物流的发展,以保证包装材料来源以及材料质量的稳定,一定要尽量选择标准材料,不用或者少用非标准的包装材料。目前我国使用的包装材料主要有瓦楞纸、塑料、木材、有机玻璃、纤维织物、金属等。为了确保这些包装材料在制成包装容器后能够承受在流通过程中的各种损害,中国包装联合会等有关单位分别对这几大类包装材料的各种性能(如耐破强度、每平方米重量、水分等)及技术指标做出了标准规定。

4. 包装工艺规范化

对于同一种物品采用一种科学合理的保护方法,统一包装工艺规范化。例如,包装箱内必须规定内装商品数量、排列顺序、合适的衬垫材料,并防止包装箱空隙过大以至于产品在内部晃动;木箱包装有如下规定:木箱板的材质及厚度、木装箱用的钉子的规格及相邻钉子的距离、钉子不能钉在夹缝里等;又如,瓦楞纸箱必须规定瓦楞的楞形(材质)、耐破强度、抗压强度、楞向以及黏合类型(胶黏或钉合)等。

5. 集合包装和装卸作业规范化

集合包装是现代运输的新发展,适合于大批量、长距离的机械化装卸,能安全保护产品的同时,又能提高劳动生产效率及运输效率。集合包装规范化是一个多目标规范化的问题,并从集装容器的利用率考虑如何充分利用运输设备的空间资源。近年来,我国集合包装有了较快的发展,制定了集装箱标准、栈板标准等相关国家标准,以及在装卸港口、码头、车站、仓库等处装卸货物时制定的装卸作业标准。

6. 包装测试规范化

产品经过包装后要经过长途运输,经受各种环境的考验,在这个流通过程中,要使产品安全无损地送达到客户手中,就必须通过一些相关测试。但对同一种包装方案,不同的试验方法可能会得出不同的测试结果,这样制定的包装规范标准就失去了它的意义,不利于标准的推广,得不到普遍应用。所以,在进行包装规范化过程中,必须统一包装材料的试验方法。

第四节　物流包装测试技术

包装测试是指包装物、包装容器和包装工艺过程中的测试。包装测试技术是研究包装材料、包装容器对内包装物的性能测试与分析的一门科学技术,用于检测包装材料、包装容器的性能,评定包装件在流通中的性能。它既包括对包装材料、包装容器和包装件的性能测试与分析,还包括各种包装试验方法。

包装测试存在的目的和意义在于提升货件包装的可靠性,让人知道产品的包装是否能够达到预期的效果。其测试包括多个方面,针对包装运输测试(ISTA)、箱体结构、纸质、环境保护(有害物质、循环利用)等各个方面,国际上有不同的管理机构和法规标准。

运输包装测试在包装设计方案中被广泛应用。例如:新品开发,新的包装方案不确定是否满足产品运输包装的需求,需要进行运输包装测试;包装产品到客户端损坏严重时,包装方案则需要重新设计修改,在大量投产之前需要进行运输包装测试;产品包装提出减量轻质需求时,优化方案执行之前需要运输包装测试;等等。

一、包装运输测试(ISTA)

运输包装的主要功能是保护产品在运输与仓储中免受外界各种力、运动、环境的破坏。随着物流行业的飞速发展,运输中各种不确定因素、集成化运输等原因,使得包装终端用户不得不对运输包装的安全可靠性提出更高的要求。包装单元可能是单个包装件的形式,也可能是多种包装件、同品种单个或多个包装件在托盘上的组合包装形式,这些包装设计组合是否合理,是否能够抵御物流环境的破坏,有效地保护内装物,是每一位运输包装设计师及包装终端用户所关心的问题。

运输包装测试是对运输包装件的性能进行有效的评估或检测的方法。目前通用的包装测试是"包装运输测试(ISTA)",其目的在于极大地减少产品因包装问题在运输过程中损毁的概率,降低综合生产成本,减少和消除索赔争议,缩短包装开发时间,提高客户放心程度,让包装更环保,符合各国法规之余,更提升企业社会责任形象。总的来说,是保证经过测试的包装,能达到各国对其使用稳定性、环保性、循环利用性等各个方面的指标。

小贴士

ISTA(International Safe Transit Association,国际安全运输协会)是一个国际性的非营利组织,其前身是 NSTA 美国国家安全运输协会,目前在全世界的会员已有数百家知名的货运公司和实验室。它一直致力于协助会员开发有效的包装、方法、后勤系统等,以提高产品的运输包装安全性能,从而防止或减少产品的在运输和搬运过程中遇到的损失。该组织已经发布了一系列的标准以及测试程序和测试项目等文件,作为对运输包装的安全性能进行评估的统一依据。

1. ISTA 的测试类型

第 1 类:非完全模拟的性能测试

测试产品和包装相结合的包装强度和韧性,是无须模拟周围环境的设计。这对于筛选试验,特别是超时使用一贯基准点的测试是很有用的。

第 2 类:部分模拟的性能测试

测试第 3 类一般模拟的性能测试中的至少一项因素,如大气环境或处于随机振动状态,与第 1 类以非完全模拟测试为基础相结合。

第 3 类:一般模拟的性能测试

在提供会产生破坏的外力和运输环境条件下所设计的模拟实验,可适用于很多情况,如不同的交通方式和外部环境,或不同数目的筛选处理,特征包括形状简单的随机振动,对不同的跌落高度采用抽样方案以及大气条件,如热带潮湿或寒冷/冰冻。

第 4 类:增强模拟的性能测试

一般模拟测试中至少要包含重点模拟测试的一项因素,如测试顺序或者与实际了解的分配结构相联系的条件。目前,ISTA 正在极力开发 4AB 这种加强模拟的性能测试项目。

第 5 类:重点模拟的性能测试

在实际测量领域中的危险和水平的基础上构思一个实验测试模拟。可测试的危险主要包括形状复杂的随机振荡,多层跌落高度的输送,极限温度和极限湿度及/或环境,以及动态或静态压力载荷。

第 6 类:预留系列,现不可用

第 7 类:开发测试

这些测试适用于运输包装的发展中,它们能用于比较两个或更多的集装箱设计中的相关性能,但是,它们对于承载的包装产品并不具有保护价值。

2. ISTA 的测试程序

从 1948 年第一个美国测试程序手册建立以来,ISTA 包装测试程序已成为产品包装专业测试领导者,其设计目的在于协助产品的运输商最大限度地减少产品在运输及搬运的过程中的损失。

ISTA 目前有 6 个系列的测试,主要包括 1A、1B、1C、2A、2B、2C、3D、3E 等测试程序。基本测试如下。

1A 重量在 68 kg 及以下的包装产品的测试,如振动测试、跌落测试等。

1B 重量超过 68 kg 的包装产品,如振动测试、斜面冲击测试等。

1C 重量在 68 kg 及以下的独立包装产品的延长测试。

1D 重量超过 68 kg 的独立包装产品的延长测试。

1E 组合负载。

1G 重量在 68 kg 及以下的包装产品(随机振动)。

1H 重量超过 68 kg 的包装产品(随机振动)。

2A 重量在 68 kg 及以下的包装产品,如环境测试、压力测试、振动测试及跌落测试等。

2B 重量超过 68 kg 的包装产品的环境测试。

2C 设备包装。

2D 视为单元的包装产品。

2E 视为狭长外形的包装产品。

3A 重量在 70 kg 及以下的包裹运送体系的包装产品。

3E 同类产品的组合负载。

3F 重量在 45 kg 及以下的从配送中心至零售商运输的产品包装。

3H 用机械处理的散装运输的产品或包装产品的性能测试。

5B 受温度影响的运输包装的热性能测试的重点模拟向导。

7A 方案:承载重量在 27 kg 及以下的可重复使用的敞开集装箱和托盘承载的组合输送。

7B 承载重重量在 68 kg 及以下的封闭可重复使用的运输包装集装箱。

7C 重复使用的散装包装集装箱。

7D 包裹运送体系的输送中热性能对运输包装的影响。

3. ISTA 的包装测试项目介绍

包装测试是通过模拟包装产品在实际运输过程中可能经受各种振动、受压、跌落、冲击、温湿度等环境因素对产品造成的破坏而进行的。

(1) 振动测试(以 1A 为例):此测试是模拟产品在运输过程中受到的颠簸情况。将受测的样品按标准规定的方式放在模拟运输振动台上,设定振台的频率和振动次数。

(2) 跌落测试(以 1A 为例):此测试是模拟包装箱在搬运过程中遇到的坠落、撞击等情况。将受测样品在跌落机上进行 10 次自由落体测试或撞击测试。不同重量的包装箱其跌落高度和撞击速度是不同的,如表 6-1 所示。

表 6-1 跌落测试数据

包装箱重量	跌落高度	冲击速度
$0 \leqslant W < 21(10\ kg)$	30(762 mm)	13(3.9 m/s)
$21 \leqslant W < 41(19\ kg)$	24(610 mm)	11(3.5 m/s)
$41 \leqslant W < 61(28\ kg)$	18(457 mm)	10(3.0 m/s)
$61 \leqslant W < 100(45\ kg)$	12(305 mm)	8.0(2.5 m/s)
$100 \leqslant W < 150(68\ kg)$	8(203 mm)	6.6(2.0 m/s)

二、包装测试标准

包装测试标准主要有:国标(GB/T 4857 系列)、美国试验和材料协会(ASTM D4169 系列)、国际标准化组织(ISO 418 系列)、欧洲标准(EN 13427 系列)及国际安全运输委员会(ISTA 系列的测试程序和方案)。

其中 ISTA 测试包含多个系列标准,主要有:1 系列(非模拟试验)、2 系列(部分模拟试验)、3 系列(一般模拟试验)、4 系列(加强模拟试验)、6 系列(会员性能试验)、7 系列(开发性试验)。每个系列根据不同运输方式或不同包装件又分为多个测试标准。运输包装测试可以依据包装件的包装型式、重量、运输方式、产品类型等信息,选择合适的 ISTA 运输包装测试标准进行检测。

能够综合模拟实际运输环境的是 3 系列,其中 3A、3E 最为常用。单个包装件中 3A 测试项目比较贴合实际运输环境,得到了越来越多企业的认可,尤其是出口订单较多的家电企业,要求运输包装需要满足 3A 的测试标准。

三、运输包装的几种测试法

(一) 冲击试验方法

冲击是物流过程中比较普遍的一种危险因素,它对产品包装系统所造成的危害最直观。因此,在各个标准体系中,甚至是公司的企业标准中,都必然涉及冲击试验项目。

一般来说,所考察的冲击是指反映在产品包装系统上的加速度水平较高/作用时间较短的瞬态作用,最典型的例子就是跌落。但作为一个研究包装测试的专业机构,在其理解中,冲击所包含的范围要更大一些。而且,随着运输包装件在物流过程中所遇到的情况不同,冲击试验也有着各种各样的试验方法。

冲击试验的方法从目的上可以分成两类:

其一是考察包装对产品的保护能力,包括跌落试验、水平冲击试验、垂直冲击试验等。

其二是考察产品对冲击危害的耐受程度,包括产品脆值试验等。

跌落试验是一种普遍使用的试验方法,用来模拟物流过程中产品——包装系统所经历的冲击。跌落试验也有几种不同的方法,分别模拟实际流通过程中的不同情况。但它们都有两个共同的基本要求:一是释放装置不能对试验样品造成明显的影响;二是跌落平台必须有足够的质量和刚性。根据 GB/T 4857.5—1992《包装 运输包装件 跌落试验方法》的要求,跌落平台的质量应达到试验样品质量的 50 倍以上。

自由跌落是运输包装件的基本试验之一,主要方式是将包装件从一定的高度释放,使它以自由落体的方式跌落到地面上。自由跌落试验可以分成面、棱、角跌落,分别考察不同的跌落方向对产品——包装系统的影响。

转动跌落是从欧美等国的标准中翻译的术语,我国标准中统称为大型运输包装件的跌落试验。转动跌落的主要方法是以包装件的一边或一角支承在地面或垫块上,抬起包装件的对边或对角到预定的高度,释放并跌落。转动跌落有一个问题,就是什么样的包装件适用这种试验方法。在不同的标准中对大型运输包装件的规定各不相同。这就需要根据自己的实际情况来加以选择。

倾翻试验时,将包装件按预定状态放置在冲击台面上,在包装件中心上方的位置施加水平力,使包装件自由倾翻。倾翻试验在国家标准和 ISO、ASTM、ISTA 等标准中都有规定,但各自的要求都有一定的区别。

水平冲击是将包装件按照预定的状态,以预定的速度与一个挡板相撞。挡板要垂直于包装件的速度方向。在国家标准 GB/T 4857.11、ISO 2244、ASTMD 5277 中都分别对斜面、吊摆冲击试验做了相应的规定。这两种水平冲击试验都有各自的特点。水平冲击试验一般用来评价包装件在受到水平冲击时对产品的保护能力。在实际的物流过程中,包装件受到水平冲击的情况很多,比如汽车刹车、列车编组等。

无论是跌落还是冲击,对于运输包装件内的产品来说,每一次都可以反映成一个加速度——时间历程。从破损理论来看,峰值加速度和冲击速度变化是导致产品破损的决定因素。冲击时,地面的软硬和面积的大小都会对冲击的强度造成影响,这些影响也都可以从这两个决定因素中体现出来。

垂直冲击试验机主要由导轨、冲击台、程序发生器、冲击质量块等组成。试验时,运输包装件要紧密地固定在冲击台上,随着冲击台一起冲击到质量块上,并通过程序发生器产生预定的冲击波形。常用的垂直冲击试验标准是 ASTMD 5487。

可控水平冲击试验必须使用可控水平冲击试验机来完成。可控水平冲击试验机由台车、轨道、冲击质量块以及程序控制器组成。包装件放置在台车上，以一定的速度冲击质量块，通过程序控制器产生所需要冲击脉冲。可控水平冲击试验的控制参量很多，可以分别控制冲击末速度、冲击加速度、冲击时间、冲击速度变化以及前面讨论过的冲击波形。从使用的标准上看，有 GB 个 4857.15—2017《包装　运输包装件基本试验》第 15 部分：可控水平冲击试验方法供参考。

危险物冲击不是一种单独的试验方法。在上面讲到的各种冲击试验中都可以应用危险物冲击。所谓危险物冲击就是在包装件与冲击面之间放置特定的刚性物体，使包装件在冲击时首先与这一物体接触，从而使包装件受到更严酷的破坏。我国的标准中没有危险物跌落的明确要求，但在 ISTA 标准中明确提出了有关危险物跌落的规定。所谓危险物跌落是在试验设备的冲击台面上放置各种标准的危险物，并使包装件跌落到危险物上，是模拟装卸时地面不平或有异物的情况下包装对产品的保护能力。

对运输包装件的试验只能考察包装是否可以保护产品，并不能证明包装是否合理。基于这个目的，必须了解产品本身到底能经受多大的冲击，也就是常说的冲击脆值。冲击脆值高，产品的耐冲击能力就强，可以适度地降低包装的强度；冲击脆值低，产品的耐冲击能力就弱，此时需要提高包装的强度。在产品冲击脆值的试验中包括两种不同的实验方法：一种是通过包装件的跌落实验来测试产品脆值；另一种是通过垂直冲击试验机来测试。目前，国内外都普遍采用产品的垂直冲击试验来测试产品的脆值。可以参考 GB/T 8171—2008《使用缓冲包装材料进行的产品机械冲击脆值试验方法》。

（二）堆码试验方法

堆码试验是检测时间对包装材料的影响程度。从经验来看，随着包装件装载量的增加，对该包装件所施压力的保持时间会减少。

堆码多发生在仓储过程中，需要针对码放在最下层的包装件进行考察。堆码强度取决于产品外包装、产品自身、堆码方式以及堆码环境，要综合所有因素，就需要再现仓储过程的试验方法，该试验方法可以评定运输包装件在堆码时的耐压强度及对内装物的保护能力，借此可研究包装件受压影响，如外包装变形、包装材料产生蠕变、内装产品出现破裂、压坏情况等。

通常采用静载荷堆码试验方法和压力试验机的堆码试验方法，根据不同需要，选择其一。静载荷堆码试验使载荷保持预定的持续时间或直至包装件压坏。该方法形式方便，周期长，可配合一定的温、湿度环境，再现包装件所处的真实环境。压力堆码试验借助能使压板均匀移动，施加预定压力的压力试验机。负荷逐级增加，如果未达到预定值，受压包装件已变形、压坏，则终止试验，也可以按预定值作一次性下压或直至破坏为止。负荷达到预定值时，持续到预定时间，观察其变化。这种方法的试验精度高，试验周期短，它是模拟堆码对包装件的影响,可参照 GB 4857.3—2008《包装 运输包装件基本试验》第 3 部分:静载荷堆码试验方法。

考虑到实际情况,堆码往往不是单一同类货物的堆码,混装货物占有相当大的比例。在得到混装货物平均密度的前提下,还要考虑选择仓储堆码高度和堆码运输的劣变系数,即可得出相应的堆码强度,例如,ISTA 3C 2001 是针对动态压力试验,把包装件从体积和质量上分类,分成 $<0.06 \text{ m}^3$ 或 $<14 \text{ kg}$ 的包装件和 $>0.06 \text{ m}^3$ 或 $>14 \text{ kg}$ 的包装件。

总之,还是应根据实际物流环境的要求选择最适当的试验方案,使包装产品获得最合理的包装。

(三) 振动试验方法

包装件在运输过程中,不管使用何种运输工具,由于路面和运输工具的原因,包装件都会振动。实际过程中,包装件的振动是非常复杂的,因为一般包装件是在堆码情况下运输的,所以要考虑堆码振动;另外,包装件在运输过程中如果没有固定,则除了振动以外,可能还会发生连续冲击现象。振动会使产品内部因反复施加作用力而使螺钉松动、部件变形、产生裂纹,因为包装或产品相互移动造成表面擦伤或漆膜脱落,特别是当发生共振现象时,对产品的破坏作用更大;振动还会对包装材料产生影响,改变包装件的抗压、抗冲击和缓冲性能。振动试验就是要考察包装件的抗振动能力。

振动试验可以作为单独试验,考察包装件的抗振动能力;也可以作为整个试验的一部分,因为经过振动试验以后,包装和产品的物理机械性能都会有所下降,考察包装件振动后,是否能抵抗冲击、跌落等其他因素造成的损害。

振动试验波型包括正弦波、三角波、方波,有垂直、水平、椭圆、斜线等几种不同的振动方向,振动形式有定频振动、扫频振动、随机振动三种形式。

定频振动是让包装件在某一个固定的频率下振动,试验强度值有振动频率、振动加速度或位移、振动持续时间。振动频率一般选取运输过程中主要的振动频率或包装件的共振频率,考察包装件在特定频率下的抗振性能。

车辆振动试验是一种特殊的定频振动试验,美国对这种试验使用较多,试验方法是将包装件按正常运输状态放置在振动台上,保证振动峰值不变,调节振动频率使包装件跳起并达到规定高度要求,在该振动频率下振动,使包装件跳起的次数达到规定的要求后停止试验。这种试验方法考察的是连续冲击对包装件的影响。

扫频振动试验是一种变频振动,振动频率在一定的频率范围内,以固定的扫频速率不断地改变。包装件作扫频试验有两种方法,一种方法是为了寻找共振点,扫频后一般要在共振频率上谐振,我国普遍采用这种试验方法;另一种试验方法是在试验时用较高的振动加速度,在一定频率范围内来回振动多次,其目的是考察包装件在一定频率范围内的抗振性能。

实际过程中，运输工具的振动情况是由运输方式、路面情况、运行速度和运输工具自身特性决定的，振动源是不规则、随机的，无法用公式来准确描述具体的振动过程；运输工具对振动的传递性能也千差万别，和运输工具的结构及缓冲方式、载荷的重量及重心位置、轮胎情况、包装件在运输工具上的位置都有很大关系。显然定频振动试验、扫频振动试验都和实际情况有较大出入，为了更好地模拟实际振动，需要采用随机振动试验。

随机振动是在振动过程中质点运动周期没有规律，并且过程永不精确重复。为了描述随机振动特性，必须采用统计力学和信息理论的方法。在随机振动试验中，通常用功率谱密度来描述随机振动特性，缩写为 PSD，它反映的是振动过程在不同频段的能量分布。

公路、铁路、空运、海运各种运输方式的随机振动功率谱密度曲线各不相同，即使在一种运输方式下，功率谱密度曲线也不一样。以公路运输为例，公路等级、车型、载重等因素都会影响功率谱密度曲线的形状和加速度均方根值。试验时，功率谱密度要根据包装件的实际运输过程选取，同时还要根据包装件的价值、性质选择保险等级，综合考虑上述因素，最终确定功率谱密度曲线。

在进行随机振动试验时，样品的码放应尽量模拟实际情况，包括样品放置方向、堆码层数等，夹具应能保证样品在振动方向上自由移动。如果无法确定包装件在运输过程中的码放方向，就需要将任何一种可能的方向都进行振动试验。

四、常见产品包装测试设备

常见产品包装测试设备如表 6-2 所示。

表 6-2　常见产品包装测试设备

测试设备名称	设备作用	设备相关图片
堆码试验机	适用于评定包装件或包装容器承受堆积静载的能力和包装对内装物保护能力的试验	
单/双翼跌落试验机	用于测试产品包装后，受到坠落时的受损情况，以及评估电子组件在搬运时、垂直落下时的耐冲强度	

续表

测试设备名称	设备作用	设备相关图片
破裂强度试验机	适用于以瓦楞纸箱包装检验纸箱的抗裂程度	
纸箱抗压试验机	适用于检验纸箱或者其他材料制成的容器的耐压强度	
环压强度试验机	适用于检验直立方向的耐压强度,或者测试纸板的竖压强度及平压强度。主要测试环形试样边缘受压直至压溃时所能承受的最大压缩力,以 kN/m 表示	
纸板戳穿强度试验仪	戳穿强度是指用一定的角锥穿过纸板所需的力量,即包括开始穿刺及使纸板撕裂弯折成孔所需的力量。该项性能是反映瓦楞纸板抗拒外力破坏的能力,是动态强度,比较接近纸箱在运输、装卸时的实际受力情况	
振动试验机	振动试验机是模拟产品在制造、组装运输及使用执行阶段中所遭遇的各种环境,用以鉴定产品是否具有忍受环境振动的能力	
喷淋试验箱	喷淋试验是用来评定包装件承受水侵袭的能力,和包装对内装物保护能力的试验。通常将包装件在一定温度下,用水按预定的时间和喷水量进行喷淋,然后对其进行评价	

续表

测试设备名称	设备作用	设备相关图片
盐雾试验机	盐雾试验是通过创造的人工模拟盐雾环境条件来考核包装件材料耐腐蚀性能的环境试验。它分为两大类，一类为天然环境暴露试验；另一类为人工加速模拟盐雾环境试验	

五、运输包装测试的应用案例

客户有一款新推出的智能洗衣机需要出口到美国市场。客户要求外包装能够保护产品免受物流因素的破坏，并明确提出整个包装方案需要获得 ISTA 3A 测试的认证。ISTA 3A 程序标准适用于质量不大于 70 kg 并以包裹形式运输的单个包装件，其将包装件分为 4 种类型：标准型、小型、扁平型、长条型，新品洗衣机属于第一类标准型包装件。实际包裹运输环节中的"搬运—运输—搬运"与"冲击—振动—冲击"项目十分吻合，不考虑可控温湿度的测试，运输包装需要进行的测试项目如表 6-3 所示。

表 6-3　ISTA 3A 标准件的测试项目

序号	实验室试验项目	测试内容	
1	环境	实验室环境 12 h	
2	第一次跌落测试	8 次跌落	
3	振动测试	顶部有载荷测试	面 3 向下：顶部负载；60 min
			面 3 向下：顶部负载；30 min
			面 6 向下：顶部负载；30 min
		无载荷测试	面 6 向下；30 min
4	第二次跌落测试	9 次跌落	

为了尽快确定包装方案，找了一款与新产品结构相近的洗衣机，并对该洗衣机的包装方案做局部调整作为初始方案，进行 ISTA 3A 测试，测试结果如图 6-5 所示，底座破损，并且机身严重受损，说明初始方案失败。

在初次测试的基础上，结合产品实际结构，发现机身受损主要是因为未能够有效地限制内部滚筒做水平方向的运动。在后面方案设计中，针对第一次测试暴露的问题，选择密度为 29 kg/m³ 的 EPE 重新制作更加合适的底座，第二次进行 ISTA 3A 的测试，发现底座未破损，但是机身仍有受损，主要因为滚筒撞击机身所致。将后挡板拆开发现选择的 EPE 材质偏软，没有足够的强度限制滚筒水平方向的运动。因此改用密度为 35 kg/m³

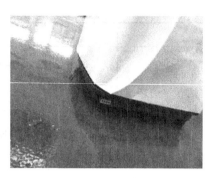 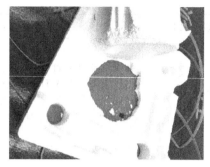

图 6-5　初次试验机身和底座破损

的 EPE,并且在结构上也做了改进,增加 5 个三角加强筋以增加底座的强度,如图 6-6 所示。

此外,为了预防包装件倒置跌落时,滚筒底部与 EPE 底座出现脱节,加厚了顶盖部分的缓冲件。

第三次进行 ISTA 3A 的测试,发现底座未破损、机身正前面、左侧面、右侧面均未受损,但是后挡板出现变形,如图 6-7 所示。主要是因为在进行后面跌落时,洗衣机的排水管、塑料件对后挡板有挤压,导致后挡板发生变形。在此基础上,对产品的结构进行改进,将排水管的结构重新改为活动式,即可将排水管等附件放置在滚筒内。底座侧边的瓦楞纸板的尺寸加高以保护塑料件对挡板的冲击,进行第四次、第五次……ISTA 3A 测试,不断完善改进包装设计方案,最终测试之后,机身完好无损,ISTA 3A 测试通过。

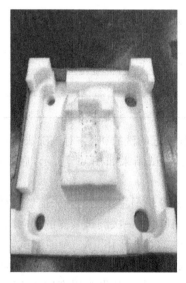 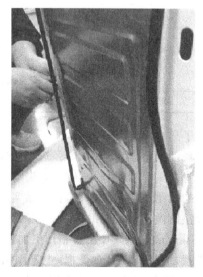

图 6-6　改进后的高密度 EPE 底座　　　　图 6-7　第三次测试尝试后挡板出现变形

本章思考题

1. 包装合理化的要求是什么?
2. 包装规范化的目的是什么?
3. 包装现代化主要包括哪几方面的内容?如何看待目前包装现代化的发展趋势?
4. 包装测试的主要目的是什么?包装测试的方法有哪些?
5. 指出不合理包装的表现形式。

实践课堂

1. 实践目的

通过阅读物流包装的案例,运用本章所学的包装知识对本章引导案例进行分析,进一步了解包装合理化及现代化在物流中所起的举足轻重的作用及相关的影响。

2. 技能要求

(1) 结合本章引导案例分析如何提高包装的现代化,实现包装现代化需要考虑什么问题。

(2) 结合本章引导案例分析包装质量的重要性,以及认识包装合理化的要求。

3. 实践学时

2 学时。

4. 实践环节

以小组为单位(3~5 人为一组)对本章引导案例进行分析。

5. 实践内容

仔细阅读并分析物流包装的案例,运用本章所学的包装合理化与现代化的知识对本章引导案例进行分析。

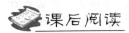

物联网包装在供应链系统中的具体应用

物联网技术在现代物流包装中的开发应用,必将使得传统的物流包装可以升级为物联网包装,并能有效应用于商品供应链系统的全过程中,其具体的应用如下所述。

1. 生产供应环节

在供应链系统的生产供应环节，商品生产商把电子标签嵌入商品电子标签内的存储芯片。芯片可分设公共区和用户区两大区域，公共区主要写入生产商代码、商品类别代码、商品唯一代码、生产日期、保质期、批发商代码、销售商代码等信息；用户区信息主要由用户自行设定加密，进一步提高信息安全指数。物联网技术在生产供应环节的运用可以完成自动化生产线运作，实现对整个生产线上包装商品信息的识别与跟踪，减少人工识别成本和出错率，提高生产效率。

2. 运输作业环节

在供应链系统的运输环节，通过在商品外包装或运输工具上嵌入RFID标签，RFID标签中集成如集装箱的号码、货物内容、运输路线和最后一次开箱时间等信息，其可与运输路线路沿途各个检查点安装的接收转发装置进行相互通信与数据共享，将商品在运输过程的实时信息传送至通信卫星，由卫星传送给运输调度中心，并送入供应链系统数据库，最终实现整个供应链上的物流实时跟踪、监控及自动化管理，使企业和客户均可以实时动态地了解商品在途运输的现状和预期到达的时间等信息，增加了供应链系统控制与管理中的透明度。

3. 仓储作业环节

在供应链系统的仓储环节，物联网技术广泛应用于存取商品和库存盘点。在包装箱、托盘等仓储设施上嵌入RFID标签，以实现商品收货、取货等仓储作业的自动化操作和管理，能够高效地完成诸如商品自动化分拣、存储货位智能化选择与安排、自动上架、自动取货、自动电子补货等智能化仓储作业，并最大限度地减少仓储作业成本，增强仓储作业的准确性和高效性，提高仓储服务质量，节省劳动力和存储空间，减少由于工作失误而导致的错送、偷窃、出错货等误操作。在盘点商品时，只需通过手持式RFID阅读器即可自动获取电子标签信息，再利用软件系统进行电子自动盘点，可以大大减少传统盘点作业中出现的遗漏，增强信息的准确发送和可靠性，从而提高仓储盘点作业的质量。

4. 配送作业环节

在供应链系统的配送环节，通过嵌入商品包装中的RFID标签，包装商品一旦进入配送中心，配送中心的阅读设备就可以自动读取包装上RFID标签中的全部信息，并自动将这些信息与数据库系统中的发货信息进行自动核对，检测可能的错误，经确认无误后更新信息，并根据配送需求对商品进行下一步处理，确保对商品信息的自动化操作和精确控制。物联网技术的强大功能可以有效满足商品的配送要求，加快配送速度、提高配送准确率、降低配送成本、缩短配送作业流程、改善配送作业质量、节省人力成本。

5. 流通零售环节

在供应链系统的零售环节，通过对单个商品嵌入RFID标签，RFID标签上用商品编号和序号来识别每个商品。由于每个商品具有唯一的 RFID 标签,可将所有商品以最小单位进行管理,对货架上的商品促销、防窃、顾客行为分析等也可以按照单个商品来进行管理。销售场所配备 RFID 信息显示屏,方便消费者查询商品信息和验证商品真伪,打印带 RFID 芯片信息的收款收据,为消费者提供查询信息和验证真伪的凭证,以及举报窜货、假冒、过期等提供相关凭证。尤其是在超市中进行应用,能够对某些时效性强的商品进行有效期监控与管理、商品的定期自动化盘点等操作。

第七章

包 装 管 理

学习目标

熟练包装管理的基本概念和基本内容;
掌握包装组织、包装计划、包装运作、包装费用等包装管理。

学习指导

掌握包装管理的基本内容、包装管理的运作过程及物流包装实践应用。

引导案例

国外水泥工程项目货物包装管理及改进措施

1. 目前国际项目物流中常见的包装问题

纵观国际 EPC 项目的物流执行过程,由于各种原因造成的包装问题不少,从而影响了物流的计划执行,并在一定程度上影响了工程项目的计划履约。其中,常见的物流包装问题如下。

(1) 不会包装、不懂包装。此种情况多发生在新加入货物出口供应商名录或没有做过出口贸易的供应商,在港口货物检查中不常见,但也偶有发生。很多货物包装仅采用国内汽车运输的包装标准,在港口起吊装卸过程中包装就完全损坏,甚至无法上船。

(2) 不愿包装。从成本角度进行衡量,很多供应商在包装环节是能节约就节约,木箱板能薄就薄,铁箱能简化就简化,甚至有的关键受力的底板和盖板都采用单层的三夹板或薄钢板。这样的包装质量,经常会发生箱体压塌以致内装货物损坏的现象。

（3）来不及规范包装。由于供应商货物生产周期的延误和现场施工货物急需,致使有些货物制造完成后没有时间进行从容包装、包装检查和整改,为赶船而匆忙包装发到港口。

（4）包装质量不合格。这种情况多出现在箱装货物上,尤其是木箱货物。因从箱体外观上,无法看到木箱板的厚度、里面是否有支撑、支撑是否有足够承重能力等,供应商从成本角度考虑,会进行偷工减料而导致包装质量不合格。这种情况在包装检查中难以发现,隐患很大。

（5）包装形式不合理。水泥工程项目大部分货物形状不规则,在包装形式上无法做到统一,实施中往往在箱装、框架、裸装等包装形式上出现选择不当而导致众多物流问题。如有的货物包装形式选择不合理,在装船叠放时难以实现堆放体积的最紧密化,从而造成体积浪费而增加物流成本。

（6）未关注包装细节。如有些铁箱做得很漂亮,各个部分材料也很厚,看起来很坚固,但在侧板与底托或横梁连接处没有密封,这些细微的问题在一定程度上也影响包装质量。

2. 进货物包装的管理和技术措施

1）树立包装管理目标,有序改进货物包装水平

（1）建立包装质量规范并严格执行,以减少货物运输损失,助推项目顺利履约。

① 要制定完善的货物包装规范,对每台设备的包装形式、包装物的材质以及质量做出明确的要求,以确保包装管理有准确的标准遵照执行。

② 包装管理人员应在各个环节,严格依照标准对供应商的包装操作进行指导,并予以监督执行和督促整改;对不合格的货物包装,在不影响工程进度的情况下,要求厂家暂停发货,只有在包装再查合格后才能同意发货。

③ 根据货物包装的实际情况并结合物流过程中出现的问题,及时对包装规范做出相关的修改,以确保后续货物运输中不再出现类似的问题。

（2）要有创新思想,完善包装管理理念。要跳出包装仅是防止货物损坏、丢失的概念,而应同时考虑能满足承运工具配载以及适合不同种类装卸机具的要求,以利于减少货损和节约成本。

① 对使用海陆联运方式承运的货物,要根据海运船舶和陆路汽车的配载要求,对货物包装进行统筹考虑,使之海陆运输均合适装运。

② 国外项目的物流过程中,包含了从供应商装车运输至港口、海陆联运至现场、现场接货至安装完成三大阶段,中间至少经历四次甚至更多的装卸,而且每次装卸使用的工具也不同,因而货物包装还需满足适合各种吊具装卸货的要求,如满足叉车、港口岸吊、船吊、移动吊车、浮吊甚至于千斤顶支撑方式卸货等。

③ 包装管理中,还要考虑不同地区的装卸货水平,以确保货物安全。如亚洲港口装卸货水平就比非洲的装卸货水平高,因此对运至非洲的货物,包装要求要高于亚洲的。

(3) 合理包装搭配,降低货物包装体积比,以减少物流结算计费重量,有效节约物流成本。包装体积比指标将按照每件货物的体积比的加权平均值来核算,这样才能真实地反映出货物包装的控制效果。根据这种核算方法,合理包装应从减小单件货物的体积和增加货物单件的重量两个方向努力。

① 包装管理需向货物制造前的筹备和生产过程进行延伸,预判货物包装体积,在货物制造地就对货物的分体结构提出合理化建议。如对钢结构的牛腿、支点就可考虑在现场焊接等,以最大化节约综合成本。

② 同一家供应商的不同重量、不同尺寸货物,应进行搭配包装。例如,货物长度、宽度相近的货物可考虑相对集中打包,形状互补的货物可合并打包,在有空间的货物包装中可加塞小部件或其他材料等,以充分减小单件货物体积比,做到最大化的体积节约。

③ 对于超大尺寸的单件货物,在其包装过程中,要提前策划包装方案,可以在多个供应商、不同货物种类、不同地区货物中进行统一协调,充分调运并合理填塞以节约包装体积,并可减少货物的发运量,最大化地节约项目的物流总成本。

④ 在港口货物打尺前要对货物进行统一查验,对有明显体积浪费的包装要及时整改;另要全过程掌控和监督港口的打尺作业,并及时进行数据整理和分析,据此对不合理的货物包装进行及时整改;在不增加船舶配载量的情况下,还应和代理或船运公司进行打尺数据的核算和确认,以尽量核准计费吨。

(4) 关注包装细节管理,美化货物包装外观,协助公司品牌推广。

① 要制定细致的标准化外观包装模板要求,尽量固化包装件的材料颜色、焊接质量、支撑位置、螺丝位置和数量等,以使整体包装外观达到整洁、美观、坚固;要明确包装标识的规范化和标准化,如唛头的粘贴位置、用钉数量和文字内容等均应按照相关规范要求执行。其中,在货物包装或者唛头上的公司标识要清晰准确,这既是包装标识之所需,也有利于公司品牌形象的宣传和提升。

② 要强化供应商的包装思维,以在第一道包装的过程中就做到细致入微,尽量按照包装标准和要求执行;要培养包装组和物流操作人员的细节管理思维,在包装作业和检查时不忽略每一个细节问题;在组织货物装车装船过程中,要注重各种包装问题的观察和及时更正。

2) 拓宽货物包装的管控深度和管控广度

持续提高包装质量,合理调整包装方式,节约包装体积,节约物流成本,以助 EPC 项目的顺利履约和总成本目标的有效控制。为此,应该拓宽货物包装的管控范围。

(1) 延伸包装管理深度。要在原对供应商货物包装的过程管理向设备制造过程和钢结构筹备制造过程延伸,提出合理的包装方案和建议,提前控制货物包装质量,以减少货物包装体积和成本的浪费。

(2) 拓宽包装管控在整个物流过程的广度范围。包装管控应从单纯对供应商货物包装环节的管控,扩展到整个物流全过程的管控,即要覆盖至供应商包装发运、中国港口倒运中转装卸、海运配载运输、目的港卸货装运至陆路运输到现场的倒运和开箱验货环节等整个物流环节,实现货物运送全程的包装监督和跟进整改,确保货物包装的安全、稳固和利于其装、卸、运等操作。

资料来源:李占祝. 国外水泥工程项目货物包装管理及改进措施[J]. 水泥工程,2015(1):86-88.

第一节　包装管理概述

一、包装管理的概念

(一) 包装管理

1. 定义

包装管理就是在现代企业经营过程中,为了保护商品、促进销售、改善企业管理、降低物流成本、提高效益,而对包装进行科学的计划、组织、指挥、监督和调节的活动过程。

包装管理具有二重性,既有与生产力、生产技术、社会化生产相联系的自然属性,又有与生产关系、社会制度相联系的社会属性。现代企业在经营过程中,必须依据社会制度、生产力以及市场竞争的要求,采用适合的包装管理。

2. 包装管理的主要内容

包装管理要根据企业的具体情况,用最经济的方法,使包装达到保护商品安全、便于商品储存运输、有利于商品销售的目的。管理的目的决定着管理的内容,包装管理的重要问题是社会经济效益问题。因而,加强包装的组织管理,建立健全包装管理机构,加强产品包装的计划管理、质量管理、成本管理,加强包装的标准化管理和包装的人才培养管理等构成了包装管理的主要内容。

(二) 物流包装管理

商品流通的各个环节的统一管理叫作物流管理。从事包装装卸、运输、储存和保管等工作的各种专业部门要以商品流通为总任务,应着眼于商品流通的全局来完成各自的工作。

对于包装部门,包装技术人员不应局限于包装技术的本身,而应兼顾到商品流通领域的全面情况和相互联系。也就是说,要着眼于商品流通的全局来完成他们的包装技术工作,这也正是我们所说的物流包装管理。

包装物流管理主要注意处理以下三个方面的关系：运输与包装的关系、搬运与包装的关系和商品保管与包装的关系，否则就会使物流成本提高、服务质量降低、效益受损、效率下降。

二、包装管理的规范化

（一）包装管理的标准化

包装标准化是以制定、贯彻和修改包装标准为主要内容的规范包装技术和生产的全过程，是根据科学技术发展，对包装标准不断完善、补充、提高，并在生产、流通、技术管理各环节中按定型化、规范化、系列化、标准化、科学化推行包装标准的全部活动。

包装标准化一般可以分成两类，即包装的系列化和包装的通用化。包装的系列化是物品本身的系列化和为了销售方便、适应消费习惯的需要而存在的，一种物品存在几种规格型号就相应地存在几种规格的包装。而包装的通用化，即要求一种包装容器的设计，不仅能适应一种物品的需要，而且尽可能地考虑到能够在不同物品之间通用。

（二）包装管理的合理化

包装与物流各环节都有密切的联系，从现代物流观点来看，包装合理化不单是包装本身合理与否的问题，而是整个物流合理化前提下的包装合理化。

1. 包装合理化

包装合理化，一方面包括包装总体的合理化，用整体物流效益与微观包装效益来统一衡量；另一方面也包括包装材料、包装技术、包装方式的合理组合与运用。

2. 包装合理化的要求

1) 防止包装不足

包装不足主要包括以下几点：

（1）包装强度不足，从而使包装防护性不足，造成被包装物的损坏。

（2）包装材料水平不足，由于包装材料选择不当，材料不能很好地承担运输防护及促进销售作用；另外包装材料和包装容器应当安全无害。包装材料要避免用聚氯联苯之类的有害物质。包装容器的造型要避免对人体造成伤害。

（3）包装容量层次与容积不足，缺少必要层次与不足所需体积造成损失。

（4）包装成本过低，不能保证有效的包装。

对由于包装强度、包装材料不足等因素所造成商品在流通过程中发生的损耗不可低估。据我国相关统计分析，包装不足而引起产品的损失，一年达100亿元以上。

2) 防止包装过剩

由于包装物强度设计过高，包装材料选择不当而造成包装过剩，这一点在发达国家表现尤其突出。日本的调查结果显示,发达国家包装过剩在20%以上。包装内商品外围空闲容积不应过大,包装费用要与内装商品相适应,提倡节省资源的包装,包装要便于废弃物的治理。包装过剩主要包括以下几点:

(1) 包装物强度设计过高,如包装材料截面过大,包装方式大大超过强度要求等,从而使包装防护性过高。

(2) 包装选择不当、选择过高,如可以用纸板却不用而采用镀锌、镀锡材料等。

(3) 包装技术过高,包装层次过高,体积过大,从而影响流通效率。

(4) 包装成本过高,一方面可能使包装成本支出大大超过减少损失可能获得的效益;另一方面包装成本在商品成本中比重过高,损害了消费者利益。

包装过剩的浪费不可忽视,对于消费者而言,购买的主要目的是内装物的使用价值,包装大多作为废物丢弃,因而会形成浪费。同时,对于过重、过大的包装,有时适得其反,反而会降低促销能力,所以不可取。

3) 采取最优包装

从物流总体角度出发,用科学方法确定最优包装,包括:确定包装形式,选择包装方法,都应与物流诸因素的变化相适应。必须考虑到装卸、保管、输送的变化要求,确定最优包装。

因此,确定包装形式,选择包装方法,第一要与物流诸因素的变化相适应,产品从出厂到最终目的地所经过的流通环境条件,如装卸条件、运输条件、储存条件、气候条件、机械条件、化学和生物条件等都对包装提出了要求。

另外,对包装有影响的第二个因素是保管。在确定包装时,必须对保管的条件和方式有所了解。例如,采用低垛或料架保管,包装的强度就可以相应降低,以节约资源和费用。对包装发生影响的第三个因素是输送。输送工具类型、输送距离长短、道路情况如何都对包装有影响,如道路情况比较好的短距离汽车输送,就可以采用轻便的包装,如果是长距离的车船联运,就要求严密厚实的包装。

3. 实现包装管理合理化的途径

1) 包装的轻薄化和方便化

由于包装只是起保护作用,对产品使用价值没有任何意义,因此在强度、寿命、成本相同的条件下,更轻、更薄、更短、更小的包装,可以提高装卸搬运的效率。另外,产品的快速流通对包装的方便性提出了更高的要求,即包装的开启和再封合包装需要更加简便。

2) 包装的标准化

为了提高包装作业的效率,包装材料及规格应力求单纯化,包装规格还应标准化,包装的规格和托盘、集装箱关系密切,也应考虑到和运输车辆、搬运机械的匹配,从系统的观点制定包装的尺寸标准。因此,包装标准化包括包装的规格尺寸标准、包装工业的产品标准和包装强度的标准化三方面内容。

3）包装的机械化与自动化

包装的机械化从逐个包装机械化开始,直到装箱、封口、捆扎等外包装作业完成,此外,还有使用托盘堆码机进行的自动单元化包装,以及用塑料薄膜加固托盘的包装等。因此,为了有效地提高作业效率和包装现代化水平,各种包装机械的开发和应用的自动化是很重要的。

4）包装的环保化

随着对"资源有限"认识的加深,包装材料的回收利用和再生利用受到了重视,所以也应该强调"绿色包装"意识,提高包装的环保水平。绿色包装是指无害少污染的符合环保要求的各类包装物品,主要包括纸包装、可降解塑料包装、生物包装和可食用包装等,这是包装合理化的发展主流。

5）包装运输与流通的合理化

为了使包装起到其本身最基本的作用,同时满足物流的需要,必须了解流通环境和运输目的地,运输方式、搬运、装卸及库存情况,运输途中或目的地的气候条件,弄清楚温度、相对湿度的可能范围,有无凝结水珠的可能性,是否受会暴雨袭击,是否会受海水侵害,所经受大气压的范围,尘土、空气污染等情况。

三、包装质量管理

（一）包装质量

质量的定义是产品、过程或服务满足规定或潜在要求(或需要)的特征和特性的总和。包装质量是指包装符合规定用途、满足保护产品和方便产品流通,适销功能的物性总和。

物流包装特性一般包括以下几点：

(1) 对产品的保护作用。

(2) 对物流的物品包装操作(手工、机械、自动化)的可行性。

(3) 与国家有关安全、环保、卫生法规和运输、储存部门有关规定的符合性。

(4) 对运输、装卸、储存和包装物处理的便利性。

(5) 经济性和实用性。

（二）包装质量的检验

1. 基本要求

企业应严格按照包装质量检验的程序和方法,根据标准或合同要求对包装进行检验。

2. 检验范围

(1) 工序间检验。工序间检验包括自检和互检,必要时,设包装工序控制点,进行中间检查。

(2)包装件检验。包装件检验由厂检验员按规定的程序,根据标准或合同规定要求进行检验。合格后,打合格标记或签发合格证明。

3. 抽样检验

抽样检验是指根据数理统计的原理,从一批产品中随机抽取一部分进行检验。通过少量产品来对这批产品的质量进行估计,并对该批产品做出是否合格、能否接收的结论。

小贴士

抽样检验一般适用于下列情况:
(1)破坏性检验,如产品的可靠性、寿命、疲劳等质量特性的检验。
(2)产品数量大,质量要求不是很高。
(3)检验项目多,周期长。
(4)被检验测量的对象是连续的。
(5)希望节省检验费用。
(6)督促供方改进质量的场合等。

(三)包装质量管理

1. 包装质量管理的概念

质量是一种合用性,而所谓"合用性"是指使产品在使用期间能满足使用者的需求。

质量管理是企业内部全部管理职能的一个方面,是对确定和达到质量要求所必需职能和活动的管理。全面质量管理的基本方法就是全过程的质量管理,通过提高各个环节的工作质量,来保证产品的质量。

对包装来讲,也就是说为了用最经济的办法,稳定地生产出可靠的和用户满意的包装,对包装质量形成全过程的质量职能的管理。

包装质量管理是指在现代企业提供服务过程中全面控制影响包装质量的各种因素,建立严密的质量责任制和质量检查制度,协调各方力量,使包装质量符合包装质量标准和满足客户需要。对包装质量不合格,材料结构、抗压力等达不到要求的应拒收或限期改进;在储运过程中,现代企业要不断改进运输、装卸、堆码方式,建立经济责任制,并简化环节和手续,以提高储运效率,达到提高效益的目的。

2. 包装质量管理要求

对现代企业而言,包装质量管理最为重要的是对包装的检查和测验。通过建立健全企业内部质量管理体系,提高包装质量检验工作。

(1)需要建立健全包装质量检验机构,配备能满足包装生产需要的质量检验人员和设备、设施。

（2）要建立健全包装质量检验制度，实行包装质量追踪。同时，要把包装工人和检验人员的职能紧密结合起来，检验人员不但要负责质检，还要有指导包装工人的职能。包装工人不能只管包装，自己包装出来的产品要先进行检验，要实行自检、互检、专检三者相结合。

（3）要树立包装质量检验机构的权威。

第二节　包装设备与成本管理

一、包装设备管理

设备是指人们进行生产所使用的各种机械的总称，它是现代生产的物质技术基础，也是企业固定资产的重要组成部分。

设备管理是企业管理的重要组成部分，也已经由过去的只为生产服务转变到提高企业市场竞争力的服务上来，不只要追求较高的设备完好率，而且要以企业的经济效益为中心，这就要求设备管理工作，既要重视维修费用的管理和控制，又要以最少的维修费用达到最高的设备利用率，以获得最大的经济效益。

（一）包装设备的基本管理

包装所使用的设备大致可分为工艺设备、动力设备、传导设备、装卸搬运设备及仪器设备等。物流包装设备管理指的是从设备采购开始到进入生产领域，直到报废退出生产领域为止的全过程管理。

包装设备管理的主要内容如下。

（1）按生产需求、技术先进、经济合理等原则正确选购设备。

（2）按设备使用说明，合理使用设备，及时做好设备维护及保养，以及设备的检查工作，保证机器设备始终处于最佳的工作状态，减少故障。

设备的使用寿命长短、效率高低、精度等级与设备的正确、合理使用有着密不可分的关系。正确、合理使用设备能减少设备的磨损和疲劳，延长设备的使用寿命，确保设备充分发挥其效用。

设备的维护保养是指设备操作人员和专业维护保养人员在规定的时间及维护保养范围内对设备进行的预防性技术护理，是设备自身运动的客观要求。

对设备进行认真维修、正确操作、合理使用、精心维护，可预防设备零部件非正常磨损与损坏，减缓磨损程度，延长修理间隔期，减少维修费用。设备维护保养得好，就可以使设备的磨损和腐蚀程序降到最低。

> **小贴士**
>
> 对设备维护保养,大多数企业采用日常保养、一级保养、二级保养和三级保养。设备维护保养一般要求达到清洁、润滑和安全等要求。在编制设备的维护保养计划时,应针对不同设备的特点,正确地规定一般保养工作或者保养等级及其相应的作业内容。

设备检查是指对机器设备的运行情况、工作精度、磨损程度进行检查和校验。检查是设备维修中一个重要环节,通过检查,可以全面地掌握设备的技术状况、变化情况和磨损状况,及时查明和消除设备的隐患;同时还可以针对检查发现的问题,提出改进设备维护的措施。

设备修理是指修复由于正常的或者不正常的原因而引起的设备损坏。通过修理和更换已磨损、腐蚀的零件、部件,能够使设备的效能得到恢复。

虽然设备的维护保养可以减轻设备的磨损,防止意外事故的发生,但是,它不能消除设备的正常磨损,也不能恢复设备在精度、性能和效率上已造成的缺陷。因此,要保持机器设备的完好状态,除合理使用和维护保养外,还应搞好设备修理工作,避免设备带病作业,而且对大中型设备还要实行计划修理制度;同时在制定修理计划时,应根据设备的具体情况合理确定修理间隔期和修理周期结构。

(3) 根据生产过程需要,做好设备交接的管理工作以及设备的资产管理。设备从采购开始到进入生产领域,直到报废退出为止的全过程都要做好管理工作,包括设备的购入、使用、维护、检查、修理等都需要进行相应的记录及登记,以备核查,同时也能确保设备的效用。

(二)包装设备的综合管理

设备综合管理是以降低设备使用寿命周期费用为目的的综合性现代科学设备管理,而传统的设备管理是以设备维修为中心的管理。随着现代化水平的提高,许多科技成果运用到物流包装设备上,在提高生产效率的同时,也带来了环境污染严重、能源消耗大、零部件磨损腐蚀快、维修费用高等问题,这是传统的设备管理所不能解决的。因此,现代的设备综合管理会通过设备管理信息系统进行综合的管理。

设备综合管理过程包括以下几个内容。

(1) 设备使用寿命周期费用作为评价管理工作的重要经济指标追求的最经济的使用寿命周期费用。

(2) 对设备从设计、制造、安装、调试、使用、维护、维修、改造到报废处理为止的全过程进行跟踪管理。

(3) 对设备的技术、经济、管理等方面进行综合性研究与管理,制定科学、先进的技术经济指标,加强技术改进工作,消除设备的固有缺陷。技术改进对完善设备性能,降低维修费用,具有特别重要的意义。

(4) 建立一套比较完善的包括设计、使用和费用等方面管理的信息系统。在费用管理中进行月度统计、季度分析。由于维修的不确定性,维修费用的发生是不均衡的,要优化费用支出,必须对年、季费用进行统计、分析,才能找出费用发生的规律性与最佳控制值,把计划分析、预测分析和事后分析结合起来,建立完整的分析体系。

(5) 建立切实可行的管理制度和考核办法。设备管理是否科学合理,规章制度是否完善,对成本管理具有很大影响。成本管理是企业管理的核心,也是设备管理的重点。为杜绝和减少设备管理与维修工作中存在的漏洞,如账物不符、维修保养不到位、设备带病运转、违章操作以及润滑不良等形式的浪费,应提高全体职工管好、用好、维护好设备的自觉性,培养职工树立爱护公物的责任心。

制定维修费用管理规定,非正常损坏件与设备事故的报告及处理制度,关于旧件修复的鉴定与奖励制度等。编写安全操作规程、保养规范、岗位职责、点检与保养记录,提出工作要求等。

二、包装成本管理

包装作为物流企业的构成要素之一,与运输、保管、搬运、流通加工均有十分密切的关系。同时,包装是生产的终点和物流的起点,因而包装的实施过程可能在生产企业,也可能在物流企业。

无论工业包装还是商业包装,都需耗用一定的人力、物力和财力。对于大多数商品,只有经过包装,才能进入流通,因而包装成本在物流成本中占有非常重要的地位。

据统计,包装费用占流通费用的10%,有些商品特别是生活消费品,其包装费用所占比例高达40%~50%。因而加强包装费用的管理与核算,可以降低物流成本,进一步提高物流企业的经济效益。

(一) 包装成本构成

在物流过程中,大多数商品都必须经过一定的包装后才能进行流转。因而,为了方便商品正常流转,通常企业都会发生一定的包装费用。对于物流企业来说,包装费用一般由如下几方面构成。

1. 包装材料费用

各类物资在实施包装过程中耗费在材料费用支出上的费用称为包装材料费用。包装材料成本主要是指个装、内包装和外包装的材料费用,通常分主材料和辅材料。常用的包装材料种类繁多,功能亦各不相同,企业必须根据各种物资的特性,选择适合的包装材料,既要达到包装效果,又要合理节约包装材料费用。

2. 包装机械费用

包装过程中使用机械作业可以极大地提高包装作业的劳动生产率,同时大幅度提高包装水平。使用包装机械(或工具)就会发生购置费用支出、日常维护保养费支出以及每个会计期间终了计提折旧费用,这些都构成了物流企业的包装机械费用。

包装机械费用主要是指包装机械的维修费和折旧费。折旧是指包装机械由于在使用过程中的损耗而定期逐渐转移到包装成本中的那一部分价值。包装机械的维修费是包装机械发生部分损坏,进行修理时支出的费用。

3. 包装技术费用

为了使包装的功能能够充分发挥作用,达到最佳的包装效果,在进行包装时,也需采用一定的技术措施。比如,实施缓冲包装、防潮包装、防霉包装等。这些技术的设计、实施所支出的费用,合称包装技术费用。

包装技术设计费用是指人员在包装技术的设计过程中领用的材料或产品以及各种现金支出;包装技术实施费用是指实施包装技术所需的内包装材料费和一些辅助包装费用。

4. 包装人工费用

在实施包装过程中,必须有工人或专业作业人员进行操作。对这些人员发放的计时工资、计件工资、奖金、津贴和补贴等各项费用支出,构成了包装人工费用支出。但是不包括这些人员的劳动保护费支出。支付给所有包装工人及其他相关人员的工资总额即为包装人工费用。

5. 包装管理费用

包装管理费用是指为了物流包装所进行的组织、策划、调研及实施过程中的管理费用,包括办公费、会议费、差旅费、党团组织及工会妇联活动费、消防费、安全费、卫生费、交际宣传广告费、职员培训费、通信费、审计费、业务招待费、劳动保护费等。

6. 其他辅助费用

除了上述主要费用以外,物流包装成本还应包括贷款利息、各种保险费、因不可抗拒因素而停工的损失费、税金及金融机构手续费等,而且物流企业有时还会发生一些其他包装辅助费用,如包装标记、包装标志的印刷、拴挂物费用的支出等。

(二)费用管理

包装环节管理的好坏,包装费用支出的节约与否,直接影响着物流企业的经济效益。因而,对于物流企业来说,加强包装费用的管理十分重要。物流企业包装费用的管理通常包括下列几个方面。

1. 合理选择包装材料与降低包装费用

在保证产品质量不降低的情况下,可以采用代用材料,如用国产材料代替进口材料,用价格低廉的材料代替价格昂贵的材料。选择适合具体物资的包装材料,既能达到包装效果,又能减少浪费,从而降低材料费用支出。

2. 实现包装规格的标准化

通过标准化,可以保证包装质量,并使包装的外部尺寸与运输工具、装卸机械相配合,不但方便物流过程中的装卸和运输,同时可以提高包装过程的效率,减少人工费用和材料费用支出。

3. 合理设计包装形态

应合理设计包装形态,内、外、个体包装都应有明显的区别。在设计包装形态时,不仅要考虑如何设法降低内、外包装形态本身的费用,还要考虑这种包装能否降低运输费用和保管费用。

4. 实现包装机械化

实现机械化包装可以大幅度地提高效率,同时还可以确保包装质量,促进包装规格化,提高物流连续作业水平,降低包装劳动强度,改善包装工作条件,减少物流过程的费用;因而可以降低各项费用支出。就瓦楞纸箱而言,分别有纸箱组装机、装箱、贴封签机、钉合机等。将上述几种机器连接起来,组成全自动瓦楞纸机械系列,可以节约劳动力。

5. 有条件的情况下组织散装运输

散装是现代物流中备受推崇的技术,也称为无包装运输。所谓散装是指对一些颗粒或粉末状物资,在不进行包装的情况下,运用专门的散装设备来实现物资的运输。目前,美、日等物流发达国家水泥散装率超过了90%,而我国仅达15%左右。

物流企业应该根据各类物资的性能和特点,对适合进行散装运输的物资直接组织运输,这样可大幅减少包装费用支出。

6. 包装物的回收和旧包装利用

包装回收是将使用过的商品包装和其他辅助包装材料,通过各种渠道和各种方式收集起来,然后由有关部门进行修复、清洁,再次使用的过程。企业回收利用旧包装能解决企业的部分急需,降低生产成本,还能及时解决产品的包装问题,保障产品物流活动的顺利进行。包装物的回收使用可相对节约包装材料,节约加工劳动,节约因包装而造成的能源消耗等。

快递"绿"包装受阻高成本

中国快递年业务量已跃居世界第一,由快递业拉动的下游包装产业规模已经超过百亿元,海量快递包装所带来的环境污染问题已引发社会关注。菜鸟网络曾做过分析,一只不可降解的塑料袋是8分钱,一只可降解的塑料袋价格是它的4~5倍。然而对快递行业来说,盈利空间主要有二:快递单价和包装袋采购。20世纪90年代一件快递的投递费用大概在24元,2015年这一数字降到14元出头。与此同时,用工成本却在节节攀升,单价的利润空间在一层层被压缩。而在包装袋采购上,我国现在大多数快递企业的包装袋采用全国集中采购的方式,以求最大限度降低成本。环保快递袋,尽管已经尽量压低价格,向传统快递包装袋的正常价格看齐,但是与集中采购价格相比还是有一定差距的。所以,我国绿色的快递包装使用不是技术问题,而是经济成本问题。

国内外32家知名物流企业成立绿色联盟,推动物流业向低排放、无污染、可循环发展,并承诺到2020年,替换50%的包装材料,填充物替换为100%可降解绿色包材。同时通过使用新能源车辆、可回收材料等举措,争取达成行业总体碳排放减少362万t。不少快递企业已经在行动。浙江申通有限公司行政办公室经理章剑平介绍,申通已经在各网点推广重复使用的编织袋,使用次数可达到50次以上,并且编织袋上装有芯片,以实现信息追踪。

资料来源:快递"绿"包装受阻高成本,http://paper.dzwww.com/dzrb/content/20160717/Articel03002MT.htm.

(三)降低包装费用的成本

1. 用价值分析降低包装费用

价值分析法是指广泛搜集具有同样功能的包装材料或包装容器资料,分别核算它们的成本,研究运用更为廉价的材料、容器及包装工艺,在保持同样包装功能的前提下进行包装。通过比较分析,可以发现包装工作中容易疏忽的问题和漏洞,一般可以大幅度降低包装费用。

2. 采用机械化包装降低包装费用

在市场经济不断发展的今天,劳动费用不断升高,广泛采用机械化包装代替手工包装,是提高包装工作效率、降低包装费用的重要手段。

3. 通过包装的标准化降低包装费用

实现包装标准化,保证包装质量,并使包装的外径尺寸与运输工具、装卸机械相配合,不但方便商品的堆码、装卸、储存,还可以降低商品的运输费、装卸费和管理费,从而提高现代企业的效益。

4. 实行预算控制降低包装费用

实行预算控制,首先要编制包装费用预算,包括直接包装材料费、直接包装人工费、间接包装费的预算编制。直接包装材料费的预算编制,其包装材料价格要按三个因素来计算:包装材料数量、包装材料总额、包装材料现价。直接人工费的预算编制,根据包装一个单位所需的平均标准时间计算包装费用。间接包装费用的预算编制,要求对直接材料费和直接人工费以外的包装相关费用进行恰当的估计。

(四) 包装费用的核算

包装费用可能发生在不同的物流环节,也可能发生在不同的企业。根据我国现行会计制度和法规政策,对发生于物流诸环节的包装费用应区分费用的性质和项目记入"营业费用"总分类账户及其相关的明细账户。

小贴士

"营业费用"账户,主要核算物流企业在进货过程中发生的运输费、装卸费、包装费、保险费,以及运输中的合理损耗和入库前的挑选整理费等。

该账户借方登记物流企业进货过程中发生的运输费、装卸费、包装费、保险费,以及运输中的合理损耗和入库前的挑选整理费等,月度终了,将本期的营业费用全部从本账户的贷方转入"本年利润"账户。该账户可以根据物流企业业务的不同特点下设明细账户。

例 7-1 广州快捷物流公司在对 C 类商品进行运输前进行分类包装和运输包装,领用包装材料 2 800 元,应支付包装人员工资费用 1 300 元,以现金支出其他包装费用 600 元。作会计分录如下:

借:营业费用——包装费　　　　　　　　　　　　4 700
　贷:原材料　　　　　　　　　　　　　　　　　2 800
　　　应付工资　　　　　　　　　　　　　　　　1 300
　　　现金　　　　　　　　　　　　　　　　　　600

例 7-2 月末,广州快捷物流公司对一台包装机械计提折旧,该包装机械原值 24 000 元,净残值率为 5%,年折旧率为 10%。

该机械每月应计提折旧额 $= 24\,000 \times (1 - 5\%) \times 10 \div 12 = 190$(元)

企业应作会计分录如下:

借:营业费用——包装费　　　　　　　　　　　　190
　贷:累计折旧　　　　　　　　　　　　　　　　190

例 7-3 该月,广州快捷物流公司为包装加工完成的商品,领用一次使用的包装箱

40 只,该包装箱每只单位成本为 45 元,共计 1 800 元。作会计分录如下:
  借:营业费用——包装费   1 800
    贷:包装物   1 800

例 7-4 该月,广州快捷物流公司有部分包装箱报废,估计残料价值 900 元,作会计分录如下:
  借:原材料   900
    贷:其他业务支出   900

第三节 包装企业业务运作流程

一、企业包装组织与管理

包装行业管理是为了适应国民经济发展的需要,是国家宏观经济管理的一个重要组成部分。对于一个企业来说,包装管理同样是企业发展的需要,是企业管理的组成部分。

(一)包装管理与组织

1. 组织机构

企业中应有主管包装工作的领导,质量管理部门及有关业务部门应有分管或兼管包装的技术和管理人员,包装车间及各班级应设置专职或者兼职包装管理人员,负责日常的产品及包装管理工作。

质检部门应设专职的包装检验员,包装车间与班级开展自检和互检,形成由质检部门、包装车间和班组组成的三级包装质量检验网,以保证包装质量。

2. 管理人员

1)人员素质

(1)包装技术人员和管理人员应具备高中以上文化程度,掌握包装技术和管理专业知识,并经考核合格,可以胜任包装管理工作。

(2)包装操作者应具备初中以上文化程度,熟悉岗位操作规程。

2)培训

企业应建立培训制度,明确培训要求,对所有从事包装工作的人员都要进行培训,对参加培训者进行考核,必要时可发给正式的资格证书。

对新上岗的包装工人,要进行包装技术培训和安全教育,经考核合格,方可上岗操作。

3)包装质量考核

应对有关人员完成产品包装质量情况进行考核,做到奖罚分明。

（二）包装负责人职责

包装管理需要企业内有关部门协助，才能开展工作。包装管理的最高执行人员是包装负责人，企业应明确其责任和权限，大体可分如下几点。

1. 确定包装管理的目标规划

包装负责人的主要任务是确定包装基本方针，以使本企业包装合理化，反映出企业经营方向。一般需要考虑成本比重、销售效果、产品寿命等问题。

2. 确定包装管理的科学规范

包装负责人必须运用科学的思维方法，对准备行动的若干方案进行选择，以期达到最优目标。当前，社会分工越来越细，每一个决策的失误，都会带来很大损失，作为一个包装负责人应该经常提醒自己决策是否具有科学性。

3. 协调包装管理中的组织机构

建立合理而有效的组织机构，制定各种全局性的管理制度，协调好内部各种人员的关系，保证目标规划的实现，是包装负责人的又一项重要工作。只依靠包装负责人的个人力量去从事范围广泛的包装管理工作，是不可能做好的。

4. 在包装管理中的选才用人

任何一个管理者的思想、意图都需要下属去贯彻执行，管理者不一定处处比自己的下属高明。而管理者的工作要想收到事半功倍的效果，必须善于选才用人。因此，必须配备精干的包装管理人员，以及对基层包装技术人员的培养，组建一支能打硬仗的员工队伍。

此外，对包装合理化、包装质量、包装标准化等方面的要求及未来计划的拟订等都是属于包装负责人的工作职责。

二、企业包装计划管理

（一）包装计划管理概念

包装计划管理是根据物流需要和客户服务的要求制订计划，并以此为依据，组织、指挥和监督物流过程中的包装活动的一种管理制度。主要包括：根据商品性质、供需双方服务要求、运输路程远近以及库存条件等来预算合理的包装费用；根据物流需要选用包装材料、包装地点、包装技术、包装方式，使物流过程衔接一致。

（二）包装计划管理指标

包装计划管理指标根据其性质和表现形式可以分为数量指标、质量指标、实物指标、货币指标和综合指标。

1. 数量指标

数量指标是反映企业包装管理发展总规模、总水平或工作总量的统计指标。它是计算质量指标的基础,包括包装数量、包装材料供应量等,用绝对数表示。

2. 质量指标

质量指标是从数量上反映企业管理发展相对水平或工作总量的统计指标,质量指标往往是相应的数量指标进行对比的结果。它主要包括包装材料的耗用额、包装成本、包装成本降低率等。

3. 实物指标

实物指标反映商品的使用价值,主要指包装材料的种类、包装规格、体积、重量等,用相应计算单位来表示。

4. 货币指标

货币指标的最大优点是能够把各种形式的实物指标通过价值(货币)的形式统一起来,给技术经济评价和计算带来极大的方便。实物指标体系反映实物平衡状况,是货币指标计算的基础。它主要包括包装成本、包装资金定额、包装物料回收节约金额等,以价值形式表示。

包装计划各项指标实现的好坏,将对现代企业各项主要经济指标产生直接影响,关系到各项经济指标的完成。

5. 综合指标

综合指标是指包装计划方案的综合反映。它主要包括包装原材料成本、能源成本、工资成本等。

三、流通领域中的包装管理

(一) 运输包装管理

运输包装又叫外包装、大包装,其主要作用是保护商品在运输过程中不被损坏和损失。运输包装是以满足商品的运输、装卸和储存需要为目的的包装。通常运输包装不随商品卖给顾客。它一般不与商品直接接触,而是由许多小包装(销售包装)集装而成,如烟、酒、化妆品等。商品先装进小包装,然后集装于包装容器内。

运输包装在运输、装卸和储存中,首先是起保护商品安全的作用;其次是方便运输、装卸搬运和储存,以提高物流的效率;最后起传达作用,以便于物流管理。因此,运输包装应具有坚固、结实、通风、防潮、防震、防漏、防腐蚀、防散失和防盗窃等性能。运输包装分为单件包装和集合包装。单件包装按照商品外形使用箱、袋、桶、篓、筐、坛、罐和捆包等;集合包装常用的有集装箱、集装袋、集装包和托盘等。

对于运输货物包装的要求如下。

(1) 货物包装要求坚固、完好、轻便,在一般运输过程中能防止:包装破裂,内件漏出散失;因垛码、摩擦、震荡或因气压、气温变化而引起货物损坏或变质;伤害人员或污损设备及其他物品。

(2) 包装的形状除应适合货物的性质、状态和重量外,还要便于搬运、装卸和堆放,包装外部不能有突出的棱角及钉、钩、刺等;包装要清洁、干燥,没有异味和油腻。

(3) 在特定条件下承运的货物、动物,如鲜活易腐货物等,其包装应符合该货物特定的要求。

(4) 凡用密封舱运送的货物,不得用带有碎屑、草末等材料作包装物(稻草袋、绳等),包装内的衬垫材料(如谷糠、木屑、纸屑等)不得外漏,以免堵塞密封设备。

(5) 货物的外包装上必须牢固地粘贴(或拴挂)写明货物的件数、毛重量和目的地的标签,并根据需要贴/挂表明货物特性或操作上须注意事项的标贴,同时在货物侧面应写明收货人的姓名和详细地址(收货人的姓名、地址应与货运单上填写的一致)。

(二) 销售包装管理

销售包装又叫内包装、小包装或直接包装,它是与消费者直接见面的包装。其作用除了保护商品外,更重要的是美化和宣传商品。因此,销售包装应便于陈列展销,便于识别和使用,同时具有吸引力,才能使包装的商品在市场上有竞争力。

包装是无声的推销员,良好的包装能引起消费者的注意,激发消费者的购买欲望。包装的外形以精巧的造型、合理的结构、醒目的商标、得体的文字及图案,直接刺激消费者的购买欲,并导致购买行为。此外,包装还可以彰显商品的品位,也是商家用于区分商品档次、实施价格差异的一个重要手段。

以销售为主的商业企业,包装管理以研究包装单元的形状、装潢设计,使之获得最佳销售效果为主体。

销售包装设计的原则如下。

1. 容纳性原则

包装必须满足标定的或是用户所要求的容纳内装物的要求,不得有任何渗漏或是内容物之间冲撞造成产品损坏。同时,商品常常是以组合形式容纳在一个包装内,如茶具、月饼、套装的礼品等,因此必须注意包装的整体性,使相同规格尺寸的产品有序地排列,又使不同规格尺寸的产品合理排列组合。

2. 保护性原则

包装最重要的作用就是保护性。商品在装卸、运输、储藏、上架、展示以及最后到达消费者消费前等流通过程中都会受到各种不利条件及环境因素的破坏和影响,采用科学合理的包装技术、材料与结构可使商品免受或减少这些破坏和影响,以期达到保护商品的目的。

3. 便利性原则

包装既要体现在流通过程中对包装产品操作活动的方便性,包括装填、运输、装卸、码垛、展示、经营销售等方面的方便,又要体现对消费者的方便性,包括方便挑选、方便观察、方便提带、方便开启取用及方便保存等,使消费者满意。

4. 促销性原则

精美的包装是提高商品竞争能力、促进销售的重要手段,在现代商品经营中,销售包装设计的最大任务就是促进商品的销售。因此,在包装科学设计中也要特别注意其造型美观性和展示陈列性。

包装设计中,包装造型与结构的关系尤为密切。包装结构的可变性相对较小,而外观造型表现手法很多,同一结构往往可设计成多种不同的外观造型。

5. 经济性原则

在批量生产的情况下,必须考虑到生产上的合理性与经济性。再美观的包装,如果因为过于复杂而不能批量生产,仍不能称为好包装。要选择适合的生产工艺和原、辅材料,尽量使包装节省材料和储运空间;形状合理,避免设计过度包装和超大包装;提高标准化、系列化程度,实施适应成本和可控成本设计。

6. 环保性原则

包装设计要尽量采用环保材料和工艺,实施可回收重复使用、回收再生利用或轻量化的设计,力求实现包装产品生产加工的低消耗、低排放的生产过程,不给生态环境造成污染。

第四节 包装工作中的信息处理

一、信息处理的内容

物流包装中会处理大量的信息,信息处理主要包括:信息收集、数据存储、信息加工、信息维护、信息应用等。信息是经过加工后的数据,它可以减少接收者的不确定性,对接收者的决策具有重要价值。

1. 信息收集

在物流信息管理中最基本的工作就是数据采集,要把分布在各个部门的数据收集起来,并对信息进行识别。由于信息具有不完全性,想得到物流包装的全部数据是不可能的,因此,确定信息需求要从调查客观情况出发,根据管理的目标确定数据信息的收集范围。

2. 数据存储

数据存储主要指把收集的数据进行信息输入并存储,通过信息系统存储大量的数据,并能根据用户的查询要求检索出有关的数据输出的过程。

3. 信息加工

信息加工是信息处理的核心,收集到的物流信息大都是零散、相互独立、形式各异的,这些不规范信息的存储和检索必须经过一定的整理加工程序。

现代物流管理对这方面的能力要求越来越高,尤其在开拓市场方面对此有更高的要求,同时也为决策者提供了有效的数据参考。因而计算机的使用将逐步代替大量的脑力劳动,极大地方便了人们的工作,同时可以改善信息加工和处理的方式和方法。

对物流信息的处理主要表现在信息的分类和信息的整理两个方面。通过采用科学方法对收集到的信息进行筛选、分类、比较、计算、存储,使其条理化、有序化、系统化、规范化,才能成为综合反映某一现象特征的真实、可靠、有较高使用价值的信息。

4. 信息维护

信息维护是指保持信息处于合理适用的状态,这是信息资源管理的重要环节。信息维护的目的主要在于保证信息的准确、及时、安全和保密。

保证信息的准确性首先要保证数据是最新的,并做好信息的备份,以防信息丢失时,可以马上使用备份数据,从而避免由于信息的丢失所带来的经济损失;其次是数据要在合理的误差范围内;最后信息的安全性更是涉及商业秘密的问题。

信息的及时性要求能及时提供信息。为此,要合理地组织、存放信息,信息目录要清楚,常用的信息要放在易取的地方。

信息的安全性要求采取措施防止信息受到意外情况和人为的破坏,要保证存储介质环境的安全,对容易损坏的信息介质要定期检查,并做好备份,以防数据丢失。另外,对员工素质的培养也非常重要,对涉及重要信息操作的员工应该不定期更换其岗位或者部门。

5. 信息应用

物流信息的应用是指通过对经过收集、加工处理后的信息的使用,以实现信息的使用价值和价值的过程。信息的使用价值是指信息这一商品所具有的知识性、增值性、效用性等特征决定其能满足人类某种特定的需要,给人类带来一定的效益。

二、识别信息的方法

(1) 由主管(或信息员)识别。主管(或信息员)最清楚部门的目标,也最清楚信息的需求,可以用发调查表或交谈的方法向其进行调查。

(2) 由包装物流员亲自观察识别。有时主管(或信息员)对他们的决策过程不很清楚，因而不能准确地说明其信息需求，这时，包装物流员可从了解其工作过程入手来分析信息的需求。

（3）先由包装物流员观察得到基本信息，再向主管（或信息员）人员调查，加以修正和补充。

三、采集数据的方法

（1）自下而上地广泛收集，如收集各种月报、季报、年报，逐步向上收集整理及归纳，及时做好数据更新工作。这种收集有固定的时间周期。

（2）有目的地进行专项调查，如物料消耗调查，可全面进行，也可随机抽样。

（3）采用随机积累法，只要是经历过的业务单据、凭证、工作量等都可以记录下来作为备用的数据。将收集到的数据按要求的格式加以整理、录入并储存在一定的介质上，经过一定的检验后，即可作为信息保管起来。

四、管理信息系统的应用

管理信息系统是一个由人和计算机等组成的利用计算机硬件、软件以及其他办公设备，以企业战略竞优、提高效益和效率为目的，进行信息收集、传递、储蓄、加工、维护和使用的系统。它能实测企业的各种运行情况，利用过去的数据预测未来，从全局出发辅助企业决策，利用信息控制企业行为，帮助企业实现规划目标。

应该注意，管理信息系统绝不仅仅是一个技术系统，而是将信息系统放在生产运作之上进行考察、管理和运作，使之与组织、环境相互作用。它能辅助计算机管理人员完成信息搜集、加工等管理工作。

管理信息系统对企事业单位的作用在于加快信息的采集、传送及处理速度，实现数据在全单位的共享，及时地为各级管理人员提供所需的信息，辅助他们决策，从而改善单位的运行效率及效果。由于一般的组织管理是分层次的，如分为战略计划、管理控制、执行作业三层，因此，为其服务的信息处理与决策支持也应分为三层。

> **小贴士**
>
> 一个完整的信息管理系统应包括：辅助决策系统（DSS）、工业控制系统（IPC）、办公自动化系统（OA）以及数据库、模型库、方法库、知识库和与上级机关及外界交换信息的接口等。
>
> 物流包装管理信息系统一般由系统维护、基础数据维护及管理、生产管理、财务成本管理、质量管理、设备管理、人员管理、车间任务管理、生产作业管理、物料消耗管理、技术资料管理和决策管理等功能模块构成。

1. 系统维护子系统

本子系统的主要功能是统一管理和维护整个系统的数据,保证数据的准确性与及时性。它包括系统初始化、编码管理、用户设定、密码设定、权限设定等功能。

2. 基础数据维护及管理子系统

本子系统的主要功能是输入系统使用的基础性数据,相当于输入子系统,通过输入一些基本表格信息和数据,对信息进行收集;另外还完成对各类生产任务、设备、人员、货品位置、数量、消耗情况、成本、账目等相关项目的查询功能。

3. 生产管理子系统

本子系统的主要功能是根据业务订单和市场预测的数量与交货期,经过财务核算使企业的生产计划落实到品种规格上,根据其结果编制物料需求计划和物资供应计划,另外接收外围设备传入的数据。

4. 财务成本管理子系统

本子系统的主要功能是根据企业的管理水平和管理层次,建立灵活的账目结构:自动登录各种分类明细账及总账,进行银行对账;提供各种账务核算功能,根据固定资产的分类及使用状态计算提取折旧;根据合同、到货和入库进行应付账管理,根据业务合同发货,进行预付款和应收账管理,核算业务收入和利润;提供灵活的财务报表。同时包括收付款管理、发票管理、催款管理、核销管理、成本管理、固定资产管理等相关财务的管理。

其中成本管理系统的任务是建立和维护成本数据,如废品损失、车间经费、材料差异等数据;编制货品包装和产品的定额成本、计划成本和实际成本;进行成本分析。

5. 质量管理子系统

本子系统的主要功能是对产品包装生产过程各阶段的质量情况进行统计和分析,包括对原材料、外购外协物料进行入厂检查,对包装质量进行检查,对产品码放、装载等质量数据进行采集和分析,对用户使用质量进行信息反馈,建立包装质量统计台账和产生各种统计分析报表等。

6. 设备管理子系统

本子系统的主要功能是管理设备资产档案,对设备能力与运行状态的数据进行维护,编制设备维修计划,对设备维修用备件的库存进行管理等。

7. 人员管理子系统

本子系统的主要功能是维护员工的基本信息,如员工的基本情况、人事档案摘要、技术等级、教育培训情况、岗位变动情况、分布情况、岗位工作性质的描述及工作负责制等;根据员工的基本信息编制劳动计划;按人员类别进行与劳动有关的统计分析等。

8. 车间任务管理子系统

本子系统的主要功能是根据物料需求计划的要求检查生产计划实施的条件,如物料、包装等;进行任务下达;打印加工路线单、物料分单、包装清单或缺货清单;对车间任务进行维护、监督和查询。

9. 生产作业管理子系统

本子系统的主要功能是编制车间任务和工序进度计划,计算作业优先级,产生派工单,监督工序进度,打印生产日报表,统计车间生产作业情况等。

10. 物料消耗管理子系统

本子系统的主要功能是将生产计划所规定的最终产品产量和交货期按产品种类、产量和生产周期转换成各小组(车间)的月(或周)度生产作业计划。主要进行总生产计划、业务包装计划、分车间的月(或周)度生产作业计划、外购外协物料消耗计划等的编制和维护,以及对它们的执行情况进行报告。

11. 技术资料管理子系统

本子系统的主要功能是完成各种技术档案、文书、资料的登记(统计),制定各种管理规章制度、工艺要求、工序流程等。

12. 决策管理子系统

本子系统的主要功能是统计企业的业务、财务情况和员工的工作业绩等,帮助企业管理者随时了解企业的各种运作情况以便做出决策、制订计划。另外,还包括存储预警、储位分配优化、补货策略、在库移动、优化存取路径和包装原料,可以实现组合分拣、组合包装等功能。

五、国内包装行业相关管理系统软件介绍

PUB-MS2002是一套综合了报纸、书刊、包装和纸箱印刷企业范围的企业信息管理计算机系统,它根据现代企业运用TQM/MRPⅡ/ERP全面企业管理模式进行日常企业工作的程序,开发出了应用TQM/MRPⅡ/ERP管理模式的管理模块,同时应用了远程遥控监视企业内部功能以及留有以太网接口等,可在互联网上运行。该套软件系统与国内的一些印刷厂家及同行开发或正在使用的计算机信息管理系统相比大致有以下几个特点:

1. 注重客户管理

该系统注重对客户的管理,对客户的具体状况都加以登记存档。比如它的名片管理模块中对与客户有业务往来公司的企业性质、机构代码、资金状况、开户行、银行账号、地址等都有详细的记录,决策管理者能详尽地掌握客户基本情况,也可以通过互联网在名片

的电话中直接拨号与客户通话或视频洽谈,从而加强与客户或正在建立业务关系的客户之间的密切联系。

2. 具有客户限额放款功能

在市场经济发展的新形势下,对客户放款的权限关系以及额度、回笼资金多少,对一个企业经营的成败具有关键的作用。有了在客商管理模块中的这个功能,对于超过放款限额的客户,只要规定欠款未付清,则新的合同就无法打印,从而就无法调用生产工序及开出生产通知单;而且合同打印时也受到监控,只有在授权范围内的人员才能操作,真正做到印刷价格支付合理以及堵截一些违规作案漏洞。

3. 具有合同管理执行功能

在合同管理模块中,只有当合同签定确认后才能向生产部门发出生产通知单及生产工程单;这样就将有关合同的要求与生产部门的交接工单更加规范化,杜绝了内部扯皮现象。

4. 以代码为基础实现科学化库存管理

在物料的库存管理中,该软件完全根据 ISO 9002 质量体系的要求建立物料代码,使物料管理更有条理、更合理化。该系统中的库存管理模块就是运用了 MRP Ⅱ 、JIT(just in time)等原理运行的。

5. 提供决策管理

公司的决策者与高层管理者可通过移动电子设备,随时掌握企业中各部门的工作情况,随时掌握生产进度,以及各部门的成本核算、费用、统计等信息,并及时加强物流、资金等方面的管理。

本章思考题

1. 包装物流管理应注意处理哪几个方面的关系?
2. 什么是包装质量管理?
3. 包装费用管理主要涉及几方面的内容?
4. 如何降低包装费用的成本?
5. 物流包装管理信息系统的模块构成?

实践课堂

1. 实践目的

通过阅读物流包装管理的案例,运用本章所学的包装管理知识对案例进行分析,进一步了解包装管理中所涉及的包装标准化管理、质量管理、设备管理及成本管理等多种信息处理过程。

2. 技能要求

(1) 结合本章引导案例分析包装物流管理应该注意处理哪几方面的关系?

(2) 结合本章引导案例分析如何提高包装管理水平,在提高包装管理的同时,需要考虑什么问题?

(3) 结合本章引导案例分析包装质量管理的重要性,以及认识包装质量管理的要求。

(4) 结合本章引导案例分析物流包装管理中涉及的包装成本管理问题。

(5) 结合本章引导案例分析物流包装管理中企业包装的信息化问题。

3. 实践学时

2 学时。

4. 实践环节

以小组为单位(3～5 人为一组)对引导案例进行分析。

5. 实践内容

阅读并分析物流包装管理的引导案例,运用本章所学的包装管理知识对案例进行分析。

军工产品塑料包装质量控制探析

军工产品包装(主要指常规弹药整机出厂包装,下同)的发展大致经历了"木箱＋密封盖/密封塞、木箱＋铁箱、木箱＋铝塑袋/蜡纸袋、玻璃钢包装、塑料箱＋铝塑袋/蜡纸袋/包装筒、整体塑料包装(含托盘)"等几个阶段。这几种包装模式各有各的优势和不足,现行的军工产品包装还在不同程度地采用这些包装技术。相对于木箱、铁箱、玻璃钢包装而言,塑料包装由于其经济、环保、加工方便和可重复利用的特性,近 10 余年得到了广泛发展和大量应用。正是由于塑料包装的明显优势,新近研制定型的军工产品基本都采用了塑料包装,而且是整体式、一体化设计的居多。同时,由于资源、经济等多方面的原因,其他几种包装技术在早年定型的军工产品上还多有保留和沿用。

塑料包装在军工产品保管、装运、中转、运输和开箱使用等方面发挥了重要作用,有效地保障了军工产品储存寿命,方便了装备部队的快速使用。但在发挥重要作用的同时,塑料包装还时不时地发生这样或那样的问题。

一、问题描述及原因

20××年,某单位在进行某型军工产品塑料包装箱密封性验收过程中,发现存在大量漏气现象,但在塑料包装箱生产单位验收时并未发现该问题。经攻关排查后确认:发生漏气的直接原因是塑料包装箱上下盖间的密封胶条安装不到位;而问题的根本原因是密封胶条结构设计有缺陷,安装到位后存在回弹错位现象,造成储存一段时间后出现不密封(漏气)现象。

20××年,某单位在检查工厂库存军工产品时发现,某型军工产品塑料包装箱(已储存近两年)存在开裂、漏气现象。经攻关排查后确认问题原因为:由于模具冷却通道未能及时清理造成通道堵塞、短路,引起模具温度调节系统失调,影响了产品熔接痕处的熔接强度。同时,模具排气系统设计不完善,加剧了熔接痕强度的下降,在储存一定时间后导致包装箱发生开裂、漏气(尤其环境温度较高时,进展更快)。

20××年,某部在进行库存军工产品例行检查时发现,某型军工产品塑料包装筒筒体螺纹处有断裂现象(已储存近4年),同时存在筒体标签(不干胶)有变质发霉的情况。经攻关排查后确认问题原因为:包装筒生产过程工艺控制出现偏差,部分应废弃的经反复加热的塑料原料(已发生分解)混入并注塑成成品,致使包装筒螺纹处强度明显下降,在拧紧储存条件下自然断裂;筒体标签变质发霉是不干胶与筒体材料不相容所致。

二、问题分析及对策

塑料包装质量也符合质量"U形曲线"规律,关键在采取措施有效压缩形成期、延长稳定期。系统分析历年来塑料包装质量问题,发现现行存在的影响军工产品塑料包装质量的因素主要有5个方面:产品结构设计、原材料选用、模具结构设计、生产工艺控制和试验考核,而要优化塑料包装质量"U形曲线"就得从这几个方面入手。

(一)产品结构设计

1. 影响因素分析

结构设计存在的问题主要有3个方面:一是结构过渡处的圆角设计随意性大,设计依据不充分,往往是凭经验或估计来敲定过渡圆角,这种做法极易导致应力集中;二是密封件的结构设计不合理,要么不易安装到位,要么安装到位后容易回弹导致错位,影响密封性;三是包装箱耐跌落冲击等情况下的强度裕度不够,特别是对角跌落、边跌落等极限条件下的强度设计裕度不够。

2. 对策思考

与金属件一样,塑料件也存在应力集中的问题。在外形尺寸允许的情况下,应该在结构过渡处尽量设计大圆角,以减小甚至消除应力集中。当然,最好是能建立过渡圆角与应力集中的关系数据库,方便设计参考,以达到包装结构设计与模具设计、生产效益的最优匹配。对于密封件的结构设计,保证密封性是最终目的,在安装方向控制上要有防错设计;要设计扣合结构,保证安装后密封件不能回弹错位;密封件的弹性要保证久压后不能压死(不能老化),开启后再装箱仍能密封。在结构设计时,要对包装箱不同部位的强度要求进行极限条件下的校核计算,可以借助"有限元分析工具"建立包装受力场,进而建立包装强度设计分布图。

(二)原材料选用

1. 影响因素分析

塑料包装承担着长期地密封保护内容物不受侵蚀,受外力冲击时不损伤的作用,需要足够的强度和时间安定性。从原材料选用的角度来看(注:原材料理化性能对强度的影响不予探讨),影响塑料包装质量的因素主要有:相容性考虑不周,导致储存一定时间后出现腐蚀、变质等物理或化学现象,即不相容,进而影响塑料包装强度或密封性;对塑料熔体的流动性考虑不足,塑料包装的形状一般都较复杂,在注塑加工过程中容易出现欠注等情况,进而导致塑料包装强度不足。

2. 对策思考

在选用塑料包装原材料时,首先要保证其理化性能满足塑料包装本体的强度要求;其次要通过注塑试验来验证其熔体流动性,保证注塑饱满,杜绝加工缺陷影响强度;最后要充分考虑塑料包装与直接或间接接触物的相容性(固-固相容性),避免在储存过程中出现物理或化学不相容情况的发生,这要通过充分的试验设计和验证来实现。其中,容易被忽视的是塑料包装挥发物与内容物挥发物的相容性(气-气相容性),必须受到关注。

(三)模具结构设计

1. 影响因素分析

塑料包装一般都是热注塑件,模具结构对产品的性能影响占有很大比重。从前述几起质量问题来看,主要有排气间隙不足和模具温度不均匀两个方面,结果导致包装欠注和应力集中,最终引起强度不足。其原理是:模具结构间隙不足,则排气通路不畅,注塑过程中在熔体通路上形成气阻,妨碍塑料熔体流动,在注塑规定的时间内注料不足,进而形成箱体欠注,降低包装本体强度;模具降温通道一般是通过循环水来实现的,既控制温升又平衡模具整体温度,若水循环通道不畅,则模具各部分温度就会出现差异,导致注塑包装各部分出现温度梯度,形成内应力不均衡分布(应力集中),进而影响包装本体强度,更可能会在后期储存过程中释放内应力,导致包装出现裂纹。

2. 对策思考

综合上面的分析可以看出,要解决上述问题,从模具结构上来说,应该从排气间隙和降温通道两方面上下工夫。一是合理设计排气间隙,不管是脱模需要还是保证通道排气的需要,合理的间隙是必需的,这要根据不同的塑料材料性质来合理设计,不能一概而论。二是合理设计降温通道,一方面要尽量做到循环冷却通道要覆盖全模具,保证模具整体温度分布均匀;另一方面要明确规定并严格落实周期性的循环冷却通道检测和清理维护,切实保证循环冷却通道的清洁和通畅。

(四) 生产工艺控制

1. 影响因素分析

从生产实践来看,塑料包装加工的生产工艺控制参数主要集中在温度(模具温度和熔体温度)、注射时间、保压时间(注:不探讨塑料材料的制备工艺及其控制),这几项参数的控制主要依靠设备来保证,需要关注的是系统误差和偶然跳差。但还有一些工艺要求要特别注意,包括边角料/回炉料的使用比例要求和模具清理要求等。这些影响因素的控制要求不落实往往会引起塑料包装的批量性质量问题,主要体现在强度不够、储存性差等。据不完全统计,在由生产工艺控制引起的质量问题中,工艺执行因素比例达到了70%。可见,强化工艺执行对塑料包装质量控制相当重要。

2. 对策思考

温度(模具温度和熔体温度)、注射时间、保压时间的控制,基本保证条件是生产设备,这需要可靠的周期性的设备检定和校核,以减少设备系统误差,防止出现批量性缺陷。同时,要特别明确并执行值守人员的周期性检测行为,以减少设备偶然跳差,防止出现偶发性缺陷。对特殊工艺控制要求的落实,如边角料/回炉料的使用比例要求和模具清理要求等,从思想上要杜绝"求节约、捡便宜"的思想,从制度和行为上要建立并实施"专岗履职、专册记录、专室存放",切实保证可追溯性,防止出现批量性缺陷。

(五) 试验考核

1. 影响因素分析

设计期间的试验,是考核塑料包装设计质量能否满足性能指标和使用要求的关键环节;生产期间的检验试验,是考核塑料包装生产质量是否满足设计要求的关键环节。一般来说,投入批量生产并交付的塑料包装都是通过了上述两道考核环节的,但是,塑料包装质量问题还是在储存、使用阶段时有发生,这说明试验考核还有不到位、不充分的地方。通过多年的实践来看,主要体现在相容性试验、高温储存、低温储存、温度冲击、湿热和加速寿命试验几个方面,要么没有进行这些试验,要么试验条件不达标,要么试验数量不充足,这直接导致质量隐患暴露不充分,进而在储存、使用过程中出现问题。试验考核不到位、不充分的原因除了技术认知原因外,另一重要的原因是企业在设计生产过程中考虑了成本因素(包括设计、生产周期)。其实,试验考核成本与发生质量问题的成本相比是微不足道的,一般来说会达到1:6以上甚至更高。

2. 对策思考

对于相容性试验,往往存在借鉴既往试验结果的情况。借鉴不是不可以,但要特别注意试验对象、试验条件、试验进程的可比性/差异性,不能轻率地借用结果,以免埋下质量隐患。对于高温储存、低温储存、温度冲击和湿热试验,不能用试片进行试验,而是必须用塑料包装成品作为试验对象；另外，试验条件、试验进程要真实地模拟塑料包装的储存环境，试验数量也要充足，以保证试验结果的置信度、可靠度。需要特别指出的是加速寿命试验（储存寿命试验）。尽管目前有 71 ℃ 加速寿命试验法，但其考核结果究竟能代表多少年的储存寿命，尤其对不同被试对象而言，业界还有不同意见，需要加以进一步的探讨和研究。

资料来源：冷树林，谭志强. 军工产品塑料包装质量控制探析[J]. 包装工程，2013(5)：119-122.

第八章

绿色物流包装与资源的综合利用

学习目标

掌握绿色包装的相关理论知识;

了解物流包装资源综合利用,掌握物流包装废弃物的回收、处理及综合治理;

学习在国际社会中针对绿色包装的相关法律法规和措施。

学习指导

对比世界各国制定的针对绿色物流包装的相关法律法规和措施。在课程中认识什么是绿色包装,并在实物教学中学习包装废弃物的知识。

引导案例

首个快递绿色包装方案出台 快递巨头谁更"绿"

2016年8月,国家邮政局出台了《推进快递业绿色包装工作实施方案》(以下简称《方案》),该方案非常明确要求快递行业走绿色物流路线,提高快件包装领域资源利用效率,降低包装耗用量,减少环境污染。

《方案》明确,要在绿色化、减量化、可循环取得明显效果,"十三五"期间,力争在重点企业、重点地区的快递业包装绿色发展上取得突破。到2020年,基本淘汰有毒有害物质超标的包装物料,基本建成社会化的快件包装物回收体系。

快递类垃圾,这几年已经成为消费者日常生活的组成部分,每次"双11",除了电商平台的口水仗、快递企业的预备战、消费者的购物狂欢,就要数节后的快递垃圾围城了。

无论是电商平台还是快递企业也都意识到这个问题,虽然没有看到非常大的举动,却也一直在稳步推动中,各家电商和主流快递企业的绿色物流已在行动中。

2014年快递垃圾:根据2015年国家邮政局发布的《中国快递领域绿色包装发展现状及趋势报告》,2014年全年139.6亿件的快递业务量为基数,全国共消耗约140亿张快递运单、20亿条编织袋、55.84亿个塑料袋、21亿个封套、67亿个包装箱、114.5亿m胶带、20.1亿个内部缓冲物。光是114.5亿m胶带,连接起来就能绕地球赤道286圈。

2015年快递垃圾:全国快递业务量完成206亿件,有专家初步估算,需要消耗编织袋29.6亿条、塑料袋82.6亿个、包装箱99亿个、胶带169.5亿m、缓冲物29.7亿个,差不多能绕赤道423圈。

胶带、塑料袋是顽症:要特意指明的是,编织袋、封套、包装箱都还算有法解救,毕竟还能循环多次使用或者可降解,但胶带、塑料袋以及塑料填充物真的是问题最突出、污染最严重的废弃物,带给环境的伤害也是最大的。未来,如何在"十三五"期间破除快递包装无毒无害化,解决胶带、塑料袋问题是当务之急。

1. 电子运单年均提高 5%

《方案》要求:电子面单率上90%。根据《方案》要求,"十三五"期间,快递业电子运单使用率年均提高5%。预计到2020年,主要快递企业品牌协议客户电子运单使用率达到90%以上,大幅降低面单纸张耗材用量。

自建物流已普及电子面单。这一点目前来看是可以预期的。首先看京东、苏宁等自建物流的电商平台,因为订单数据信息化做得好,电子运单可以说是比较轻松的事。消费者收到的快递包裹,基本上都是电子面单。

快递企业订单电子化越往后越困难。而快递企业随着菜鸟推出电子面单,其电子面单普及率也在不断提升,据了解,2015年"双11",电子面单推广最快的中通,其普及率在60%~70%。今年菜鸟CEO童文红在菜鸟联盟成立时提到,目前业内电子面单普及率已经超过70%。

整体来讲,"十三五"期间达到90%的使用率并非不可行,但难度肯定是存在的。之前几年电子运单推广快,得益于大商家批量的快递订单信息上传,订单数据化比较容易。但越往后,都是小商家甚至个人订单,订单信息非常零散,信息整合不易,电子化难度会更大,未来我们或许会看到电子面单增速放缓。

2. 循环使用

顺丰、全峰、菜鸟等已开动:

《方案》要求:循环再利用。根据《方案》要求,推动将快件包装物纳入资源回收政策支持范畴,积极配合有关部门和地方开展快件包装分类回收利用试点,鼓励企业重复利用塑料箱、纸箱和编织袋等封装容器,提升包装物品再利用率。

在循环使用方面,是绿色物流相对好操作的地方。据悉,顺丰、菜鸟、全峰等已经有所动作。

顺丰麻袋取代编织袋。顺丰在中转场正逐步以可重复使用的帆布袋代替编织袋。根据测量,一条帆布袋的成本为15元左右,相较于1元左右/条的编织袋,两者的采购成本虽然差距很大,但一条帆布袋能够重复使用约20次,平均成本可以降到0.75元/条。

全峰中转箱替代编织袋。全峰快递使用塑料中转箱替代编织袋来完成中转任务。一个塑料中转箱的使用寿命平均为3~4年,而且能有效抑制暴力装卸现象,避免运输过程中快件的挤压,拓展了快递公司接件范围。

菜鸟专注纸箱回收。菜鸟自2016年6月联合32家国内外快递合作伙伴启动菜鸟绿色联盟后,启动了绿动计划,并在北京、上海、广州、天津等全国10个重点城市推行了天猫超市纸箱回收。

快递员会把猫超箱子带回配送站点,由站点作检查和清理,符合二次利用的纸箱继续送回菜鸟仓库,并贴上二次利用专属标签。不符合要求的,则被交给专业的处理公司,几天内已经回收上万个纸箱。

EMS培养用户习惯。北京邮政EMS启动"绿色同城"行动,推广使用可复用、可回收、可降解的绿色环保包装,并制定"包装循环用,邀您共环保"的包装回收积分奖励机制,引导用户养成"循环利用"的节能环保习惯。

3. 可降解包装材料是环保突破点

《方案》要求:走可降解之路。根据《方案》要求,符合标准要求的环保箱、环保袋和环保胶带使用率大幅上升,并推广使用中转箱、笼车等设备,进一步减少编织袋和胶带的使用量。《方案》非常接地气,细化到编织袋、包装袋、胶带的具体要求,当然其中关于胶带使用、塑料袋降解或是解决起来最困难的地方。

京东已使用全降解包装袋。一般来说,想要避免塑料胶带跟塑料袋的污染,目前可以研发拉链式纸箱免胶带、可降解包材等,这都需要投入新兴技术力量。当下已经有不错的成果了。据悉,京东物流全降解包装袋已经通过测试,2016年6月已经正式在北京、上海、广州生鲜仓投入使用,成为首家推广全降解的包装的电商企业。

菜鸟已大力研发,下一步推广可降解化快递袋。菜鸟成立绿色联盟时也承诺,到2020年替换掉50%的包装材料,填充物改为100%可降解绿色包材。

近两个月来,菜鸟绿动计划已经先后与政府部门、行业协会、相关专家,以及快递包材生产企业一起研究环保新材料,探讨环保新标准,已经试行了塑料周转箱和免胶带的拉链式纸箱,下一步将重点推进快递袋的可降解化。

4. 多方联动

绿色物流需要多方联动。快递绿色包装不是割裂的存在,而是一项复杂的、多变量的系统工程。在这条庞大而烦琐的产业链上,既涵盖了包装物料供应商、快递企业、电商平台与商家等多个从业主体,也关系着成千上万的消费者。同时,主管部门的引导与监管、相关单位的参与和支持也不可或缺。

根本是快递包装标准化。而最根本的,不仅仅是调动多方参与其中,还要制定快递包装标准体系,规范包装标准,确保实施到位。

快递包装新标准或将不久出台。而值得欣喜的是,继 2015 年"双 11"中国邮政速递物流、顺丰速运、申通快递、圆通速递、中通快递、韵达速递、百世汇通、宅急送、天天快递、优速快递、全峰快递、国通快递、快捷快递、速尔快递、德邦快递、龙邦速运 16 家快递公司,向社会各界发出关于快递包装的绿色倡议和宣言后,现在,国家邮政局的《推进快递业绿色包装工作实施方案》也正式问世。

资料来源:首个快递绿色包装方案出台 快递巨头谁更"绿",《现代物流报 电子版》,2016.08.

随着我国经济的发展,作为我国国民经济主要产业的包装行业也迅速发展。与此同时,包装行业所产生的包装废弃物越来越多,造成巨大的资源浪费和环境污染,已严重影响社会的可持续发展。如何有效控制包装废弃物的污染已成为一个迫切需要解决的问题。

第一节 绿色物流包装的理论基础及其内涵

一、绿色包装的内涵

绿色包装是指完全以天然植物或有关矿物为原料制成的,能循环和再生利用、易于降解、可促进持续发展的,且在产品的整个生命周期中对生态环境、人体和牲畜的健康无害的一种环保型包装。

在国际贸易中,任何一项环保措施在有利于环境保护的同时都可能成为贸易壁垒。因而由包装的环保要求而引发的贸易争端加速了绿色包装在世界各国的发展。例如,奥地利在 1993 年 10 月开始实施新包装法规;英国政府要求包装材料制造商拟订包装废弃物重新使用计划。其他一些国家和地区尤其是发达国家和地区,对绿色包装也都有积极的反应。

随着科学技术的进步和人们环保意识的提高,绿色包装的内涵不断增多,所以绿色包装是一个动态概念。就一般概念来说,绿色包装应是有利于环境保护和资源再生利用的包装,包括下列构成要素:能够循环复用、再生利用或降解腐化并在产品整个生命周期中对人体及环境不造成公害。

小贴士

许多发达国家把绿色包装概括为按"4R1D"原则设计的包装,即 reduce(减量化)、

reuse（能重复使用）、recycle（能回收再用）、refill（能再填充使用）、degradable（能降解腐化）的包装。

二、绿色物流的概念

绿色物流是可持续发展的一个重要环节，它与绿色制造、绿色消费共同构成了一个节约资源、保护环境的绿色经济循环系统，它们三者之间是相互渗透、相互作用的。

绿色制造（亦称清洁制造）是制造领域的研究热点，是指以节约资源和减少污染的方式制造绿色产品，是一种生产行为；绿色消费是以消费者为主体的消费行为。绿色制造是实现绿色物流和绿色消费的前提。

绿色物流的目的是在物流过程中抑制物流对环境造成危害的同时，实现对物流环境的净化，使物流资源得到最充分利用。绿色物流其实是物流管理与环境科学交叉的一门分支。在研究社会物流和企业物流时，我们必须考虑到环境问题。

尤其在原材料的取得和产品的分销过程中，运输作为主要的物流活动，对环境可能会产生一系列的影响。而且，废旧物品如何合理回收，减少对环境的污染且最大可能的再利用也是物流管理所需要考虑的内容。

三、绿色物流包装的概念

绿色物流包装是从环境保护的角度对物流体系进行改进，形成一个与环境共生型的物流管理系统。

绿色物流包装管理又是建立在维护全球环境及可持续发展的基础上，逐渐改变过去经济发展与物流包装，消费与物流包装的单向作用关系；在抑制物流包装对环境造成危害的同时，形成一种能促进经济和消费健康发展的物流包装体系。

因此，绿色物流包装重视全局和长远利益，强调全方位对环境的关注，这是现代物流发展的趋势。

四、绿色物流包装的内涵

绿色物流包装是一项系统工程，它是物流系统的一个子系统，我们将其视为有机整体，采用系统分析的方法去研究，以求得到整体环境性能最优化，因此，必须在其整个生命周期中做到"五绿"，即绿色材料、绿色设计、绿色加工、绿色流通和绿色回收处理。

绿色物流包装的关键是采购与使用绿色原材料。所谓绿色原材料就是能够循环复用、再生利用或降解腐化，并且在物品的整个生命周期中对人体及环境不造成公害。

包装材料在很好地履行对物品的保护、方便、销售功能的同时能够轻量化，有利于节约资源、减少费用、减少废弃物数量，有利于环境保护。作为绿色材料最突出的性能是易于回收处理、再生利用，使它的降解回归自然，整个过程无污染、无公害。

绿色物流包装对材料选择应遵循以下原则。
(1) 优先选用可再生材料,尽量选用回收材料。
(2) 尽量选用低能耗、少污染的材料。
(3) 尽量选择环境兼容性好的材料及零部件,避免选用有毒、有害和有辐射的材料。

目前,在国内外市场消费崇尚的绿色物流包装中,有纸包装、可降解塑料包装、生物包装材料等。然而最有发展前景的是可食用包装品,我国目前已将可食性果蔬液态保鲜膜用于果蔬包装。随着科学技术的发展,绿色物流包装将会得到更加快速的发展。

第二节 包装废弃物物流

一、包装废弃物

包装废弃物是指在生产、流通和消费过程中产生的基本上(或完全)失去使用价值,无法再重新利用的最终排放物。

二、包装废弃物管理

欧盟包装及包装废弃物的管理法令中并没有明确地对包装废弃物管理的顺序做出要求,受欧盟委员会的支持,在环境法令中规定所有的选项都可以平等地考虑,生命周期评价在每种特定的情况下可以完成寻找一种最好的处理用过的包装的方法。

不同的国家有不同的选项,一些国家支持重复使用,一些国家则不允许以焚烧的形式进行热量回收。

包装废弃物管理的选项包括:预防、回收、回收再生、可重复使用、处理、有机物回收再生、焚烧和填埋等方面。为了便于学习,下面在此作简单的介绍。

1. 预防

预防意味着使包装极小化,预防的极端情况是可以避免的。

预防的常见方法是减少,也称极小化。这意味着减少包装的使用量和用过的包装对环境的有害程度,减少在包装的整个生命周期中对环境的影响。

2. 回收

回收指收集使用过的包装进行回收再生、堆肥或焚烧进行能量回收。

3. 回收再生

回收再生指使用过的材料进行再加工成原物或其他产品的过程,包含有机物回收再生,但排除能量回收。

4. 可重复使用

可重复使用指确定包装在它的生命周期内的循环次数,它被重复充填或作为同样的目的使用。当可重复使用的包装不再重复使用时就变成了用过的包装。

5. 处理

处理指收集、分类、运输和使用过的包装以及它在地面和地下的存储。进行必要的处理使其能重复使用、回收或回收再生。

6. 有机物回收再生

有机物回收再生指有氧堆肥或厌氧性处理,在一定条件下利用微生物使用过的包装生物分解,产生稳定的有机物滤渣或甲烷。

7. 能量回收

能量回收指直接焚烧可燃烧的用过的包装来产生能量,进行热量回收,但可能产生其他废弃物。

8. 焚烧

焚烧指直接焚烧可燃烧的用过的包装,可有能量回收也可没有能量回收。再将焚烧之后的残留物进行填埋。

9. 填埋

填埋指将使用过的包装埋入地下,这取决于使用的包装材料类型。填埋需要做不同等级的保护层以防止带有有害物质的污水流到地下水中。填埋不属于有机物回收再生方式。

三、包装废弃物的处理流程

包装废弃物由相关单位进行收集,然后进行分类。能重复使用的包装通过适当的清洗和修理之后继续使用;不能重复使用但可进行回收再生的包装废弃物进入回收再生环节;不能重复使用和回收再生但具有较高的生热值的包装废弃物可进行焚烧进行能量回收,同时进行气体清洁处理以免污染环境;堆肥很少应用于包装废弃物的处理;对实在无法处理的包装废弃物则进行填埋处理。包装废弃物的处理流程如图 8-1 所示。

四、包装废弃物物流

1. 概念

包装废弃物物流,又称反向物流,是将经济活动中失去原有使用价值的包装,根据实际需要进行收集、分类、加工、搬运、储存,并分送到专门场所处理所形成的物资流动。

在人类生产和生活过程中,所产生的大量包装废弃物有两种去向:一是将其中有利用价值的包装加以分拣、净化、加工,使其成为有用的材料重新进入生产和消费领域;二是对已丧失再利用价值的包装,出于环境保护的目的,进行填埋、焚烧或堆肥等处理。对含

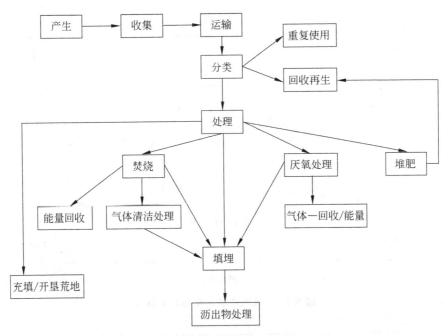

图 8-1 包装废弃物的处理流程

有放射性物质或者有毒物质的工业包装，还需采取特殊方法处理。一般称前者为包装回收物流，后者为包装废弃物物流，而最终回收物流也将纳入废弃物物流当中。

2. 包装废弃物的物流渠道

包装废弃物的反向物流渠道如图 8-2 所示。

反向物流渠道可以采用数种不同的形式，取决于独自的渠道成员完成回收再生任务的功能和能力。此外，可以有额外的成员加入渠道来完成专门的搬运或处理任务。在这个模型中，消费者/家庭和最终的市场之间仅有一个中间环节。实际上，回收渠道如图 8-3 所示，回收渠道可以有多个中间环节和不同的过程。

3. 包装废弃物的物流活动

从回收渠道多样性可知，包装废弃物的反向物流中包含许多部门参与运作，这些角色的活动如下。

材料回收厂：分类和存储可回收再生的材料（物品）。

经纪人：在供应和要求之间的连接（消费者/工业生产者和最终用户之间的联系）。

市政回收公司：通常是完成渠道的收集功能。

中间处理者：提炼可分离的资源材料给最终用户，它需要大量的可回收再生材料。

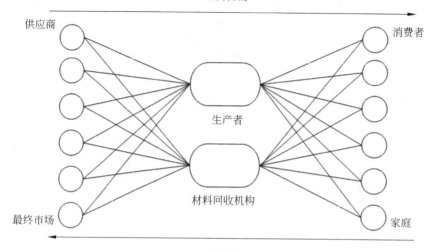

图 8-2　包装废弃物的反向物流渠道

消费者 ➡ 市政回收公司 ➡ 材料回收厂 ➡ 最终用户

工业生产者 ➡ 材料回收厂 ➡ 中间处理者 ➡ 最终用户

消费者/工业生产者 ➡ 市政回收公司 ➡ 经纪人 ➡ 材料回收厂 ➡ 最终用户

消费者/工业生产者 ➡ 材料回收厂 ➡ 经纪人 ➡ 中间处理者 ➡ 最终用户

图 8-3　回收渠道的多样性

4. 包装废弃物物流系统的设计

包装废弃物的反向物流过程在许多方面不同于正向物流,为了处理好反向物流,必须建立新的配送机构、再配送机构。回收再生在许多方面影响已存在的配送系统,它们不得不部分被重新设计。

设计反向物流系统的步骤如下。

(1) 管理收集过程。

(2) 确定收集程序的目标。

(3) 选择收集方法。

(4) 设置统一的分解和再加工中心。

(5) 使用第三方服务。

(6) 完成信息系统(开发信息系统)。

在反向物流渠道中完成信息系统是反向物流竞争中成功的关键因素。实际上,在反向物流和正向物流渠道之间微小的差别,只存在于谁拥有更好的渠道性能。

5. 包装废弃物物流的合理化

包装废弃物的物流合理化必须从能源、资源及生态环境保护的三个战略高度进行综合考虑,形成一个将废弃物的所有发生源包括在内的广泛的物流系统。

(1) 生产过程产生的包装废弃物的物流合理化。

① 建立一个废弃物收集、处理的管理体系。

② 在设计研制物品时,要考虑到废弃物收集及无公害处理的问题。

③ 加强每个生产工序变废为宝的利用,并鼓励职工群策群力。

④ 尽可能将企业产生的废弃物在厂内合理化处理。

(2) 物品进入流通、消费领域产生的包装废弃物的物流合理化。

① 遵守政府有关法律法规等。

② 要求消费者把物品包装废弃物纳入企业废弃物的回收系统。

③ 教育企业职工增加环保意识,改变价值观念。

(3) 企业排放的包装废弃物的物流合理化。

① 建立一个能被居民和职工接受,并符合当地物品流通环境的收集系统。

② 通过有效地收集和搬运废弃物,努力做到节约运输量。

③ 在焚烧废弃物的处理中,尽可能防止二次污染。

④ 对于最终填埋的废弃物,要尽可能减少它的数量和体积,使之无害化,保护处理场地周围的环境。

⑤ 在处理最终废弃物的过程中,尽可能采取变换处理,把不能回收的部分转换成其他用途。

第三节 国内外包装废弃物物流的综合治理

一、治理包装废弃物的必要性和可能性

包装工业产品70%以上为一次性使用,使用后即为废弃物,产品生命周期较其他工业产品短,故消耗资源量大。由于目前国内还未形成一套完整的回收包装废弃物的有效机制和相关配套政策,对废弃物的回收利用率低,资源浪费严重。

以2004年为例,包装工业总产值超过了3 200亿元,其中2 300亿元的产品将成为包装废弃物。我国的自然资源有限,加强包装废弃物的回收利用是一项迫在眉睫的重要任务。

包装废弃物的治理是完全可能的,这不仅是国际社会的呼声,也由于包装废弃物的回

收处理及综合利用技术已日趋完善,并且加强包装废弃物的回收利用可以带来显著的经济效益、环境效益和社会效益。

包装废弃物并不是"废物",而是有待开发的"第二资源"。包装废弃物的回收与综合利用,既是对资源的节约,也是对环境的有效保护,同时还是造福子孙后代的一项千秋伟业。

对企业来说,包装废弃物的回收与再生利用,不仅能创造可观的经济效益,而且还会产生良好的环境效益。以回收铝罐为例,重熔冶炼 1 t 铝比用铝土矿生产铝节约 95% 的能源,回收 1 t 铝可以节约 4 t 铝矿石,使排入大气中氟化物重量减少 35 kg。

经济发达国家都在大力发展废弃物回收利用产业,1990 年全球废弃物回收行业市场规模约 100 亿美元,而 2000 年则增长到 3 000 亿美元。美国仅废纸回收每年创收就达到 200 亿美元之巨。德国通过实行"绿色"包装系统,在第一年就回收 100 万 t 包装废弃物,以后回收率逐年增加,最后达到每年回收 1 300 万 t 包装废弃物,从而使德国的废料减少了 10%,而废品利用率则由 20% 上升到 25%。法国大约有 1 500 家包装企业,共有 12 万名职工,每年可生产 1 200 万 t 包装品,其营业总额超过法国宇航业营业总额。

目前,我国国内很多企业通过对废弃物实行分类处理和回收利用,取得了显著的经济效益。例如,厦门松下音响公司每月重复使用的包装纸箱就达到 160 t;北京松下彩管采用多种措施,使每百万元产值的废弃物量降低了 37%。总之,我们要努力发展循环经济,努力创建节约型社会。治理包装废弃物是必要的,也是可能的。

二、我国包装废弃物回收处理的现状

目前,我国年包装废弃物的数量在 1 600 万 t 左右,每年还在以超过 10.5% 的速度增长,回收情况除啤酒瓶和塑料周转箱外,其他包装废弃物的回收率相当低,整个包装产品的回收率还达不到包装产品总产量的 20%。由此引发了自然资源大量消耗、废弃物的处置问题和废弃物管理压力的增加及废弃物的环境影响等诸多方面问题。近年来,我国包装废弃物的回收工作在国家和地方政府主管部门有关政策和法规的指导下,虽取得较大进步,但总体形势不容乐观。

1. 我国包装废弃物分类回收工作严重滞后

我国目前几乎没有进行过对城市垃圾分类的工作。各种包装废弃物和厨房垃圾混在一起,只有掩埋或焚烧,难以利用其中的有效资源。我国国有的回收体系已经解体,现在虽然有一个自发的民间回收体系,但不具有专业化分拣、处理手段。包装废弃物的分类完全靠手工分拣,达不到准确的分类,使后期的处理难以进行,即便处理也只能获得很原始和粗陋的产品。而且,由于没有专用的分类的废弃物回收箱,废弃物的回收过程不仅繁复,而且废弃物普遍被再次污染。例如,我国聚酯(PET)处理加工企业选择进口国外废弃 PET 瓶,而不采用国内的废弃 PET 瓶。

2. 我国包装制品的回收渠道混乱

我国过去的垃圾分类传统是靠单一的政府行政行为为依托的回收系统支撑着的。近些年来,由于经济上、观念上的原因,原有的回收系统和渠道不灵了,以市场为依托的回收系统尚未建立。商业、轻工、街道、民政、供销等部门都有从事回收工作的。其中,纸和玻璃的回收还可以,塑料、金属容器的回收利用差。但是,被回收的部分大都被个体户、闲置人员卖给到处开设的小造纸厂、小铝厂、小塑料造粒厂,利用率很低,浪费资源,浪费能源,粗制滥造,二次污染情况严重。

3. 我国包装废弃物回收处理的立法有待于加强和完善

从 20 世纪 80 年代到现在,我国环保、劳动、外贸、商检、保险及包装材料和容器的科研生产、运输储存、流通使用等各个有关部门一直致力于包装废弃物的处理与利用这项工作,但仍没有适合中国国情的包装废弃物处理法律、法规。而且,在包装废弃物的回收和处理方面的立法比较薄弱,现有法律中对此涉及的《中华人民共和国固体废弃物污染防治法》规定产品生产者应当采取易回收、处理、处置或在环境中易消纳的产品包装物,并要求按国家规定回收、再生和利用。

但是,在该法的实施过程中至少存在以下两个问题:

(1) 该法没有规定"易回收处理、处置或在环境中易消纳的产品包装物"的具体标准,也没有明确按哪项"国家规定"回收、再生和利用。

(2) 从客观环境来看,该法各项规定得以实施的条件尚不具备,包装废弃物如何回收,如何存放,如何处理的相应配套机构与设施还很不健全。因此,《防治法》的实施在今后相当长时间内难度较大。

4. 国家环保机构主要由各级环保部门和城市环境卫生系统组成

环保"站在墙里",主要负责生产企业,即污染源的综合处理,开发无污染工艺和技术;环卫"站在墙外",负责居民生活、商场、医院的垃圾的清运处理。所以,环保和环卫部门之间没有有机的联系和协调。近几年环卫部门的研究成果表明,环卫系统对形成垃圾的产品结构提出了不少新的见解,但由于管理范围和职能,最终对企业生产的决策不产生影响。因此,有必要冲破国家的所有制,调整机构设置,加强环境监测、研究开发、清运等机构之间的沟通和合作。

三、包装废弃物物流的治理措施

进入 21 世纪绿色包装有了较大的发展,世界各国治理包装废弃物的方法趋向 4R (reduce、reuse、recycle 和 recover),即降低用量、再生、回收及资源恢复。

（一）节约资源和减少废弃物，反对过度包装

过度包装又称过分包装或过剩包装，通常是指一种功能与价值过剩的物品包装。表现是耗用过多材料、过大体积、高档用料、奢华装饰等装点被包装产品，使之超出了保护物品、美化商品的功能要求，给消费者一种名不副实的感觉，增加了经济负担。

经济发达国家已将反对过度包装作为减少包装污染、节约资源、通向绿色包装的一个重要途径。德国是世界上最早推崇包装材料回收的国家，并率先制定了循环经济法。德国在10年前就开始倡导物品的"无包装"和"简单包装"，强调包装要无害于生态环境、人体健康和循环利用或再生，从而节约资源和能源。

在我国，由于历史原因和文化经济等因素，消灭过度包装是一项十分艰巨的工作。2006年的《定量包装产品计量监督管理办法》规定：定量包装产品的生产者、销售者在使用物品包装时，其尺寸应当与物品净含量的体积比例相当。不得采用虚假包装或者故意夸大定量包装物品的包装尺寸，使消费者对包装内的物品量产生误解。

（二）包装设计要有利于生态环境

进入20世纪90年代后期，综合治理包装废弃物的指导思想由过去的回收治理发展到了从设计开始。在包装设计时，就从材料的选择、生产工艺等方面考虑废弃后的处理。目前提倡的设计方法如下。

1. 使用环保材料

发展绿色包装和生态包装，要求包装所选用的包装材料必须符合环保要求，有利于物质的生长、生存和循环再生，必须优先选用易于循环利用、耗资耗能少的包装材料。

2. 采用先进包装技术

要开发研制新型易生物降解、光降解、水溶性和可食性包装材料；要采用先进的物品包装技术、包装工艺和包装标准，逐渐减少包装对环境的污染。

3. 使用废弃物为原料生产包装制品

要提高对包装废弃物的回收利用程度，变废为宝。例如，加拿大已采用废木料、废纸板等包装废弃物生产各种中密度板材；美国、日本用废纸生产纸浆模塑制品取代对环境污染严重的发泡塑料。

（三）重视对塑料包装废弃物的治理

近年来，世界各国对于塑料包装的生产、销售和使用都加强了管理。曾被视为轻便、耐用的塑料制品由于其难降解性而成了"白色污染"。现在各国都对塑料包装废弃物加强了管理，如英国在公共场所禁止使用非降解塑料容器；德国1990年立法规定塑料包装必

须是可回收的。

除了加强管理之外,国际上还将塑料包装研制和开发的重点放在可降解塑料上,如美国在国内已建成数条可降解塑料生产线;英国已研制出 8~12 周即可完成光降解的塑料;我国也致力于此项研究,有关机构已相继研制成功了生物和光降解薄膜。

(四)建立专门的包装废弃物回收处理机构,提高回收处理技术

据不完全统计,目前世界上主要发达国家资源回收利用产业回收总值达 2 500 亿美元,并且以年均 15%～20% 的速度增长。全世界钢产量的 45%、铜产量的 62%、铝产量的 22%、铅产量的 40%、锌产量的 30%、纸制品的 35% 都来自再生资源的回收利用。

早在 1990 年 9 月 28 日,德国在工业联合总会、工商业协会支持下,代表零售业、消费品和包装业的 95 家公司于波恩成立了专门对包装废弃物进行回收利用的非政府组织——双向回收网络系统。2001 年 6 月,全日本已建成从事资源回收利用产业的"生态环保城"14 个;而在我国包装废弃物的回收工作一直由各级物资回收公司承担,并未形成系统,所以包装废弃物的回收效果并不好。今后我国的包装废弃物的回收处理工作也可以纳入城市发展规划,加强管理并制定具体措施。

美国为了进一步拓展塑料的应用领域,于 1985 年建立了"废旧塑料研究基金会"及"塑料回收研究中心"。日本先后研制出了热塑性塑料与其他材料(废纸等)的合成材料,开发出由废塑料与沙子制成的新型铺路材料。

(五)完善包装废弃物的管理法规

在废弃物回收处理方面,世界各国纷纷制定了与包装相关的各种环保法规。例如,欧盟各成员国经过多年的协调、商讨,1994 年颁布了《包装和包装废弃物指令》,强制制定了欧盟各国包装及其废弃物的回收指标。

此外,我国《中华人民共和国固体废弃物污染环境防治法》第 17 条和第 18 条明确规定产品生产者、销售者、使用者应当按照国家有关规定对可回收利用的产品包装物和容器等进行回收利用,但并没有回收再生和利用的具体规定。

因此,包装废弃物的法规应该贯彻"预防为主,防治结合"和"谁污染,谁治理",明确相关方的具体责任,并指出包装废弃物回收指标及相关具体回收利用规定以及回收目标。

第四节 物流包装资源的合理利用

物流包装资源是指包装制品所采用的原材料,包括生产和物流过程中使用的能源等,比如自然界存在的森林、矿藏等天然资源。

物流包装资源的合理利用就是把有限的包装原材料用到最需要的地方,并开展节约、

代用、综合利用及废弃物的回收利用,使用新的技术以节省能源,采用面向物流包装的设计方法使物流包装资源发挥最大效用,从而提高企业的经济效益和社会效益。

一、物流包装资源的危机

包装所使用的原材料主要有纸、塑料、金属、玻璃与陶瓷、木材等,在物流包装中还会使用到能源及环境资源。

我国能源以燃煤为主,占消费量的70%以上,每年耗煤量已超过10亿t,但能源利用率低,目前能源利用率仅30%左右。而西欧、日本和美国,其能源利用率则达42%～51%。以现在的开采速度,我国的煤炭最多可以开采300年。

从目前的国家资源状况来看,后备探明储量不足。在45种主要矿产中已有10多种探明储量不能满足要求,其中15种支柱性矿产有6种(石油、天然气、铜、钾盐、煤、铁)后备探明储量不足,或地质工作程度不够,铜矿只能满足需要的一半,石油和铁矿缺口很大。

另外,我国是世界上木材资源相对短缺的国家,随着木材消费量的不断增加,供需矛盾日益突出。因此,节约木材和代用是缓解木材供需矛盾、实现木材资源可持续利用的重要途径。

二、物流包装资源的合理利用

(一)包装原材料的合理利用

在包装成本中,原材料成本一般占60%以上,所以合理利用包装原材料、降低原材料成本是提高经济效益的重要途径。主要措施如下。

1. 合理选择包装原材料

合理选择包装原材料是合理利用包装资源、提高经济效益的重要途径。应结合实际情况及包装的功能特点和包装成本等,选择经济效益和社会效益最好的材料。

2. 合理利用包装资源

推行适度包装,提高包装的系列化、标准化和通用化程度,合理利用原材料。包装设计会直接影响到包装原材料的节约,如果设计不合理就会带来包装原材料的浪费。所以,必须从包装设计的不断改进中挖掘潜力,节约原材料,合理利用包装资源。

3. 采用先进的工艺和设备

采用先进的工艺和设备,并要加速原有设备的更新和改造。采用先进的工艺和设备可以大幅度地降低原材料的消耗定额,在原材料消耗中,工艺性损耗占相当大的比例。

减少工艺性损耗,降低废品率,是充分发挥资源效应、提高材料利用率的重要途径。因此,积极推行新工艺,加速包装设备的更新和改造,减少原材料消耗,可以节约大量的包装资源。

4. 加强质量管理

在包装容器的加工制造和包装过程中加强质量管理,可以提高产品质量,减少废品率,减少原材料的消耗,节约包装资源。

5. 采用新型包装材料及代用品

研究开发新型的包装材料代替传统的包装材料能够有效地节约包装资源。随着科学技术的不断进步,包装中使用的代用品将越来越多,这也是节约包装原材料、合理利用包装资源的一个重要方面。

(二)物流包装废弃物的回收利用

全世界包装废弃物所形成的固体垃圾占城市垃圾的1/3,我国这个比例已超过10%,并以较快的速度在增加。但是其回收及综合利用率极低,如纸包装回收率仅为20%~25%,塑料包装回收率只有15%左右。

实现包装废弃物的正确流向可以带来不可估量的经济效益和社会效益,这对于经济实力仍有待提高、人均资源严重匮乏的我国尤为重要。而合理利用包装废弃物,需要借助于各种先进的技术和方法。

1. 废弃纸包装的回收利用

废弃纸包装被回收后,主要用于生产再生纸、各种用途的纸板以及纸浆模塑包装制品。它们的回收处理工艺的前期过程基本上是一致的,其工序包括:废纸的初步清理与分类筛选;废纸的碎解(包括初级净化);废纸的脱墨(包括去热熔物);油墨的清洗与分离。

废纸经过上述工序处理后,可成为重新造纸的浆液。在以后的生产过程中,根据产品的不同用途,再采用不同的工艺和设备。实践证明,废纸经过反复利用后,其纸浆强度基本保持恒定,这进一步说明废纸的再生利用极有价值。

1) 利用废纸和废旧纸板造纸

国内外利用废纸和废旧纸板造纸,普遍采用以下工艺:

废纸→收集分类→粉碎→溶解→净化→筛选→脱墨→除杂→打浆→纤维分级→纸浆→纸料。

利用废纸和废旧纸板造纸有以下两个关键技术。

(1) 除杂及脱墨。除去废纸上的油墨的方法是:先用化学方法溶解或分开油墨,再利用机械洗涤,从纸浆中除去油墨。如果要制成再生白色纸浆,还应漂白和漂洗。

理想的脱墨配方是:能皂化印刷油墨连结料的碱,有助于油墨颜料润湿的活性剂;能防止颜料在脱离纸张后相互聚集的分散剂及能与颜料结合并防止重新沉淀于纤维上的吸收剂。

(2) 废纸重复使用适应性的恢复。为了防止废纸循环而降低纸张强度,要考虑废纸重复使用适应性的恢复。一般采用除掉部分细小纤维或利用低剂量增强剂、助滤剂、助留剂等,也可采用高分子补强剂使纤维黏合代替纤维间的氢键结合,以增加纸的强度。废纸复用技术在国外已日趋成熟。

2) 利用废纸和废旧纸板生产纸浆模塑包装制品

将废纸及废旧纸板通过制浆、除杂、模塑成型、干燥等工艺可制成各种形状、尺寸的纸浆模塑包装制品。

该包装制品不仅具有原料充分、无公害、适应性强、造价低、重量轻以及可塑性、缓冲性、互换性、装潢性均较好,并可以反复使用来回收再生等特点,更重要的是它将纸包装由纸板造型发展到纤维造型这种有着本质飞越的新阶段。

2. 废弃塑料包装的回收利用

塑料具有材料综合性能优异、加工方便、生产和使用中可以显著节约能源等优点,被广泛用于工农业及人们的日常生活之中。以塑料工业最发达的美国、日本和德国为例,包装用塑料占塑料总消费的份额分别为 27.2%、32.8% 和 27.2%。超过 40% 的国家有新西兰、克罗地亚、芬兰、南非、意大利、西班牙等国,最高的为新西兰,高达 55%。发达国家中以意大利塑料包装与塑料消费比例最高,为 49%。

随着塑料工业的蓬勃发展及其大规模的使用,废旧塑料制品与塑料垃圾带来的环境污染也日趋严重。塑料制品的废弃与处置已引起一系列环境问题,"白色污染"已成为家喻户晓的塑料材料污染环境的代名词,并成为全球瞩目的环境公害。

填埋处理是目前处理废旧塑料的主要方法。但由此引起的环境问题日益突出。一是垃圾填埋侵占有限耕地,严重浪费国土资源;二是塑料垃圾填埋后需 200 年后方能分解殆尽;三是填埋后塑料垃圾经雨水长期冲刷,将大量有害物质带入人类的生活环境,形成污染源。因此,采用填埋法处理塑料垃圾对环境的污染是一种长期效应,在实际处置中应避免使用这类方法。

为解决填埋法占地、费用高以及对环境的长期性破坏,不少国家都在积极开发焚烧废弃塑料设备,并利用焚烧所产生的热量进行发电,达到资源再利用。但是塑料在热分解过程中会产生许多对环境有极大危害的有害物质,如重金属、多核芳烃、二氧化碳等对空气、土壤造成二次污染,对生态环境产生极大的影响。

除了填埋和焚烧方法之外,国内外还有以下几种废弃塑料的回收再利用技术。

1) 废塑料熔融加工

该技术是目前废塑料再利用中最经济和最方便的方法,因为它能够使整个材料及能量得到最充分的利用。其基本原理是废塑料经粉碎送入熔融装置,废塑料在其熔化温度内被熔化,经挤压造粒、冷却、切粒即获得二次母粒。这种技术主要遇到的问题是高能耗及废塑料中填充料的影响。

2）废塑料的水解回收技术

通过缩聚反应生产的塑料树脂，如聚氨酯、聚酰胺、聚酯、聚碳酸酯等都可以进行水解，使这些聚合物重新恢复到原始单体或中间体。通过水解的产物能够作为泡沫塑料生产的起始原料。

3）废塑料的油化回收技术

塑料是由石油做原料合成的高分子化合物，当对其施加能量切断原子链，可得到类似油分子构造的物质。利用这一原理，采用加热分解、蒸馏、即可获得汽油、柴油等石油燃料，这一过程称为塑料的油化。油化工艺产出的油品产率可达75％以上。该技术较其他废塑料处理技术难度大、成本高，但从环保角度看则是一项适用的处理技术。

4）高温热解法处理废塑料

高温热解是指在高温情况下高分子材料的热降解，同时放出大量气体。如温度可达600～900℃，处理废塑料时可获得44％的燃料气体、26％的芳香烃及轻质汽油和焦油的混合物，以及30％的固体残渣。

这种方法适合处理那些含金属箔或金属涂层的塑料制品，获得的燃料气体和油类混合物可作为燃料使用，但剩余的30％残渣必须进行再处理。

3. 废弃玻璃包装的回收利用

目前玻璃包装瓶（罐）的回收利用主要有四种类型：包装复用、回炉再造、原料回收和转型利用。

1）废弃玻璃包装的包装复用

废弃玻璃瓶包装的包装复用指回收利用中的包装利用，它又有回收利用中的同物包装利用和更物包装利用两种形式。

同物包装利用又分为同品牌和异品牌的包装利用。例如，啤酒玻璃瓶回收利用再作啤酒包装则为同物包装利用，但是，可能原来包装的啤酒不同于回收后包装的啤酒了，这是同物包装的异品牌包装利用；反之，回收瓶前后包装的为同一品牌啤酒，则称为同物包装利用。目前市场上的回收利用多为同物包装利用的异品牌包装利用。

小贴士

复用工艺为：挑拣分类→清理→清洗（水冲）→洗涤清洗→水洗→烘干水分→消毒→待用。挑拣分类指将不同品种类别的玻璃瓶按结构形状分类，以便于按用途进行使用。

清理指将瓶身上的标贴，特别是塑料标贴标签清除干净，同时还将瓶口损伤有缺口的瓶清除，以保证在使用中不发生事故（压碎压破或伤残的瓶会因机械压力而崩裂产生碎片落入瓶内物品中）。重复使用方法最大的缺点是消耗大量的水和能源。

2) 废弃玻璃包装的回炉再造

回炉再造是指将回收来的各种包装玻璃瓶用于同类或相近包装瓶的再制造,这实质上是一种为玻璃瓶制造提供半成品原料的回收利用。其具体方法就是将回收的玻璃瓶,进行初步清理、清洗、按色彩分类等预处理,然后进行回炉熔融,用回炉再造的材料通过吹制、吸附等不同工艺方式制造成各种玻璃包装瓶。

3) 废弃玻璃包装的原料回用

原料回用的玻璃瓶回收利用指将不能复用的各种玻璃瓶包装废物用作各种玻璃产品的制造添加原料的利用方法。这里的玻璃产品不仅指玻璃包装制品,同时也包括其他建材及日用玻璃制品等产品废弃物。

适量地加入碎玻璃有助于玻璃的制造,这是因为碎玻璃与其他原料相比可以在较低温度下融熔。因此回收玻璃制瓶需要的热量较少,而且炉体磨损也可减少。研究表明,在玻璃制造中,掺入30%左右的碎玻璃是适宜的。

将废弃玻璃包装瓶(或碎玻璃料)用于玻璃制品的原料回用,应注意如下问题。

(1) 精细挑选去除杂质。在玻璃瓶回收料中必须去除杂质金属和陶瓷等杂物,这是因为玻璃容器制造中需要使用高纯度的原料。例如,在碎玻璃中有金属盖等可能形成干扰熔炉作业的氧化物;陶瓷和其他外来物质则在容器生产中形成缺陷。

(2) 颜色挑选。回收利用时颜色也是个问题。因为带色玻璃在制造无色火石玻璃时是不能使用的,而生产琥珀色玻璃时只允许加入10%的绿色或火石玻璃。因此,消费后的碎玻璃必须用人工或机器进行颜色挑选。碎玻璃如果不进行颜色挑选直接使用,则只能用来生产浅绿色玻璃容器。

4) 废弃玻璃包装的转型利用

回收玻璃瓶包装的转型利用是指将回收的玻璃包装直接加工,转为其他有用材料的利用方法。这种利用方法可分为两类,一种是非加热型;另一种是加热型。

(1) 非加热型。非加热型利用也称机械型利用。具体方法是根据使用情况直接粉碎或先将回收的破旧玻璃经过清洗、分类、干燥等预前处理,然后采用机械的方法将它们粉碎成小颗粒,或研磨加工成小玻璃球待用。

小贴士

废玻璃利用途径有如下几种。

(1) 将玻璃碎片用作路面的组合体、建筑用砖、玻璃棉绝缘材料和蜂窝状结构材料。

(2) 将粉碎的玻璃直接与建筑材料成分共同搅拌混合,制成整体建筑预制件。

(3) 粉碎了的容器玻璃还可以用来制造反光板材料和服装用装饰品。

(4) 用于装饰建筑物表面使其具有美丽的光学效果。

(5) 可以直接研磨成各种造型,然后黏合成工艺美术品或小的装饰品,如纽扣等。

(6) 玻璃和塑料废料的混合料可以模铸成合成石板产品。

(7) 可以用于生产污水管道。

(2) 加热型。加热型利用指将废玻璃捣碎后,用高温熔化炉将其熔化,再用快速拉丝的方法制得玻璃纤维。这种玻璃纤维可广泛用于制取石棉瓦、玻璃缸及各种建材与日常用品。

玻璃瓶是耗能最多的包装产品之一,它的回收利用价值很高。如何更有效地使玻璃包装循环使用,是国内外研究的热点。

4. 废弃金属包装的回收利用

对于废弃金属包装制品,其废弃物处理主要包括回收及再造两种方法。

1) 回收

回收即通过对各种不同规格、用途的金属罐或桶进行翻修整理,然后经过洗涤、烘干、喷漆等工序,重复使用。

2) 再造

再造是将回收到的废旧金属罐、盒、桶等,分别进行除漆等前期处理,然后成批量地回送到冶炼炉里重熔铸锭,进而重新轧制成铝材或钢材待用。

总之,国际社会节约资源、保护环境的呼声越来越高,特别是20世纪90年代以后,绿色包装和绿色物流正在兴起。世界各国特别是一些经济发达国家正在研究开发新的无害的包装材料,研究推广包装废弃物的回收和综合治理技术、物流包装过程的优化及资源的综合利用。

本章思考题

1. 什么是包装废弃物?对包装废弃物有哪些管理方式?
2. 简述绿色物流、绿色包装的概念。
3. 合理利用包装废旧材料有哪些主要措施?
4. 绿色物流包装的内涵是什么?
5. 结合国内外物流包装废弃物的综合治理,从自己的理解出发,总结可以从哪些角度对包装废弃物进行综合治理。

实践课堂

1. 实践目的

通过阅读绿色包装的案例,运用本章所学的绿色物流包装的知识对本章引导案例进行分析,进一步了解物流包装资源的综合利用。

2. 技能要求

(1) 结合本章引导案例分析如何理解绿色物流包装。

(2) 结合本章引导案例分析认识到包装废弃物应该如何回收、处理及综合治理。

3. 实践学时

2学时。

4. 实践环节

以小组为单位(5～6人为一组)对本章引导案例进行分析。

5. 实践内容

(1) 举例说明一种绿色包装,并说说它的依据。

(2) 以一种物品为例,制定一个绿色包装方案。

课后阅读

工信部、商务部委关于加快我国包装产业转型发展的指导意见

从工信部获悉,两部委关于加快我国包装产业转型发展的指导意见已经印发。意见指出,坚持绿色发展、节能减排。到2020年,全行业单位工业增加值能源消耗、二氧化碳排放强度、单位工业增加值用水量均下降20%以上,主要污染物排放总量明显下降。初步建立包装废弃物循环再利用体系。重点开发和推广废塑料改性再造、废(碎)玻璃回收再利用、纸铝塑等复合材料分离,以及废纸(金属、塑料等)自动识别、分拣、脱墨等包装废弃物循环利用技术,采用先进节能和低碳环保技术改造传统产业,加强节能环保技术、工艺及装备的推广应用,推行企业循环式生产、产业循环式组合、园区循环式改造,推动企业生产方式绿色化。详情如下:

各省、自治区、直辖市及计划单列市、新疆生产建设兵团工业和信息化、商务主管部门,中国包装联合会,中国轻工业联合会:

包装产业是与国计民生密切相关的服务型制造业,在国民经济与社会发展中具有举足轻重的地位。为进一步提升我国包装产业的核心竞争力,巩固世界包装大国地位,推动包装强国建设进程,依据《中华人民共和国国民经济和社会发展第十三个五年规划纲要》《中国制造2025》(国发〔2015〕28号)和《关于开展消费品工业"三品"专项行动营造良好市场环境的若干意见》(国办发〔2016〕40号)等文件,制定本指导意见。

一、重要意义

经过30多年的建设发展,我国包装产业已建成涵盖设计、生产、检测、流通、回收循环

利用等产品全生命周期的较为完善的体系,分为包装材料、包装制品、包装装备三大类别和纸包装、塑料包装、金属包装、玻璃包装、竹木包装五大子行业。2015年,全国包装企业25万余家,包装产业主营业务收入突破1.8万亿元。"十二五"期间,包装产业规模稳步扩大,结构日趋优化,实力不断增强,地位持续跃升,在服务国家战略、适应民生需求、建设制造强国、推动经济发展中的贡献能力显著提升,我国作为世界第二包装大国的地位进一步巩固。目前,包装工业已位列我国38个主要工业门类的第14位,成为中国制造体系的重要组成部分。

但在快速发展的同时,包装产业仍存在大而不强的问题。行业自主创新能力弱,重大科技创新投入和企业技术研发投入严重不足,高新技术难以实现重大突破,先进装备和关键技术进口依赖度高;企业高投入、高消耗、高排放的粗放生产模式仍然较为普遍,绿色化生产方式与体系尚未有效形成;包装制造过程自动化、信息化、智能化水平有待提高;产业区域发展不平衡、不协调;低档次、同质化产品生产企业重复建设问题突出,无序竞争现象未能得到遏制。

立足现有基础,补齐发展短板,提升品质品牌,必须加强转型发展的全面引导和系统设计。加快推进转型发展,是促进包装产业适应现代制造业发展要求,强化对国民经济支撑地位的必然选择;是解决制约产业发展的"瓶颈",有效增强核心竞争力的根本出路;是引领产业由被动适应向主动服务、要素驱动向创新驱动、传统生产向绿色生产转变,全面提升产业整体发展水平,推进包装强国建设进程的重大举措。

二、总体要求

(一)指导思想

深入贯彻落实党的十八大和十八届三中、四中、五中、六中全会精神,牢固树立"创新、协调、绿色、开放、共享"的发展理念,以提高发展质量和效益为中心,以推进供给侧结构性改革为主线,以科技创新为动力,对接消费品工业"三品"专项行动,推动生产方式转变和供给结构优化。实施军民融合发展战略,构建军民包装标准通用、产品共用、技术互通的发展格局。产业保持中高速发展,迈向中高端水平,逐步实现由包装大国向包装强国转变。

(二)基本原则

坚持市场主导,政府引导。强化企业市场主体地位,充分发挥市场在配置资源中的决定性作用,更好发挥政府规划和政策支持作用,优化市场秩序,完善监管体系。

坚持创新驱动,品牌引领。加快科技创新体系与服务平台建设,提升关键技术的创新能力。加快传统产品升级换代,大力培育包装品牌。

坚持协调发展,重点突破。构建包装产业与制造业、包装上下游产业、军用包装与民用包装、包装企业与科研院所以及包装各子行业之间的协同发展机制。加强要素优化配置、发展模式转变和产业集群建设,持续促进产业提质增效。

坚持绿色发展，适度包装。构建覆盖生产、流通、消费、回收与资源循环再利用的包装全生命周期绿色化网络体系。反对过度包装，采用设计合理、用材节约、回收便利、经济适用的包装整体解决方案，引导全社会树立适度包装理念。

（三）发展目标

保持产业发展增速与国民经济增速同步，产业发展规模与配套服务需求相适应。到2020年，实现以下目标：

产业规模。包装产业年主营业务收入达到2.5万亿元，形成15家以上年产值超过50亿元的企业或集团，上市公司和高新技术企业大幅增加。积极培育包装产业特色突出的新型工业化产业示范基地，形成一批具有较强影响力的知名品牌。

自主创新。行业研发投入不断增大，规模以上企业科技研发经费支出明显增加。着力推动集成创新、协同创新和创新成果产业化，部分包装材料达到国际先进水平。

两化融合。大中型包装企业两化融合水平处于集成提升阶段以上的超过80%，中小企业应用信息技术开展研发、管理和生产控制的比例由目前30%提高到55%以上。数字化、网络化设计制造模式广泛推广，以数字化、柔性化及系统集成技术为核心的智能制造装备取得较大突破。

节能减排。全行业单位工业增加值能源消耗、二氧化碳排放强度、单位工业增加值用水量均下降20%以上，主要污染物排放总量明显下降。初步建立包装废弃物循环再利用体系。

军民融合。军民通用包装数量和质量显著提升，标准达到国际先进水平，逐步形成体系完善、创新引领、高端聚集、高效增长的发展态势。建成一批军民融合包装基地，包装技术军民通用水平显著提升。

标准建设。深入开展包装基础标准、包装专业标准以及产品包装标准的研究，形成相关性、集合性、操作性强的包装标准体系。建设全国包装标准推进联盟和包装标准信息化专业网站，建成5个以上包装标准创新研究基地，遴选一批标准化示范试点企业。

三、主要任务

（一）实施"三品"战略，集聚产业发展优势

增加包装产品品种。围绕包装产业供给侧结构性改革，在优化传统产品结构、扩大主导产品优势的基础上，主动适应智能制造模式和消费多样化需求，增强为消费升级配套服务的能力。通过创新设计方式、生产工艺以及技术手段等，大力研发包装新材料、新产品、新装备，推动产品品种增加和供给服务能力提升。重点发展绿色化、可复用、高性能包装材料，加快发展网络化、智能化、柔性化成套包装装备，大力发展功能化、个性化、定制化的中高端产品，通过丰富产品品种、优化产品结构拉动需求、驱动消费。

提升包装产品品质。引导企业从设计、选材、生产、检测、管理等各环节全面提升包装产品品质。积极采用低成本和绿色生产技术，发展低克重、高强度、功能化纸包装制品，增

强纸制品防水、防潮、抗菌、阻燃等性能,拓展纸包装的应用范围;鼓励采用环保型原料和助剂发展可定制的环境友好型塑料包装制品,应用高阻隔、选择透过、环境感知以及宽幅制备等新技术,增强塑料包装制品防护、保质和智能属性;倡导以薄壁金属和覆膜铁、覆膜铝等新型材料生产金属包装制品,提升金属包装材料的利用率和抗腐蚀性能;创新包装计量、检验与检测技术,加快发展各类先进检测设备,不断完善质量检测体系与手段,有效强化包装产品的品质保障。

培育包装产品品牌。以绿色包装材料、智能包装装备、高端包装制品的研发为重点,加强品牌培育、评价、服务与引导,构建定位、设计、生产、营销、传播、保护一体化的品牌发展格局,打造一批具有较高国内市场占有率和较强国际市场竞争力的包装材料、包装装备和包装制品品牌。推进包装企业国际化战略的实施,支持有条件的企业推动装备、技术、标准以及服务走出国门,在境外设立研发、生产基地和营销网络,深度融入全球产业链、价值链和物流链,重点培植一批具有较强创新能力和国际竞争力的品牌企业。

(二)加强技术创新,增强核心竞争能力

构建创新体系。围绕国家战略,重点实施包装产业创新能力提升计划,引导企业建立研发资金投入机制,加强技术中心、创新团队和众创空间建设,着力落实"双创"行动,鼓励包装企业构建创新创业融合孵化的平台与机制,切实提高企业的原始创新、集成创新、引进消化吸收再创新能力。优化科技资源配置,积极培育包装行业的国家级技术创新中心,重点建设一批面向产业前沿共性技术的技术创新联盟、协同创新中心、科技成果孵化基地以及成果推广与应用、公共技术服务、技术和知识产权交易等平台,形成系列具有自主知识产权和较强国际竞争力的核心技术群。加大领军人才和国家级创新团队的协同培养,强化创新人才的成长扶持,通过建立产业链上下游科技协作体、产业协同创新中心以及产学研合作示范基地,形成创新人才共育、共享机制。

突破关键技术。围绕绿色包装、安全包装、智能包装领域的关键技术,制定系统性技术解决方案,促进重大科技成果的孵化、应用与推广。加快建立包装云设计数据库,重点推行减量和生态设计,着力加强包装废弃物综合循环利用技术的研发与应用,全面提升绿色包装应用与创新水平。积极发展新型保质保鲜、包装防伪以及生产过程在线检测与监控等技术,重点突破食品药品包装中有害物质识别和迁移检测等技术瓶颈,显著提升食品、药品及军品包装安全保障能力。注重包装设计与信息技术的结合,积极应用环境感应新材料,实现包装微环境的智能调控,推进生产过程智能化,重点开展前瞻性的计量测试技术研究,满足包装产业全产业链、全寿命周期、全溯源链的计量测试需求。

强化示范应用。采取项目投入、应用示范、绩效奖励等方式,支持行业组织开展重大示范工程建设,主要包括:实施食品药品包装安全化工程,启动食品药品包装清洁安全生产和质量检测监管等重大专项,大力提升现有食品药品包装检测机构的技术水平,创建一批食品药品包装质量检测中心,建设食品药品质量包装安全追溯管理网络信息平台。实施包装制品高端化工程,在适度包装理念的指导下,组织一批包装制品设计创新、工艺优化和产业化重大专项,积极发展轻质高强纸、生物基高阻隔塑料、抗腐蚀超薄金属、轻量节能玻璃等材料,重点开发个性化、定制化、精细化、智能化的高端包装制品。实施包装印刷数字化工程,构建先进包装印刷数字化体系,利用互联网、大数据和人工智能等技术,发展云印刷、合版印刷、网络印刷及个性化印刷等新型包装印刷方式。实施包装产业信息化工程,启动包装大数据和工业云等重大专项,推广智能标签和智能终端等包装信息化关键技术,开展新一代包装信息化与工业化深度融合的集成创新和工程应用示范。实施包装装备智能化工程,组织开展高端包装装备关键技术及集成技术攻关,重点开发食品药品自动包装生产线、包装印刷集成制造装备以及现代物流全自动包装系统等重大智能制造成套装备,着力推动包装智能工厂/数字化车间应用示范。

(三)推动两化融合,提升智能制造水平

加快信息化建设进程。加强包装企业两化融合管理体系系列标准建设和推广,推进信息技术向设计、生产、流通以及回收循环利用等环节渗透。依托互联网和物联网技术,加强包装电子商务、工业云和大数据等平台的构建,发展基于互联网的数据驱动、网络化协同制造、个性化定制、服务型制造、众包设计、云制造等包装生产服务模式,推动形成基于消费需求动态感知的产业经营方式,促进包装企业形成新的生产、制造、服务及商业模式。推广商品包装的箱码,推动全球统一编码标识(GS1)作为商品生产和流通的"身份证"与"通行证",实现与国际信息数据的接轨。

提升包装智能化水平。以互联网和物联网技术为核心,建立设计、制造、技术与标准的开放共享机制,推动生产方式向柔性、智能、精细转变,大力推广集协同制造、虚拟制造及网络化制造等为一体的先进制造模式,构造智能包装生态链。大力开发网络化、智能化、柔性化成套装备和高性能包装机械手、包装机器人等智能装备,加快智能化包装设备及生产线技术标准研制,自主攻克优化设计、智能检测、在线计量和协同控制等包装成套装备共性技术,积极应用具有传感、判断与执行动作的智能端,研发包装专业软件和嵌入式系统,着力提高主要包装工序自动化程度和高速包装生产线及各类先进检测设备的制造水平。重点开发具有商品真伪鉴别、食品变质预警、居家用药提醒及儿童安全保障等功能的智慧型包装制品。

(四)加强标准建设,推动国际对标管理

促进包装标准体系建设。深入研究标准规范,完善国家、行业、企业等多层次包装标准体系,推广包装基础模数(600 mm×400 mm)系列,以包装标准化推动包装的减量化和循环利用。支持行业建设标准推进联盟和标准创新研究基地,围绕反过度包装行动,对现已制定的建材、机械、电工、轻工、医疗机械、仪器仪表、中西药、食品、农畜水产、邮电、军工等14大类包装标准进行系统优化和水平提升,解决标准体系不完整、标准互相矛盾、标准水平滞后、可操作性不强等突出问题。

推动包装标准国际接轨。支持企业、高校和科研院所参与国际标准的制定,增强我国在国际包装界的话语权和在规则制定中的参与权。着力提高国际标准的采标率和转化率,完善包装标准推广应用机制,支持行业开展标准化试点示范,推进包装标准在产业发展中的应用与实施。加强标准化重大政策和重点工作的普及性宣传,有效强化包装企业的标准管理意识以及通过标准化建设实现降本增效的能力。

(五)优化产业结构,形成协调发展格局

调整产业组织结构。大力拓展包装工业与国民经济各产业融合发展的广度和深度,推动技术、模式、产品、业态以及管理等各领域的创新,增强产业跨界融合发展能力。支持混合所有制经济发展,推动大中型企业的股权分置改革和细分市场的产业链整合,推动龙头企业采取联合、并购、控股等方式实施企业间、企业与科研院所间的资产重组,形成一批上下游一体发展的企业集团。组建以大型企业为龙头、中型企业为骨干、小微企业为重要补充的产业发展联盟,建立产业联盟示范区,逐步解决包装企业小、散、乱问题。发挥中小企业特色鲜明、机制灵活等特点,重点培育包装工业领域主导产品突出、专项服务卓越、竞争优势明显的专业化"小巨人"企业,形成大中小企业分工协作、互利共赢的产业组织结构。鼓励包装工业单项冠军企业树立"十年磨一剑"精神,长期专注于企业擅长领域,走"专特优精"发展道路。

促进产业协调发展。适应国家制定的东部地区率先发展战略,进一步发挥包装产业在本区域集聚度高、发展步伐快、辐射带动作用强的先发优势,遴选一批科技型、创新型中小企业和龙头骨干企业(集团),建设具有示范性的国际化研发中心、总部基地和包装制造产业园区。利用中部地区崛起、东北地区振兴和西部地区大开发契机,立足区位优势和区域发展需要,引导包装企业根据区域资源环境承载能力,合理承接转移产能,优化市场配置,设立一批产业转移示范区。扶持包装企业深度融入"一带一路"战略和国家开放发展格局,搭建国际产能和装备制造合作服务平台,加强国际市场拓展和产能国际合作。

(六)培育新型业态,拓展产业发展空间

促进新型业态生长。大力发展服务型制造,利用现代信息网络技术,引导企业重塑生产方式与制造模式,重构与用户、市场之间的关系,拓展产业领域,延伸服务链条。对接上下游产业与终端需求,引导企业由传统包装制造商向包装整体解决方案提供商转型,推动企业由生产型制造向服务型制造转变。加快推动包装产业与生态农业、快速消费品业以及远程物流配送业等领域的跨界融合,发展现代物流包装产业。创新企业经营模式,构建网络营销平台和系统解决方案,积极发展包装电子商务产业。积极推进产业集聚,着力打造包装创意文化等特色产业集群,增强集群的资源集约效应、产业品牌效应、资本溢出效应以及技术共享效应,拉长产业链。

促进军民包装融合。统筹考虑产业发展需要和国防建设需求,从顶层设计、力量布局、技术创新、标准体系、监督评估等方面构建军民融合包装产业发展格局,提升包装产业军民通用化水平。加快军地协调、需求对接、信息互通、资源共享以及技术共用等体系建设,实现包装产业军民融合发展体制机制上的横向衔接和纵向贯通。促进军民融合的科研、生产与服务保障体系建设,重点推进包装产业军民信息与资源共享、技术开发与成果转化、知识产权保护与技术交易等工作。加强军地协同创新,增强军民通用技术转换能力,重点解决联合投送、多式联运等大型装备防护包装、应急物资软包装和特殊功能性包装的关键技术问题。开展包装装备及其运输网络的创新研究和军民融合包装示范工程建设,引领军民融合包装技术核心能力聚集,显著提升遂行多样化军事任务的防护包装保障水平。

(七)开展绿色生产,构建循环发展体系

强化绿色发展理念。 充分发挥包装企业在推广适度包装、倡行理性消费中的桥梁、纽带和引导作用,促进设计、生产及使用者在包装全生命周期主动践行绿色发展理念,选择合适品种率先落实生产者责任延伸制度。落实国家循环发展引领计划和能源、资源消耗等总量与强度双控行动,完善计量、监测、统计等节能减排的基本手段,从原材料来源、生产、废弃物回收处理等全生命周期的资源消耗、能耗、排放等方面开展对包装品的环保综合评估。研究制定包装废弃物回收利用促进政策,依托再生资源回收体系,利用互联网、大数据和云计算等现代信息技术和手段,优化包装废弃物回收利用产业链。鼓励有条件的企业与上游生产商、销售商合作,利用现有物流体系,尝试构建包装废弃物逆向物流体系。

发展绿色包装材料。 加速推进绿色化、高性能包装材料的自主研发进程,研发一批填补国内空白的关键材料,突破绿色和高性能包装材料的应用及产业化瓶颈。研究制定绿色包装材料相关标准,建立包装材料选用的环保评价体系,重视包装材料研发、制备和使用全过程的环境友好性,推动绿色包装材料科技成果转化,推行使用低(无)VOCs含量的包装原辅材料,逐步推进包装全生命周期无毒无害。倡导包装品采用相同材质的材料,减少使用难以分类回收的复合材料。以可降解、可循环等材料为基材,发展系列与内装物相容性好的食品药品环保包装材料,提高食品药品包装安全性。突破工业品包装材料低碳制备技术,推广综合防护性能优异、可再生复用的包装新材料,增强工业品包装可靠性。促进包装材料产业军民深度融合,推动特殊领域包装材料绿色化提升。

推广绿色包装技术。 推行简约化、减量化、复用化及精细化包装设计技术,扶持包装企业开展生态(绿色)设计,积极应用生产质量品质高、资源能源消耗低、对人体健康和环境影响小、便于回收利用的绿色包装材料,提升覆盖包装全生命周期的科学设计能力。加大绿色包装关键材料、技术、装备、工艺及产品的研究力度,支持企业围绕包装废弃物的再次高效利用开展技术攻关。大力推广应用无溶剂、水性胶等环境友好型复合技术,倡导使用柔板印刷等低(无)VOCs排放的先进印刷工艺。重点开发和推广废塑料改性再造、废(碎)玻璃回收再利用、纸铝塑等复合材料分离,以及废纸(金属、塑料等)自动识别、分拣、脱墨等包装废弃物循环利用技术，采用先进节能和低碳环保技术改造传统产业，加强节能环保技术、工艺及装备的推广应用，推行企业循环式生产、产业循环式组合、园区循环式改造，推动企业生产方式绿色化。加强包装绿色制造企业与园区示范工程建设，建设一批绿色转型示范基地，形成一批引领性强、辐射作用大、竞争优势明显的重点企业、大型企业集团和产业集群。

四、保障措施

（一）完善包装管理体系

完善包装法律制度，从市场秩序、技术标准、信用体系等方面规范包装企业的生产经营行为，健全商品包装的生产、流通、销售、回收、利用等体系。推进以"节能减排，环境友好"为核心的绿色包装制度与法规建设，制定《包装行业清洁生产评价指标体系》，开展包装企业清洁生产水平的系统评价，推行包装绿色评估和绿色认证制度。加强包装企业和包装产品市场规范管理，加大包装知识产权的保护力度，加强对假冒伪劣产品、侵权行为的打击，协同上下游产业完善市场治理体系、优化产业发展环境，确保包装产业稳定、健康、可持续发展。

（二）加大政策支持力度

研究制定包装分类回收利用支持政策，支持将绿色包装产业列为国家重点鼓励发展的产业目录，加大对取得绿色包装认证的企业、创新型企业以及低成本、低能耗、近零排污包装工艺与设备研发的政策扶持力度，强化对核心技术的支持和品牌产品的推广，提高包装循环利用率。采取奖励、补助等方式，支持公共服务平台和应用示范项目建设。引导产业投资、风险投资等基金，支持创新产品研发和创新成果产业化，促进技术研发和成果孵化。支持行业组织搭建包装企业信用平台和金融服务平台，开展多种类型、多种形式的规范融资活动。

（三）强化教育科技支撑

推动包装教育体系的不断完善，加快包装产学研合作战略联盟建设，分类引导包装高等教育、职业教育、终身教育的有序发展，不断创新校企合作人才培养模式，扩大具有国际视野的高层次、复合型创新人才培养规模，加大应用型、军地两用型人才培养力度，加快技能型人才培养步伐，实现人才培养与行业发展的对接与匹配。支持建设包装产业技术研发中心、协同创新中心、产学研示范中心（基地）和科技成果孵化中心（基地）等，促进重大科技成果培育、产出与转化，为包装产业的转型发展提供强劲支撑。

（四）发挥行业组织作用

推动行业组织建设网络信息服务、科技创新服务、人才培养综合服务、面向政府的服务、国际交流合作等多元化、全链式的服务平台，建立包装行业数据库和信息共享机制，引导包装产业信息化示范区建设，提升行业组织的综合服务效能。加快构建以行业组织为主体、第三方机构为支撑、企业广泛参与、政府指导推动、社会监督协作的"五位一体"行业信用体系,建立包装企业诚信档案、行业信用数据库和企业信用等级评价制度,不断完善行业信用监管体制,创新行业信用评价模式。支持行业组织实施品牌战略,加快包装品牌的培育与推广。

五、组织实施

各地工业和信息化主管部门、商务部门要加强组织协调,可依据本指导意见,研究制定适合当地包装产业转型发展的具体实施方案或配套政策措施。各地行业组织要按照本指导意见,加强调查研究、协调沟通,围绕转型发展,编制包装产业发展规划,并加强规划的组织领导和有效实施,确保任务落实、措施到位。各企业要切实承担起落实本指导意见确定的各项任务的主体责任,结合企业实际细化落实,增强改善供给责任意识和主体作用,激发活力和创造力,推动包装产业转型升级、健康发展。

资料来源:中华人民共和国工业和信息化部　商务部,2016.12.

第九章

物流包装应用

学习目标

了解产品运输包装方案设计与优化的过程和关键要素；
了解新技术在物流包装中的应用，了解特殊产品对运输包装的要求；
了解B2C电商使用周转箱替代纸箱包装成本分析。

学习指导

认真阅读学习本章所列举的物流包装实际应用案例，关注物流包装发展前沿。

第一节 电子产品运输包装方案设计与优化

一、产品运输包装方案设计和优化的必要性

随着市场经济的飞速发展，制造行业面临着日益激烈的全球化竞争形势，降低产品的运输成本已成为企业的又一利润来源。现代化的产品运输系统，是利用先进的物流管理模式，结合有效的包装防护技术，为传统企业优化流程，调整结构，降低成本，控制风险，节约资源，提升服务品质发挥了重要的作用。产品的包装设计是产品运输的基石，是降低运输存储成本的首要条件，没有科学而合理的包装结构设计，就难以实现企业控制成本的目标。

从产品现有的运输环境来看，主要有陆路、水路、航空运输。其中航空运输快速灵活，费用高昂，并且在全球化的销售竞争环境中，航空运输的占

有率日益增加,降低航空运输费用成为包装设计成本控制的核心。

根据航空公司的规定,计费重量采用货物的总毛重或总的体积重量[体积重量也可以称为"体积重量比",它是运输行业内的一种计算轻泡货物重量的方法。体积重量是将货物体积通过折算公式,换算成货物相对重量。其折算公式是1∶6 000,也就是体积重量=体积(m^3)/0.006,重量单位为千克(kg)。],按两者之中较高的计算,即在货物体积小,重量大时,按实际重量进行计算;在货物体积大,重量小时,按照体积重量计算。因此,产品包装设计在考虑防护强度的前提下,需要考虑合理的体积重量来进行设计。

影响包装件体积重量设计的五要素,如图9-1所示。

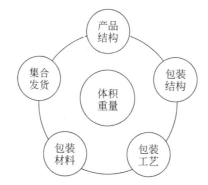

图9-1　影响包装件体积重量设计的五要素

二、麻醉机的包装结构优化案例

如何有效地控制包装件体积重量,优化产品的包装设计,来降低运输成本,可以从以下几个要素进行分析:包装结构、产品结构、包装材料、包装工艺、集合发货。以一款麻醉机的包装结构优化案例,从产品的特性分析,物流环境的调查,原有包装方案的优劣,以及新包装的成本优势,后续实际运输跟踪等,简单介绍包装结构优化常用的方式方法。

(一)产品特性分析

麻醉机是通过机械回路将麻醉药送入患者的肺泡,形成麻醉药气体分压,弥散到血液后,对中枢神经系统直接发生抑制作用,从而产生全身麻醉的效果。它主要由麻醉蒸发罐、流量计、折叠式风箱呼吸机、呼吸回路(含吸、呼气单向活瓣及手动气囊)、波纹管路等部件组成。麻醉机产品外观如图9-2所示。

麻醉机属于典型的中型电子设备,选配件繁多,尺寸重量较大,包装设计需解决的关键问题如下:

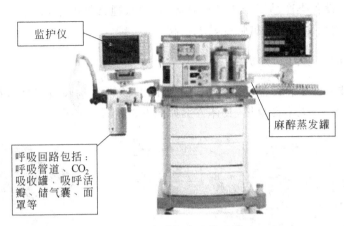

图 9-2 麻醉机产品外观图

（1）产品外形尺寸为 726 mm×630 mm×1 030 mm，标准配置的重量为 80 kg，属于中型电子设备，产品重量大体积小，运输计费重量为整个包装件的重量，需控制包装材料的重量，降低运输成本。

（2）选配件繁多，需考虑不同销售区域以及销售订单，会出现不同选配方案的包装需求。

（3）产品底部脚轮结构强度是否满足运输需求。

（4）整个产品重心偏上，直立放置易倾翻。

（5）易损件较多，如大屏幕、悬挂的呼吸回路、麻醉蒸发罐、流量计等。

（6）设备下部的抽屉为活动部件。

（7）底盘可受力的面积较小。

（二）物流环境分析

针对此款麻醉机的物流运输环境分析，其实主要是根据其销售订单的情况做具体分析。国内常规销售情况下，运输方式还是比较明确的，主要是以公路运输为主；复杂的是面向国际的外销订单，其主要的外销区域为欧盟、北美等国家；但是根据不同的情况，其外销的运输方式也有所不同，主要可分为以下三种类型：

（1）常规外销订单。常规外销运输方式主要以采用海洋运输为主。

（2）特殊外销订单。特殊外销订单主要是指订购交货地离港口过远或是紧急外销订单，这两种情况下，则会采用航空运输的方式。

（3）代理商销售订单。一般这种情况下，代理商销售订单的运输方式基本也是上述两种情况下的综合。但是代理销售会涉及代理商验货或者海关通关的情形，这是就需要包装方案可以支持重复性使用要求以及拆装便利的需求。

同时因医疗设备类产品属于非日常消费类产品,通常情况下,订单量小,单台发货的情况比较普遍,故而对包装防护强度要求较高。

(三)原有的包装方式分析

原有的包装方案是将产品底部固定,配合 EPE 缓冲结构吸收振动负荷,对产品进行防护,产品销售多年,无不良反馈,具体方案如图 9-3 和图 9-4 所示。

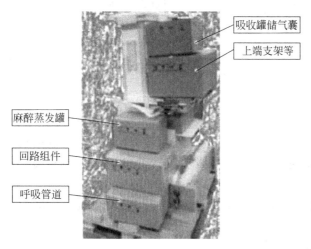

图 9-3　原包装方案　　　　　　　　图 9-4　原包装材料 3D 透视图

原方案是利用两个集束带将产品前后固定在木栈板上;四个脚轮受力,底部四周配合缓冲泡沫防护减少振动破坏;加配附件(麻醉蒸发罐、监护仪、上墙支架、吸收罐储气囊、呼吸管道等)利用瓦楞纸箱加缓冲材料单独包装,分别将纸箱堆放于主机右侧;把包装箱的顶盖板作为滑坡板,辅助将麻醉机移动至木栈板;采用重型瓦楞纸板围卡防止单独发货时的戳穿,以及对麻醉机倾翻时的防护。虽然原包装已使用两年,运输防护性能良好,但也存在如下不足:

(1)产品包装的空间利用率较低,包装内部虽然可以满足多种配置的包装发货,但是空间浪费率仍然偏高。

(2)包装材料成本较高。

(3)该方案中产品重心位置偏高,容易造成产品倾翻现象。

(4)包装物料过多,也相对零散,造成物料管理成本高。针对以上不足之处,同时考虑到原方案的可取之处,下面对包装方案进行进一步的优化设计。

(四)新的包装方案设计

如何有效地优化包装件的体积重量,降低包装成本,同时充分考虑到上述原方案的不足之处,新的优化方案将围绕着随机附件空间规划、包装材料减量化、多个物料的统一、方便使用这四个方面来进行详细阐述与介绍,新包装方案设计如图9-5所示。

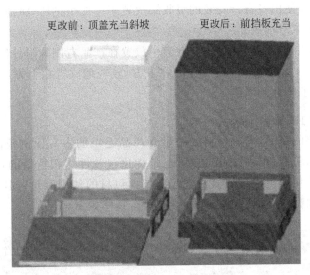

图 9-5　新旧包装材料对比

1. 随机附件空间规划

因原包装随机附件均使用产品线通用的包装材料,且不同附件包装箱尺寸偏差较大,统一堆放于产品右侧,空间使用率不高,新的包装设计根据随机附件的装配顺序,利用产品自身的储物空间,对随机附件的摆放重新规划,如图9-6所示。

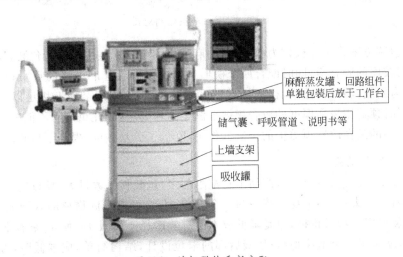

图 9-6　随机附件重新分配

直接插装的麻醉蒸发罐、回路组件分别用纸箱与缓冲泡沫包装后放置于麻醉机的工作台处；储气囊、呼吸管道、钥匙等重量较轻，以及易丢失的附件采用泡沫防护后放置于产品第一个抽屉；将需使用者自行安装的吸收罐放置于第二个抽屉；将需安装且重量较大的上墙支架放置于第三个抽屉。

经过这样的空间配置优化，将原有方案中放置在产品右侧的附件位置取消，整个包装件的体积降低 15%；通过将较重附件放置在下方，较轻地放置在上方，这也使得整个产品的重心下移，减少了倾翻的风险。

2. 包装材料的减量化

采用木箱包装的产品，木质材料的重量在产品毛重的占有比例很高，通常高达 20% 以上，因此，减少木包装材料的使用数量，也是优化包装件体积重量的重要途径。新的包装结构不仅通过优化随机附件的放置空间来减少包材的使用数量，同时对顶盖结构以及木栈板结构进行调整，精减包装材料的使用数量，具体如图 9-7 所示。

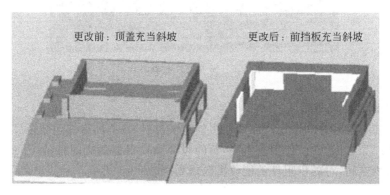

图 9-7　新旧栈板结构对比

原有包装方案将顶盖板作为斜坡，辅助麻醉机移位至木栈板上进行包装；顶盖尺寸较大，需使用较厚的胶合板，同时配合四个楔形块才能足够支撑麻醉机的重量；新方案中将前挡板作为斜坡，斜坡尺寸小，根据材料力学计算可知，使用两个楔形块足以支撑麻醉机的重量，同时顶盖用较薄厚度的胶合板即可满足运输要求，如此更改后不但减少了木材的用量，更重要的是在放置顶盖板的包装操作中，降低了劳动强度，提高了包装的易用性。

3. 多个物料的统一

在中大型产品包装过程中，产品本身配附件多，包装材料数量大，导致物料管理烦琐，零碎的物料易丢失；将多个物料统一为一个物料，不仅可以降低物料的管理成本，同时也降低了包装材料的购买价格，也是降低成本的有效途径。如图 9-8 所示，将防护泡沫粘贴于栈板上，减少了三个泡沫物料；栈板后部的卡位设计，结构简单，成本低廉，可节省一根集束带的使用。

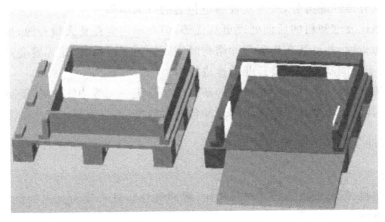

图 9-8 新旧栈板物料整合

4. 方便使用

在产品的打包和运输过程中,包装易用性的设计不仅仅可以降低劳动强度,更重要的是节省工时,减少特殊工具的使用。新的包装方案减少顶盖的重量;瓦楞纸板围卡的易开启结构设计;木栈板的木卡位设计,减少了一根集束带的使用;将泡沫与木栈板统一等方面的优化,总体将打包工时降低了 25%。

新的包装方案在原有的包装结构的基础上,通过四个方面的优化设计:减少包装材料的使用,优化随机附件的空间配置,将不同物料进行合并,减少物料数量,增强打包操作的便利性。将产品包装后的重量从 125 kg 降至 106 kg,体积减小了 15%;使得包装材料的采购价格降低了 32%。在整套新方案通过 ISTA-2A 的一系列模拟运输测试后,交付使用;实际上采用优化包装方案后,该产品销售至今三年里无关于运输包装的不良反馈,也证明优化后方案的使用性与保护性。

在制造行业日益精细化的大环境下,降低物流运输成本已成为企业利润的第三个来源。将合理的运输包装体积重量作为设计目标,从包装材料、方案结构、制造工艺、集合发货等途径来实现设计目标,降低产品的运输成本也不再是难题。

第二节　新技术在物流运输包装中应用举例

一、缓冲气柱袋在运输包装中的应用设计

缓冲包装是电子产品、家用电器、仪器仪表、玻璃陶瓷等各种易损易碎物品运输过程中不可缺少的一部分,对产品运输安全起着重要的作用。目前,常用的缓冲包装材料主要有发泡塑料、纸板等。随着绿色包装的兴起和"限塑令"的实施,发泡塑料由于无法自然分

解且燃烧时具有毒性等劣势,成为实现绿色包装的巨大阻碍。

纸板虽然比发泡塑料的后期处理更具优势,但在前期需耗费大量资源,生产过程中也具有一定的污染性,并且其在作为缓冲结构时需要进行多次折叠,这无疑会造成人力资源的浪费,不利于智能制造在包装行业的推进。

在这种情况下,一种自然空气填充的新型包装系统——缓冲气柱袋,受到了行业人士的重视,如今其已成为最具环保概念的缓冲包装材料之一,且表现出极大的发展潜力。

(一)缓冲气柱袋的优势与应用

1. 优势

与泡沫塑料、蜂窝纸板等缓冲材料相比,缓冲气柱袋具有较为突出的优势,主要表现在如下几个方面。

1)结构简单

对于质量较轻的产品,只需根据产品的外形尺寸合理选择缓冲气柱袋的尺寸,并将其充入气体,裹包在产品周围,放入纸箱以供运输和销售即可。

2)应用范围广

缓冲气柱袋具有良好的回弹性、温湿度稳定性、吸湿性、防震性,可广泛应用于电子、食品、文物和仪器仪表等产品的运输过程。

3)优良的社会和经济效益

缓冲气柱袋的优良缓冲性有效避免了产品(尤其是精密仪器、易碎品及军工产品等)在储运过程中的损坏,减小了经济损失,而且缓冲气柱袋的原料便宜,加工设备简单,既降低了包装成本,又提高了产品利润。

4)良好的环保效益

相比泡沫塑料,缓冲气柱使用量少,而且,废弃的缓冲气柱袋薄膜可以回收再利用,减小了对环境的污染,具有良好的环保效益。

2. 应用功能

缓冲气柱袋最早出现于法国,主要应用于红酒包装(图 9-9),可避免红酒在运输途中发生碰撞损害。如今,缓冲气柱袋的应用领域已经非常广泛,凡是运输过程中需要缓冲保护的产品几乎都能使用,归纳起来主要有以下两种应用功能。

1)缓冲和防震功能

缓冲气柱袋的刚性会随着压缩量的变大而增大,因此其承载能力范围较大,具有良好

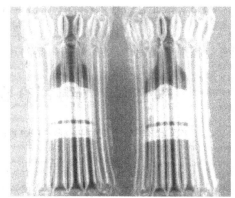

图 9-9 红酒缓冲气袋柱包装

的缓冲性能。在流通程中的防潮也是基本要求之一,采用缓冲气柱袋包装,在为这些产品提供良好缓冲的同时还能有效防潮。而对于木制家具等在搬运中容易因磕碰和摩擦而掉漆的商品来说,使用缓冲气柱袋则能有效防止产品在包装内的移动,贴体保护产品,使其免于磕碰和摩擦,对产品表面起到很好的防护作用。

2) 快捷功能

缓冲气柱袋在充气前为几张纸的厚度,卷料放置不会占用过多的仓储空间。使用时只需通过充气口充入空气便可直接使用(图 9-10),操作简单、快捷,质量轻,可显著减轻包装人员和快递人员的负担。

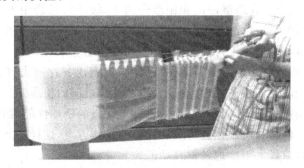

图 9-10　方便快捷的充气操作

(二)缓冲气柱袋设计和应用时存在的问题

尽管关于缓冲气柱袋的性能研究已经非常深入,但从其包装设计的科学视角和工程应用视角来看,还存在一些问题亟待解决。

1. 缺少缓冲气柱袋设计的具体参考方法

目前,有关缓冲气柱袋性能的大部分研究均以试验法为主,缺乏定量分析充气气压、气室直径和气室长度等参数对缓冲性能的影响,难以真正用来指导缓冲设计和应用。即使提出了一些数学模型,也相当复杂,对于工程应用人员来说,公式太过晦涩,难以实现落地性的指导作用。

目前,缓冲气柱袋的充气压力仍是随意填充,根据经验粗略确定。这能够满足普通产品的基本要求,但对于高精密贵重电子仪器等产品来说,这种粗略的填充方法难以提供最优的缓冲效果,充气压力过大时,气柱袋极易在挤压下发生爆破,反而会对产品造成一定的冲击伤害。

可见,充气压力对缓冲性能的影响非常显著,要使缓冲气柱袋对内装物提供最佳的缓冲效果,需要依据缓冲气柱袋材料的脆值等特性,通过较为严密的计算,合理确定充气气压。但截至目前,在包装行业内,尚未推出可供行业人士参考的关于缓冲气柱袋具体设计的统一方法和具体步骤。

2. 气柱袋防震性能的研究不足

从目前的研究来看,人们对缓冲气柱袋振动特性的研究还明显不足,产品运输过程中,随着内装物对缓冲气柱袋的压缩,导致其刚性表现出时变性,即在受到不同载荷作用时,缓冲气柱袋具有不同的刚性,从而对包装系统的固有频率造成一定影响。缓冲气柱袋振动传递性能的影响因素较为复杂,且目前对这一特性的研究还有待进一步深入。

3. 基于空气动力学理论的气柱袋

缓冲性能尚待研究。在跌落冲击和振动作用下,缓冲气柱袋中的气体会发生高速流动,这种情况下,以静压缩过程分析气体缓冲包装的能量吸收性能和缓冲性能的结果会偏于保守,气柱袋的缓冲机理并未得到完全揭示。因此,还应该对缓冲气柱袋中密闭空气在高速冲击和振动作用下的动态力学性能进行研究,以获得其在冲击过程中的动应力和应变,建立缓冲气柱袋的本构模型,从而提高其缓冲性能表征的精准性。

对此,可以利用空气动力学理论系统地研究气柱袋的缓冲性能,揭示缓冲性能与气柱袋参数的数学关系,探索利用气体进行缓冲保护的具体方案,这样才能使缓冲气柱袋的设计和应用更为科学,以最大限度地发挥其功能。

二、人工智能技术在金属容器包装中的应用与创新

金属容器包装即由金属薄板制造而成的容器薄壁包装,随着其应用范围的不断扩大和研究的不断深入,现阶段应用的金属容器包装在材料、样式等方面均实现了多样化发展,如马口铁罐可生产出三片锡焊罐、二片冲拔罐等;铝罐可生产成三片黏接罐、二片冲拔罐等类型。各种类型的金属容器包装在生产的过程中,通常都要经过空罐、装罐、排气、封罐、杀菌冷却、贴标装箱等工艺,而且各工艺的要求非常规范,为保证金属容器包装的生产效率和质量,人们尝试将人工智能技术应用于金属容器包装中。

(一)人工智能技术在金属容器包装中的应用现状

人工智能技术即在了解智能实质的基础上,生产新的、能以人类智能相似方式对客观环境做出反应的智能机器的相关技术,如智能机器人、模式识别与智能系统、虚拟现实技术、系统仿真技术等。此技术在金属容器包装中的应用主要体现在以下方面:

1. 智能机器人在金属容器包装中的应用

近年来智能机器人在金属容器包装中应用的比例不断扩大,已经从2010年的11.3%提升到2016年的21.2%,在金属容器包装的过程中,要准确地对零散的物品进行分类并安全地放置在金属容器包装中,这对操作机器人的灵活性、准确性、视觉能力和计算能力等方面均具有较高的要求。现阶段在金属容器包装中应用的智能机器人主要包括以下

三种：

(1) 装袋机器人。装袋机器人以固定回转基座和360°旋转机身以及机械手为主要构成，图9-11所示为常见机械手图片。在运行的过程中，需要机械手自行完成金属容器的输送、开启、计量、填充、封闭和堆码等操作。此类机器人在进行金属容器包装的过程中，要按照设定的程序，灵活地应对金属容器包装过程中可能存在的各类情况，智能化水平要求非常高。

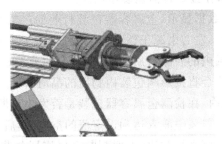

图9-11　现阶段在金属容器包装装箱阶段常用的智能机器人手臂

(2) 装箱机器人。在金属容器包装过程中，应用的通常为刚性包装箱机器人，通过吸附或直接抓取已经包装好的金属容器，将其移动到指定的包装箱中，此类机器人要具有位置调节和方向辨识等人工智能。

(3) 灌装机器人。在金属容器包装中填充完物品后，需要利用此类机器人进行计量、输盖和压盖、识别，要保证金属容器包装的质量，此类机器人不仅要具有自动识别容器内是否具有满足设定品质要求的物品，而且要判断容器是否产生破损等问题，所以对其模式识别与智能系统设计、计算机感知技术应用等方面具有较高的要求。

虽然现阶段在塑料容器包装等方面尝试应用了包装输送机器人，使容器在受力后按照设定的抛物线移动，但在金属容器包装方面，考虑到金属容器可能会因受力破损或变形，所以现阶段并未得到广泛的应用。

2. 专家系统在金属容器包装中的应用

我国2015年金属容器包装制造出口交货值由8.25万元提升到40.37亿元，可见金属容器包装生产的效率得到了大幅提升，这与我国在金属容器包装设计到生产的过程中，应用智能专家系统具有密切的关系。在金属容器包装进行前，可以利用专家系统中的智能包装设计模块根据存储于产品数据管理系统中的金属容器包装数据要求，确定具体的包装形式，如防护包装、单元包装数量、外包装、包装标志、包装件实验检验等。

在以上智能设计完成后，可以通过专家系统的人机接口，对设计的方案进行评价调度，并针对系统提供的多个相似的包装设计方案进行优选和排序，确定最优的金属容器包装方案。然后按照专家系统对金属容器包装各环节的数据设置，实现金属容器包装从设计到生产全过程的自动化、规范化,如金属容器在流通阶段的缓冲包装可以用专家系统中以知识库为基础的缓冲包装 CAD 控制和实现。但需要注意的是,由于不同金属容器包装阶段,对专家系统内具体数据信息的设置要求存在差异,所以在此技术应用的过程中,对各环节信息的把握能力要求非常高,如知识的获取、表达、集成、协调管理、冲突决策等各方面。

3. 智能识别渗漏技术在金属容器包装中的应用

我国包装联合会统计数据显示,金属容器包装行业的产值几乎达到我国包装产业总产值的 10%,其产值中 33% 左右来源于饮料罐、12% 来源于食品罐、11% 来源于化工罐,而饮料罐、食品罐和化工罐内的产品特质决定,此类金属容器包装在应用的过程中,不能发生渗漏等问题,否则可能会直接影响包装内物质的品质,甚至造成更加严重的后果。

在过去较长一段时间内,在检测金属容器包装是否发生渗漏的过程中,采用压力衰减法,即先向检测的金属容器包装中灌入达到设定值的空气,然后对容器内空气的压力进行检测,将检测的结果与预定值进行对比,进而判断金属容器包装是否产生渗漏,此种方式虽然可以达到检测渗漏的效果,但导致检测任务加重,特别是在金属容器包装市场需求量快速提升的情况下,缺陷逐渐显现。

人们尝试将自动识别技术应用于金属容器包装渗漏的检测中,即先将被测试的金属容器放置在下层传感器上,由上层传感器对此被测金属容器包装的受测区域进行力的施加,通过读取位于下层传送器循环入口和出口的重力天平,在被测金属容器施加力前后的数值变化,判断金属容器包装是否产生渗漏的技术。

如果检测中自动识别系统发现施力后重力天平读取的数据等于或小于施力前的数据则判定其为合格的金属容器包装,否则会由下层传感器直接将其输送至不合格产品区。可见整个识别过程快捷、可操作,数据读取、力的施加、不合格产品运输等环节均可以通过自动识别系统完成,不仅有效地防止了金属容器包装渗漏问题发生,而且满足了我国对金属容器包装效率的要求。

(二)人工智能技术在金属容器包装中的应用创新

现阶段我国在金属容器包装领域已经尝试应用人工智能技术,而且已经取得了一定的成效,对提升金属容器包装的质量、效率等方面均具有积极的作用。但随着人工智能技术的发展和金属容器包装市场需求的快速增加,金属容器包装领域应用的人工智能技术也需要不断地创新,可以从以下几个方面进行:

1. 金属制罐行业创新应用人工智能技术

在现阶段人们尝试应用卷封过程自动化,可操作性强且安全系数较高的全自动封罐机进行金属容器包装的加工,但此技术在应用的过程中,并不能精准地控制压封过程中金属容器包装的受力,会在一定程度上增加金属容器包装的不合格率,所以在金属制罐行业封罐操作的过程中可以将专家系统技术创新性地应用,结合专家系统内存储的已有数据和数据变化等,有效地优化对金属容器包装施加的密封受力,可以提升金属制罐的合格率。

2. 电气自动化方面创新应用人工智能技术

现阶段人们已经将人工智能技术应用在直流传动和交流传动控制的过程中,如模糊逻辑控制技术、人工神经网络控制技术等,对降低企业生产成本、增加生产效率等方面具有积极的作用,但随着近年来数字控制理念的不断发展和健全,在现有人工智能技术的基础上,开发更加具有针对性的人工智能软件对提升金属容器包装的生产控制效果意义更加突出,所以这也是金属容器包装创新的重要方面。

3. 机器人技术研发设计过程中创新应用人工智能技术

现阶段虽然在金属容器包装过程中使用了多种智能机器人,但现阶段在金属容器包装运输方面可应用的智能机器人仍较少,我国应创新设计具有装配演示系统和视觉系统的机器人,提升金属容器包装的效率、稳定性及合格率,并降低针对性的管理和人工成本。

第三节　博物馆藏品在运输中的包装保护

博物馆藏品是国家宝贵的科学文化财产,妥善保护和科学管理博物馆的藏品,是博物馆各项工作中的基础业务。近年来,中国的博物馆事业有了很大的发展。各地中小博物馆都进行了改建和扩建,这就需要大范围包装、运输藏品。此外,馆内藏品展览、换展、业务研究等各方面都涉及藏品的包装运输。藏品在包装、移动、运输过程中大大增加了损坏的风险。藏品也由静态保管变为动态保管,增加了保管难度。因此,在藏品的包装运输的每各个环节上都要做好保护工作,确保藏品安全。

藏品包装就是藏品包装人员利用各种主要和辅助包装材料,采用科学环保的包装方法,对被包装藏品进行的无害化包装。它有效地使包装箱内藏品的保存环境恒定,符合科学保存条件,使藏品本身所具有的历史、艺术、科学价值不受任何影响和损坏。

藏品运输就是对需要提取使用的藏品进行搬运、转移、运输。运输要求防失窃、防破坏、选择适合的运输交通工具运送。对相当脆弱的藏品,应当拒绝运输,对不得不搬迁的藏品,要分级别做好运输工作。

一、参与藏品包装工作的人员资格条件

根据国家文物局颁布的《出国(境)文物展品包装工作规范》第五条、第六条规定:"举办出国(境)文物展览的单位,从事藏品出境包装的工作人员必须经国家文物局(或指定机

构举办的专业技术培训班培训),并经考核获得资格证书后,方能从事包装工作。除具备良好的身体条件外,包装工作人员要不辞辛苦,爱护文物,具有强烈的责任心。"

二、藏品运输前的包装保护

(一)藏品包装原则

藏品包装的原则包括:安全性、真实性、选择性、科学性、环保性。安全性原则适用在每个包装过程中,不能使藏品在各种包装环节中损坏。为确保安全,选择的包装材料要进行必要的杀菌、杀虫处理,直接包裹藏品的材料要环保,避免其有害化学物质对藏品表面及内部造成渗透和腐蚀,改变藏品本身性状。真实性原则要求包装过程对藏品本身所具备的各类信息记录真实、完整。选择性原则是指对包装对象的选择。

不是所有藏品都适合于包装,对保存状况不佳,残损严重的藏品,包装人员不可强行包装,从而对藏品在以后的运输中出现损坏造成隐患。科学性原则是指包装藏品要遵从科学理论,讲求科学方法,应用新的科技成果,采用安全的工艺手段,这样才能更好地保护藏品。环保性是指在保证包装安全的基础上减少废弃物,增强无污染意识和环保意识,尽可能使用易于降解,可回收重复利用的绿色包装物,减少浪费,增加重复利用率。

(二)藏品包装的保护目的

(1)做好藏品包装工作,可防止在运输过程中藏品免受振动、撞击等外力作用对藏品的损坏。

(2)做好藏品包装工作,还可防控运输过程中周围环境因素改变对藏品的损坏,使藏品动态保存在一个相对封闭、恒温、恒湿,无有害气体、灰尘、雨雪等对藏品的腐蚀,采取防潮、防水、防霉、防虫等包装方法,以保证藏品安全。

(三)藏品包装材料

藏品包装采用的材料可分为主要包装材料和辅助包装材料。主要包装材料是指在包装藏品时使用量较大,在包装过程中起主要作用的材料,如夹心板、多层板、木材等。如果使用木材做包装材料在使用前要经高温灭菌处理,因为原木本身含虫卵和挥发乙酸,对藏品有腐蚀作用。

辅助包装材料是在包装过程中使用量较少,可促进包装工艺的进一步完善,提升藏品包装的密封性,在包装过程中不可缺少的辅助性包装材料,如衬垫、绵纸、黏合剂、捆扎带、防潮密封条、标签、螺钉、防潮剂、防虫剂等。藏品表面包装可包装缠绕一层棉纸,以起到保护器物表层,防震、防移位的作用,禁止使用报纸、牛皮纸。

(四)藏品包装结构

藏品包装结构包括外包装箱和内包装箱(或藏品原有囊匣)。

1. 内包装

目前,国内博物馆藏品在存放时,单件藏品一般存放于囊匣中。囊匣就是根据藏品个体的材质、器形、重量等因素,选用多种环保材料制成的藏品外包装容器,一般为盒状。在运输前包装过程中,可以把它作为内包装箱。如果原有藏品带有囊匣,可在运输包装中节省不少步骤。

小贴士

囊匣的制作有悠久的历史传统,古代劳动人民巧妙地根据每件文物性质设计制作出保护它们的外包装容器,也是中国传统手工艺品,与文物相伴而生。博物馆里适合配囊匣的藏品种类繁多。为科学保护好藏品,我们可以为不同种类的藏品设计、制作不同品式和结构的囊匣。这样可以有效地保护好藏品主体的安全性,更重要的是细微的囊匣设计可以保护好藏品薄弱之处的安全,如口沿、耳、颈、把、底等易损坏部位。因为这些地方更容易在搬移、运输时发生损坏。每一件精致的藏品囊匣,可以使藏品在保管和运输中起到防震、防尘、防风、防潮之功效。

大型博物馆因藏品数量众多,藏的保管工作重要性突显。其中选用的种类有软囊、挖囊、暗格式软囊、明格多囊式、多层组合式、软囊附加闷盖式、软囊附加扣囊式、硬囊加配掩门式、软里式、硬里式等。制作方式依每件藏品的具体情况来制定,目的就是使藏品得到有效保护,使藏品在囊匣内位置固定而不会轻易位移,即使在突发情况出现时,保护藏品各部不因受力不均而损坏。

2. 外包装

外包装箱是为保护藏品,在运输当前制作的最外层保护箱体,按内部结构分两种:集装箱式外包装箱和直接式外包装箱。集装箱式内可放多个内包装箱,直接式外包装箱内只装一件藏品。国家文物局《出国(境)文物展品包装工作规范》中对外包装箱的尺寸规格:空运外包装箱尺寸规格:[长×宽×高(单位:cm)]①157×105×160;②157×105×80;③79×105×80。

陆运外包装箱的尺寸规格:[长×宽×高(单位:cm)]①不超过1190×220×225;②不超过590×220×225。箱体材料为多层板,禁止使用未经高温处理的原木为材料。箱内防水层使用的塑料布应在0.05 mm以上,防震层厚度应达2~5 cm,外包装箱表面不应有突出的锁扣,以免外包装箱在搬运过程中时发生剐蹭现象,造成箱体安全隐患。内包装箱和外包装箱之间应用防震减压的填充物填实,不得留空隙。直接式外包装箱系指一些分量较重,体积较大的藏品直接包装于箱体内部。其应选用质地坚实板材、复合板,厚度达到 1.2～2 cm,防震层要加厚,四周和顶面应达到 3～5 cm,底面应达到 7～8 cm。内包装箱(或囊匣)尺寸依藏品大小而定。箱体材料为多层板或达到国际标准的瓦楞纸板。防震层材料应选用中密度吹塑板为宜。

三、包装藏品一般采用的方法

博物馆藏品通常采用以下包装方法。

1. 悬空减震法

箱内立支架,将藏品置于支架上架空,然后固定于其上。

2. 捆扎法

先将两块多层板做成直角形框,再将藏品放置其上用带子把藏品捆扎在背板上。

3. 点式固定法

在箱内壁选两组对称点,粘贴高、中密度吹塑板块,以使展品固定于箱中。

4. 镟挖法

依照展品的形状,在较厚的中密度板上镟挖出凹槽,将器物放置其中,使之不移位。此种方法适用于小件玉器、瓷器、金银器,以及形状不规则的展品。根据实际情况也可多种方法结合使用。

四、藏品包装信息的编制

博物馆藏品包装箱内藏品信息的编制:包装工作人员应在封箱前对箱内藏品进行清点,认真核对箱内藏品数量、名称、完好程度,并填写好包装标签,列出核对的藏品的基本信息,并附上藏品照片。

藏品包装、运输操作信息的编制:根据藏品的包装方法,考虑运输过程中的各种不安全因素,编制藏品运输、装卸及包装拆解操作规程信息,以及包装拆解的顺序表。

相关辅助信息的编制:包装运输标志。主要包括易碎、防雨、向上、严禁挤压等标志,并注明在不易被擦掉且醒目的地方。

五、藏品包装程序

博物馆藏品包装程序依次为:先制作内包装箱及外包装箱,然后将藏品包装好放在囊匣或内包装箱内,一般按上小下大、上轻下重的顺序再放入外包装箱内。其过程可应用多种适宜方法,选用适宜包装材料,不同种类藏品区别对待,包装人员要用心设计,目的就是确保藏品安全,保证万无一失。

第四节　B2C 电商使用周转箱替代纸箱包装成本分析

随着我国经济的蓬勃发展,居民人均可支配收入逐年提高,我国人民的消费水平稳步上升,人民群众有更多的钱可以购买各种商品,从而提高自己的生活水平,促进社会经济的发展。进入 21 世纪以后,我国互联网高速发展,已经成为推动我国经济发展及社会进步的重要工具。互联网把人与人通过计算机连接起来,从而使互联网迅速渗透到社会生活及经济活动的各个领域。

社会的信息化的进步,使得互联网服务的产业高速发展,尤其是电子商务公司,借助互联网发展的春风,高速发展。现在我国已经形成了以淘宝、京东、卓越亚马逊、当当网为龙头的 B2C 电子商务公司。此类电子商务公司的出现和发展,极大地冲击了传统的商业模式,让人们可以轻松地实现网络购物。

一、B2C 电商的包装成本结构分析

与传统的商铺运营模式不同,电子商城可以租用成本较低的仓库,通过第三方或者自有的配送公司,直接把商品快递到客户手中,节省了传统商业模式中商铺的房租成本、人力和库存成本,从而降低了居民的购物成本。但是客户在互联网上订购商品后,电商需要使用合适的包装去打包商品并发送到客户手中,这部分成本却是传统商铺所没有的一部分成本。电商的包装成本一般包含客户订单、调拨包装和干线运输二次包装三项成本。

1. 客户订单包装成本

传统的商铺销售商品的模式,客户大多在商铺现场,商铺不需要将客户商品用包装箱包好再卖给客户。对于电商来说就大大的不同了,客户在网上选好商品后,电商需要用纸箱或者塑料袋对商品进行包装和保护,通过各种运输方式,送达客户指定收货地址。B2C 电商的特殊性决定了它必须承担这部分成本。实际的生产中,电商为了尽可能地优化包装效率,往往会有几种或者几十种大小的纸盒类型以满足各种商品的包装要求。

2. 调拨包装成本

一般来说,电子商务公司在全国各地都有自己的仓库。电商会根据市场的需求、供应商的工厂地址、及时满足客户订单要求(当日达、次日达)以及每个仓库仓储容量在仓库配备合适的商品类别及商品库存。当客户在电商网站上订购商品后,电商会通过网站后台的数据处理中心自动分配客户订单到不同的仓储中心。在分配的过程中,电商往往会使用最便捷的靠近客户收货地址的仓库向客户发货,以期达到最大程度地满足客户送货需求和使用最少物流运送费用。

由于电商的仓库分布在全国各地,每个仓库的仓储容量、库存商品都不同,本地仓库

可能不能完全满足当地客户的需求,这时就需要电商的供应链管理部门从其他的仓库调货。客户每天的订单量巨大,需要调货的客户也多,仓库之间的调拨量非常大。这类客户订单调货往往是单品、散件,单独包装运输费用昂贵,电商往往会把每天的调货商品汇总到一起包装并运出。

当前,我国的电商仍处于高速扩张的时期,电商的供应链管理部门很难做到准确地预测各个地区的客户订单需求,仓库之间的调货行为不可避免,且会长期存在。据研究表明,调货运输的包装成本占电商每年的包装预算15%左右,大多数的电商调拨运输的包装纸盒成本在5~6元人民币。

3. 干线运输二次包装成本

干线运输是指从仓库到分拣中心的客户订单运输,是客户订单送达客户的重要环节。当订单抵达仓库后,通过拣货、包装、检验等一系列的过程,客户网上订购的商品会被包装成客户接收时的包装形态。由于电商经过多年的发展,经营的业务范围往往非常广泛,再加上客户订单的多样性,客户接收状态的包装外形往往有几十甚至几百种。不管是自有干线运输车队的电商还是由第三方承运干线运输的电商,在仓库向运输车辆装车时,交接效率是非常重要的衡量标准。包裹运输过程中,对包装外形和包裹安全又有极高的要求,如果仓库按照客户订单与承运商按单交接,耗时耗力,效率低下,很难满足客户需要的及时收货需求。

B2C电商市场竞争激烈,各家电商大都希望通过缩短送达时间,提高送货效率来提供更好的客户体验。客户订单包裹进行二次包装,对提高交接效率异常重要,是必须存在的。为此,大多数的电商都会选择对这些客户订单包裹进行二次包装,以减少交接时间,提高生产效率,及时满足客户订单需求,降低运输破损。

据研究表明,二次包装客户订单,每年占电商包装总费用的20%左右,干线运输的平均纸箱成本与调拨纸箱成本类似,平均为5~6元人民币。在电商的包装成本里面,除了客户订单的包装会抵达最终的客户手中外,干线运输和调拨运输的包装都不直接为电商的客户服务。而这两部分的成本却占据了电商每年包装预算的35%左右的成本,通过使用可循环使用的周转箱,降低这两部分的包装成本,对于提高电商的竞争力,在激烈的电商竞争中生存下来具有重要意义。

二、可循环使用周转箱的成本分析

物流行业里,周转箱也叫物流箱,广泛用于机械、汽车、家电、轻工、电子等行业,能耐酸耐碱耐油污,无毒无味,清洁方便,周转便捷,可堆叠,便于管理。合理设计的周转箱,适用于物流中的运输、配送、存储等环节。对于电商来说,便捷设计的周转箱,可被应用于仓库内部上架、拣货等工作环节,特殊设计的可防盗的周转箱完全满足电商的干线运输的二次包装需求和货物调拨周转的需求。通常来讲,塑料周转箱都是可以折叠的,这样在空箱运输和在仓库堆放的时候,就可以极大地节省运输体积和仓储成本。

1. 周转箱的购买成本

周转箱的购买成本大概在 160 元人民币,对比纸箱的 5～6 元每个的成本,周转箱循环使用 30～40 次,即可收回周转箱的采购成本。大部分的周转箱都可循环使用 10 000 次以上。相比纸箱,可循环周转箱在采购成本上具有较大优势。

2. 增加的运输成本

在使用周转箱时,由于周转箱的壁厚较纸箱厚,相同容量的周转箱比相同容量的纸箱体积大,在运输同样数量(体积)的商品时,使用周转箱运输会比使用纸箱运输占据更多的运输体积。大多数的电商与承运商大多签订的是体积价格,运输体积增加,就意味着会运输费用的增加。实验数据表明,同等容量的周转箱和纸箱,周转箱会比纸箱多 30% 左右的体积,也就意味着会增加 30% 左右的运输成本。

3. 空箱调拨成本

空箱调拨的需要分成两种情况:干线运输和调拨运输。对于干线运输来说,由于无论使用纸箱还是周转箱,电商都会面临客户退换货的问题。干线运输承运商往往会免费载回 B2C 电商的退换货,同理,也可以要求承运商免费拉回周转箱,因此应用于干线运输的周转箱返回运输时,成本几乎为零。对于调拨运输来说,由于各个仓库的点位不同,在仓库之间的调拨量会出现不平衡,有的地方会紧缺空周转箱,有些地方会累积周转箱。这时,就需要合理的周转箱管理程序对周转箱进行管理。

由于仓库之间的调拨车辆与干线运输不同,在仓库的调拨量出现极大的不平衡时,空箱运输就需要雇用其他车辆才能满足及时调整仓库的空箱需求。各个仓库之间的空箱调拨并不用从调拨入库房返回调拨出库房,通过运筹学的算法,可以找到调拨网络内最省钱的空箱调拨方式。由于各家电商的运营模式不同,全国仓库布局不同,很难客观地评价各家电商的空箱调拨的成本。

4. 周转箱跟踪管理成本

当电商在使用周转箱的时候,需要监控每个仓库的周转箱库存,基于目前的技术水平,电商可以选择使用 RFID 技术或者仓库手工盘点周转箱数。使用 RFID 技术跟踪周转箱,主要的投入将是在 RFID 标签上,以普通的 Inlay 标签为例,如果要货量超过 10 个的话,则单个标签可降到 1 元以下。

当电商拥有的周转箱数量不大时,对 RFID 标签需求有限,使用 RFID 技术则不划算,这时可采用人工的跟踪方式。这样每个仓库的操作员每天都需要盘点并汇报代表仓库的周转箱流入流出数量,以及该仓库库存的周转箱数量。一般来说,跟踪管理系统的初期投入会很大,如果电商的调货业务量不大,调拨数量不够多,较大的管理系统投入,会使得使用周转箱的运营成本过高。

5. 周转箱维修成本

在周转箱的日常使用过程中,周转箱难免会有破损,这就需要一套合适的日常维护体系,及时地对有破损的周转箱进行维修,以确保不会因为周转箱破损造成周转箱短缺,以及避免破损的周转箱无人管理,最终发生丢失。市场上的周转箱部分是一体成型,坚固耐用,但是一旦破损就不能继续使用,这类周转箱在计算时不应考虑其维修成本。

6. 周转箱清洁成本

周转箱在电商的物流系统内部流转时,由于仓储和运输环境参差不齐,使用时间一长,周转箱就会变脏,从而影响客户订单的包装质量。这时,周转箱定期清洁和整理就非常必要了。电商往往会有大量的周转箱运转在物流系统内部,清理清洁成本也是一笔不小的开支。

7. 空箱仓储成本

折叠后的周转箱体积比折叠后的纸箱体积大很多,在相同的用量情况下,用来存储周转箱的仓库面积比用来存储纸箱占用的仓库面积大得多。在进行替换的时候,也必须考虑这个方面的成本。当然,由于电商仓库的房租通常都是年付的,如果仓库有空余的空间可以存储空箱,仓储的成本应当为沉没成本,不应计入周转箱成本。如果电商仓库没有剩余的空间,需要占用其他业务的空间,这时就需要计算影响到业务的收益,此时为机会成本,在计算时需要计入这部分成本。

综上所述,如果在电商的仓库网络中实施周转箱,成本核算时需要考虑周转箱采购成本、相对纸箱增加的运输成本、空箱运输成本、跟踪管理成本、维修成本、清洁成本和空箱仓储成本。

参考文献

[1] 张如云.绿色物流——现代物流的发展方向[J].企业研究,2004.
[2] 张莉萍,曹晖.改进钢材产品包装质量方法的实践[J].冶金标准化与质量,2006.
[3] 陆佳平.包装标准化与质量法规[M].北京:印刷工业出版社,2007.
[4] 罗松涛.物流包装[M].北京:清华大学出版社,2010.
[5] 董金狮,王鹏.限制商品过度包装将缓解我国垃圾围城[J].中国包装,2010.
[6] 李作聚.回收物流实务[M].北京:清华大学出版社,2011.
[7] 陈兰芳,张燕.垃圾分类回收行为研究现状及其关键问题[J].生态经济,2012.
[8] 叶翀,庄文娟,陈婷.我国物流包装的发展现状及问题初探[J].物流工程与管理,2012.
[9] 郭彦峰.包装物流技术[M].2版.北京:中国文化发展出版社,2013.
[10] 黄俊彦.现代商品包装技术[M].北京:化学工业出版社,2013.
[11] 王晓玲.浅析酒包装设计中的不合理之处[J].鸭绿江月刊,2014.
[12] 武文斌.物流包装实务[M].3版.北京:中国财富出版社,2014.
[13] 郭彦峰,许文才.包装测试技术[M].3版.北京:化学工业出版社,2014.
[14] 张军,梅仲豪.基于物联网技术的物流包装及其应用研究[J].包装工程,2014.
[15] 王伟.汽车零部件的运输包装问题分析、改进及设计原则[J].中国包装工业,2014.
[16] 李妍月.欧盟绿色贸易壁垒对中国茶叶出口的影响研究[D].东北财经大学,2015.
[17] 张健.物流包装中存在问题与发展策略研究[J].商品与质量,2015.
[18] 谢春国.现代包装设计的可持续发展策略研究[J].包装工程,2015.
[19] 张虹.浅谈我国包装工业存在的三大不合理之处[J].工程机械,2015.
[20] 李占祝.国外水泥工程项目货物包装管理及改进措施[J].水泥工程,2015.
[21] 张立雷,乔洁.产品包装设计中视觉语言的绿色设计[J].包装工程,2015.
[22] 戴宏民,戴佩燕.工业4.0和包装机械智能化[J].中国包装,2016.
[23] 蒋侬辉,等.荔枝保鲜包装技术研究进展[J].包装工程,2016.
[24] 廖雨瑶,等.智能包装研究及应用进展[J].绿色包装,2016.
[25] 孙宝瑞,高剑宇.时尚潮流环境下的茶叶包装.现代化设计研究[J].设计,2016.
[26] 代冬芳,俞会新.绿色物流发展的影响因素及对策建议[J].价格月刊,2016.
[27] 高泉.日本绿色物流政策与立法及其借鉴[J].商业经济研究,2016.
[28] 刘林,王凯丽,谭海湖.中国绿色包装材料研究与应用现状[J].包装工程,2016.
[29] 李琼.电子产品运输包装方案案例设计与优化[J].上海包装,2016.
[30] 陈慆,等.弹药外包装箱标志的探讨[J].包装工程,2016.
[31] 方海峰,李春伟,陈春晟.包装标准与法规[M].哈尔滨:东北林业大学出版社,2016.
[32] 陈伟亮.人工智能技术在金属容器包装中的应用与创新[J].中国高新技术企业,2017.
[33] 张峰.B2C电商使用周转箱替代纸箱包装成本分析[J].江苏科技信息学术研究,2012.

[34] 魏芙蓉.论博物馆藏品在包装运输中的保护[J].科技资讯,2016.

[35] 徐健,刘晓玉,王保升.缓冲气柱袋在运输包装中的应用设计及研究现状[J].印刷技术,2016.

推荐网站

[1] 包装博览.http://www.pdchina.com.cn.
[2] 中国包装联合会.http://cpf.org.cn.
[3] 食品与包装机械.http://www.spbz.org.
[4] 包装博览.http://www.pdchina.com.cn.
[5] 包装材料网.http://www.cnbzcl.net.
[6] 中国包装网.http://www.pack.net.cn/.
[7] 中国包装设计网.http://idea.chndesign.com/.
[8] 中国包装机械网.http://www.chinabz.com.cn/.

教师服务

感谢您选用清华大学出版社的教材！为了更好地服务教学，我们为授课教师提供本书的教学辅助资源，以及本学科重点教材信息。请您扫码获取。

▶ 教辅获取

本书教辅资源，授课教师扫码获取

▶ 样书赠送

物流与供应链管理类重点教材，教师扫码获取样书

 清华大学出版社

E-mail: tupfuwu@163.com
电话：010-83470332 / 83470142
地址：北京市海淀区双清路学研大厦 B 座 509

网址：http://www.tup.com.cn/
传真：8610-83470107
邮编：100084